我的祖國有

神經病

中國被精神病亂象調查

高健　著

目錄

推薦序．
讓全世界一起來關注中國
「被精神病」的狀況

黃旭田律師，民間司法改革基金會董事長

去 (111) 年 12 月 14 日立法院三讀修正通過精神衛生法，這是精神衛生法自 79 年立法、96 年全文修正以來，再次大幅修正。本次修法就強制住院及延長住院改採法官保留，並採參審制，由職業法官、精神科指定專科醫師及病人權益促進團體代表組成合議庭來判斷是否要強制住院、延長住院。由於新法修正幅度太大，新法自公布後二年才施行，前述法官保留等第 5 章部分規定更授權另定施行日期。

正當我在想像新法實施後，合議庭要如何組成、未來如何合議時，恰好拜讀中國公民記者高健的《我的祖國有精神病：中國「被精神病」亂象調查》，內心實在感慨萬千。近年來流行一個詞彙叫「不自殺聲明」，表面意思是自己決不會自殺，其實就是說如果自己死了，一定是「被自殺」，也就是「被殺害」的意思。「被精神病」表示自己沒有精神病，是被人強迫變成精神病患。高健先生說在中國這不是少數個別醫生的誤診，而是舉國上下從家人、社會乃至國家全面性的暴力，特別是土地開發造成的迫害與不公未能解決，基層民眾不得不上訪，大規模的上訪讓各地方政府為了所謂「維穩」又採取更大動作的阻遏，「被精神病」也就變成普遍的現象。

高健先生花了漫長的期間接觸了上百位受害人，完成了這本書，書中提到 1978 年時人口不到三億的蘇聯，有 450 萬名精神病人，後來前蘇聯解體時，有 200 萬人被改判為精神正常。而從中國加入 WTO 以來，到北京告狀申訴的人高達千萬，那麼在中國「被精神病」的情形較之前蘇聯恐怕有過之而無不及。

高健先生不只詳細說明每一位被迫成為精神病患的個案受害經過，

也分析這個以舉國力量創造大量精神病人慘狀的成因。從開放改革之後，各地方政府就盲目開發造成種種不公，且百姓投訴無門，民眾不得不為上訪跑到北京，而中央的信訪處理卻是又把問題交回給地方政府，甚至將地方（官員）的政績考核與信訪處理（消滅？）掛鉤，這樣一來使得各地方政府花費更大力量來處理上訪民眾，以確保維穩。然而把維權人士堵在家裡或是關押在各地方政府設置的賓館都不是長久之計，結果「被精神病」的現象也就愈來愈多，因為「以治病為由，可以實施長期關押」！

在台灣，民間司改會長期倡議司法改革，主張「反干預、反貪污、反草率」，反干預就是司法獨立，法官依法審判、不受任何外來干涉。反貪污是杜絕貪腐，而反草率則是要求提昇司法裁判品質。對照中國這種「被精神病」亂象，最核心的病灶應該就是司法不獨立，司法不僅不為人民服務，反而是接受行政部門及黨的指揮，當整個中國社會因經濟發展而產生各種不公時，司法既不能獨立審判就不可能發揮「正義最後一道防線」的功能，結果人民只能選擇上訪，而不斷上訪又會造成各級政府不得不加大維穩的力道，「被精神病」現象，就自然不斷惡化。

追根究底，要徹底消滅「被精神病」的亂象，應該要有民主的政府，保障人民有上訪（請願）不受打壓的權利，司法更應獨立以發揮「審查行政是否違法」的功能，但是在目前的中國並不存在這樣的條件。然而時代會往前走，藉由國際的關注，高健先生說「（自）2017 年開始，被精神病案例開始下降了。」畢竟中國政府如果要面對全世界，就應該要嚴肅的面對「被精神病」的問題，我們希望有更多這樣的報導，讓全世界一起來關注中國「被精神病」的狀況。尤其「被精神病」的對象有許多是積極的人權工作者，甚至是律師。當保障人民權益的律師執業時都有可能「被精神病」時，這個國家的人權狀況必然是非常糟糕！作為司法改革暨人權工作團體，我們願意出版這本書，以便把高健先生的努力公諸於世，也讓大家的關注產生改變的力量，當然我們也將會持續關注這些維權人士與人權律師。

編序.
「被精神病」的時代印記

譚端

　　直到現在，我閉著眼都能看見那種小城和生活在其中的人。中國西部縣城以下的小鎮、小村，黃沙漫漫，垃圾隨風吹著滿地跑的小地方；許多地都是乾巴巴的，一下起雨都是泥。窯洞陰暗，充滿人的騷味。這些地方座落在山裡、山溝、大溝壑，在一條混濁的河邊。空氣中有許多沙子的味道，萬事萬物蒙著一層沙，即使你經常地擦拭。

　　那裡的人都生得粗，若說是自然環境磨礪的，不如說是生活煎熬出來的。雖然生長在高處有巨杉、深山藤蔓蔓延，平地有榕樹、潮濕的氣味無處不在的台灣，但從我年輕的時候，中國就是我避不了、逃不開的人生主題。我相信人生有許多條看不見的繩索牽引，像是身體裡的經絡。蔣家的統治，在我的心靈種下了中國，我最終也來到北京生活、工作。在漫長的日子裡，中國幻化成我一部分的經脈。中國是魔幻寫實的社會。一方面有長久的歷史，有富有哲理熱愛智慧的古代思想家，一方面又有殘酷無道的政治和無情無義的現實社會。只能在古代封建社會見到的，卻出現在現代；只能在野蠻原始時代存在的，卻在 21 世紀的文明社會成為常態。

　　剛開始讀《我的祖國有精神病》書稿，我從每一則故事中就瞥見魔幻寫實的影子。雖然這些人的遭遇都是真的，但是其慘烈的程度，超過我的想像。我敬佩能這樣深入採訪的記者。於是我對作者的背景很好奇就再自然不過了。他的書寫跟我讀過的中國報導文學、紀實文學不一樣，作者高健的文字沒有學院派的氣味，反而帶有一種網路新聞的色彩──重複、瑣碎、故事有連結卻不相關，讀起來隱隱感覺得到，作者有滿腔熱血想要講述他的見證，他寫的故事卻和他自己的生活彼此滲透，理不開了。可以推論他用力之深、時間之長，已經和被精神病的故事糾纏不清。

　　從採訪的內容來看，他比一般普通主流媒體記者更具有古典新聞人的精神，更誠懇，更勇敢，並且才華洋溢。當然，我仍然看出時代掛載在他身上的包袱，他雖極為努力，仍然沒有甩掉國家批量製造出來的批判現實主義傳統。

　　高健出生在呂梁市的臨縣。其所在地山西是中共建立地下黨，開展武裝鬥爭最早的省份之一。但我從高健的自述中，看不見這種紅色傳奇下應有的光榮。從他的遭遇和經歷，我看到的呂梁卻是赤裸裸的權力橫流、暴力充斥，以及觀念偏差的社會。

　　高健生活和成長的地方，那裏發生的事，既非東海岸大都市人生勝利組的故事，亦非偏遠地區落後的面貌，而是一種混合體──更廣袤的中國，人們生活在邊緣地區但不是完全孤立的小地方，北、上、廣大城市裡的許多事超出他們的經驗範圍。1970 ～ 90 年代，生活在地方的人，生活在土丘連綿不斷的山旮旯裡的中國人，依照電視傳達出的訊息和身邊有限的資源，仿效造出自己的文明。

　　我在西部的縣城裡的嗅覺經驗很有代表性：空氣中先漂浮著黃沙和羊糞的腥味。山村和山村、山丘和山丘之間非常安靜，彷彿只有風聲、牛羊的叫聲；黎明前大地聲籟俱寂，雞鳴拉開一天的序幕。然後時代的巨輪悄然滾到跟前，在那些山與山之間的小型道路上，除了破爛不堪的小巴吃力的載運帶著家畜、石油、農產品的農民，也聽得到轟轟隆隆的大型卡車、開掘機運轉的聲音。我看到的只是感官能嗅查到的表面，而高健透露了社會的肌理。

　　「經濟越不好，社會教育就越下滑，法治就越缺失。尤其在小地方，山高皇帝遠，一切靠權力，靠關係生存。往上關係越好越牢靠，在地方的資源就越多，發展越好。」高健說：「這種攀附關係、欺壓弱小的行為和思想，深入我生活的每一個社會階層中。」

　　高健在玻璃廠打工的經歷，比狄更斯《孤雛淚》中奧利佛經歷的還

要驚險。我可以看見高健沒有繪入的社會現實，比英國 19 世紀維多利亞時代更加殘酷。生活在那樣的地方，高健的命運本來應會更加淒涼、黑暗。但是憑著聰明和過人的膽識，他成功脫離這樣的生長環境。就在他可以憑藉一身手藝發家致富時，他覺得這樣的人生缺乏意義，而將目光落在那些受到不公的同胞身上。他開始接觸，並且用文字紀錄這些人的遭遇。這些人多半因替自己維權，揭弊腐敗，多年來不斷上訪，因而得罪地方官僚，被押送進精神病院強行治療——當作處罰和避人耳目，眼不見為淨的消失處理。

在文明社會，有精神疾患者，若對公共安全沒有威脅性，沒有自傷，病情沒有急遽變化，沒有出現暴力行為，政府部門不可能強押送入醫院治療。而且對於急診病患，也要進行檢查、評估、會談、給藥治療，給予適當轉介治療，而不是一下就送入精神病院限制人身自由進行治療。在文明社會裡，就算患者被送入醫院治療，也包括了藥物、心理、職能、娛樂、社會、及護理等完整治療，而不只是強迫灌藥。患者病情穩定後，醫療團隊還會評估與家屬討論後，安排病人持續接受門診或其他復健治療。提供保護性和治療性的居住場所，以利病人恢復。在民主國家，政府更不可能明目張膽將維權人士送入具有限制人身自由效果的精神病院。

專制國家是另一種世界。將「麻煩」丟入精神病院，眼不見為淨的做法，中國是向當年的蘇聯學來的。前蘇聯作家索忍尼辛（Aleksandr Isayevich Solzhenitsyn）說：「我的祖國是一座精神病院。」蘇聯人很早就知道，把麻煩送入精神病院的好處，除了限制自由，禁其異聲，使其不能在外影響公聽，又可以達到變相處罰的效果，甚至可躲避聯合國人權理事會監管。

當年中蘇敵對，中國還批判蘇聯的這一做法，但很快中國就學會這種招術。「被精神病」在中國更加肆無忌憚，有些案例甚至手續都不用辦，更別說法律程序了。從高健採訪的案例透露，地方官、公安局、派出所、精神病院行為非常野蠻。他們不僅關押病人，還綑綁病患四肢，強行灌藥，若不從，不惜掰斷其牙齒，毆打，強行電擊，甚至綑綁在床

上好幾年，任其吃飯便溺睡覺都在床上，連牲畜都不如，慘絕人寰。完全違背保護性和治療性的醫療目的，也沒聽到安排「病患」持續接受門診或其他復健治療。

「被精神病」成為一種統治工具。這是因為缺乏社會監管機制所造成的一系列反《世界人權宣言》、反人道的世界級罪案。醫療人員在這種缺乏有效監管、落後的制度下也容易喪失專業操守而無條件配合公權力，對普通人進行迫害就成了不可避免的結果。我相信中國的官僚、公安、醫療人員的本性沒有特別壞，他們這種變態心理和殘忍行為，源自從小生長在社會暴力和後來生存於落後的政治文化中所致。

1990 年代中期以來中國經濟發展加速，機會主義四處瀰漫。中國政權一度掌控全球最有錢的政府，2021 年國內生產總值達到 114 萬億人民幣，大部分都在國家手裡；據聯合國統計，1970 ～ 2019 年中國人均國內生產總值收入成長 91 倍，八億人脫貧，但眾所周知，中國付出的代價極其慘重：文革沒有被破壞的文化古蹟在商品化和土地開發下遭到更廣更深的破壞；「貪婪」這隻條洪水猛獸吞噬和破壞全國每一寸土地，所到之處，遺害更深、更廣。金錢往往被視爲衡量一切的尺，種種無法衡量的價值變成值與不值得的價格，人性中的溫柔敦厚隨時被掏空至所剩無幾。

本世紀剛開始，「被精神病」還需要權力部門執行，後來不論大小，只要是個政府部門，甚至是國營企業都能把正常人送到精神病院實行迫害。在本書的調查中，縣政府、信訪局、公安局、民政局、鎮政府、村委會、居委會都成了送正常人進入精神病院的推手，最荒唐、最令人匪夷所思的是，甚至連銀行也加入實行人權迫害的大軍。

*「最後，閘門失去控制，很多有矛盾的父子、夫妻等親屬關係，也通過把對方送入精神病院來解決問題。」*高健寫道。

高健沒有受過新聞學的訓練，他憑著一隻天生的健筆和勤奮，以及

和「不公」死磕到底的精神，紀錄了 21 世紀初中國「被精神病」這麼一個群體的遭遇。從他的自述看來，高健只上過初中。但是書寫能力遠遠超出他所受的學校教育。要麼是他的稟賦過人，要麼是他倔強性格後天練成──我覺得可能是兩者之間，天資加上勤奮不倦，造成了他。

這份書稿當中有許多案例，我讀著讀著就覺得情緒受其影響。他們都太不幸了，各有各的不幸。一旦你從事口述紀錄這個工作就能體會，你會吸收被訪問者的經歷。1990 年代我採訪台灣社會新聞，短短的幾個月下來，我整個人疲憊不堪。每天我接觸的盡是陰暗、卑鄙、凶險、醜陋、恐怖的故事及官司判案，我覺得自己活在地獄。

高健的處境比我凶險百倍。不僅這些負能量超載，還要面對國保、地方政府、和精神病院的威脅；可他就能夠憑著天生的一支筆和頑強的性格，揭開「被精神病」群體的面貌，為這段人權侵害的歷史，留下一個紀錄。

在本書的第一章，集合了高健歷年來採訪的被精神病各色人物。從大學老師到解放軍退伍軍人，從反對計畫生育的新四軍後代到老牌民運人士，都成了被精神病的受害人。這一章主要說明，在這樣的制度下，被精神病的受害人的範圍很廣。第二章主要集結的文章，是能說明當局如何運用精神病院當牢房功能，控制社會上的「不穩定因素」，揭露精神病院內幕的案例。第三章主要集合一些本可用司法途徑解決，卻因為各種現實原因，轉而使用精神病醫院壓迫平民的案例。第四章是分析「被精神病」背後的形成原因，涉及法律，社會現象等等。第五章是作者的自述，介紹自己的成長背景和採訪的經歷。

這本書的內容，原先大都是作者刊登於活躍於新公民運動時期著名維權新聞網站《民生觀察》上的報導。原本都是一篇篇的，沒有打算寫成長篇報導。採訪當時注重的是被剝奪人權的事實，對受訪者的生活面採訪不夠深入。因為原先都是在網站上，單獨一篇刊登，每一個都是一個案例。

　　如果把這些個案當作故事，讀到一半，讀者會覺得血壓升高，而且感到重覆。但若從社會角度去閱讀事件，理解中國，就會發現這些重覆只有在系統性的制度下才會批量產生，排除了個案發生的緣由。而且被迫害者彼此沒有連結，他們的供詞，所受的遭遇大同小異，說明這種系統性迫害分佈之普遍。

　　保障個人自由和基本權利是全世界任何民族偉大復興中最重要的一環；只有當一國的每一個人都能充分的表達自己的想法和自由生涯發展，不被迫害，才是真正的復興。就以此檢驗民主成敗與真假，無需贅言。

　　自由不會天上掉下來，是要爭取的，要付出代價、留下傷疤的。健康也不會從天上掉下來，是要投資的，是長期經營的。每年 10 月 10 日是「世界心理健康日」（World Mental Health Day），目的是靠教育提高精神疾病的認識，打破迷失，改善情緒和行為障礙，拯救不平等世界中人們的心理健康，靠社會契約限制暴力並保護受害者。

　　高健紀錄下來的文字，不僅給歷史學家和社會學家留下寶貴的材料，也是認識精神病問題、關注精神疾病的另類讀本。

　　（作者為紀錄片工作者）

序.
「被精神病」——嚴重侵犯人權的維穩工具
張祖樺

　　人權工作者高健先生不避艱險，殫精竭慮，歷時數年，花費了大量心血編寫了這一本關於中國「被精神病」現象的調研訪談文集。作者通過對大量相關案件當事人的採訪和調查、解析，對中國各地普遍存在的「被精神病」現象進行了深入的揭示，並對這一嚴重侵犯人權和人的尊嚴的社會政治現象的成因、表現形式、演變特徵提出了清晰的見解，為世人提供了一份珍貴的第一手人權記錄資料，因而是中國人權領域一個很有價值的工作成果。

　　什麼是「被精神病」？「被精神病」是 2010 年代源自中國內地的網絡流行語，指利害關係人或有關部門將無嚴重精神疾病或無需住精神病院，或因受侵害或者精神狀況不佳的人強行送入精神病院治療的行為。一旦戴上「精神病患」帽子，「被精神病」者的維權之路將非常漫長。本書作者高健的釋義則是：「指那些正常的公民，被政府人員強制關押於精神病院內，實施吃藥、打針、電擊等對精神病人的治療方式。」顯然，高健的釋義更加簡明確切。

　　至於說到「被精神病」產生的歷史，其實要比「2010 年代的中國內地」早得多。南京大學俄語系教授余一中先生在《蘇聯時代的「被精神病」恐怖》[註1]一文中寫了兩個案例：

　　若列斯·梅德韋傑夫是著名的生物學家。他生於 1925 年，參加過衛國戰爭，是「解凍時期」（編註：指蘇聯 1953 年到 1958 年這段時間）成長起來的優秀科學家。還在 20 世紀 60 年代，他的《蛋白質的合成與個體發生問題》、《生長過程的分子遺傳學機理》、《李森科沉浮記》等書就已經被譯成英文在西方出版，為他贏得了世界聲譽。

　　1970 年 5 月 29 日（星期五）夜晚，一組警察來到他家，要帶他去市精神病院做「鑑定」和「住院觀察」，被梅德韋傑夫義正詞嚴地拒絕了。當時正好在場的梅德韋傑夫同事們紛紛譴責警察的違法行為。為首的民警少校粗暴地回答：「我們是強力部門的（編註：指情報和國安部門組成的政治利益集團），你們愛上哪兒告上哪兒告去。」說完，當著梅德韋傑夫妻子和子女的面就給他戴上手銬，送進了卡盧加市精神病院。

　　另一案例：
　　一個名叫謝羅夫的人在街頭貼了這樣一份用打字機打的徵婚小廣告：「同志們，在民主德國徵婚廣告是可以在報紙上刊登的。多虧了有這種廣告，在民主德國 25 歲以上的男女只有 3% 沒有結婚，而蘇聯卻是 18%。蘇聯憲法保障發表的自由，可蘇聯並沒有發表的自由，所以報紙不刊登徵婚廣告。所以我只好把我的徵婚廣告貼在電線桿上和院牆上了。」很快，警察來到他的工作單位，把他送進了精神病院。

　　余一中教授評論道：「把看著不順眼的人關進精神病院，對於當局是一件既維護了法制體面，又體現了人道主義，還免除了內務部門偵訊之苦和司法部門斟酌刑期之勞的大好事。於是這種做法就從史達林時代延續到了赫魯雪夫時代、布里茲涅夫時代、安德洛波夫時代……」

　　高健在本書中提供的被精神病案例均採自當代中國，時間跨度亦有數十年，也可說是延續了幾個統治時期……，直至今日仍涓涓不壅，綿綿不絕，充分表現出極權主義統治的非人道性、殘酷性和頑固性。

　　例如，北京老一輩民主人權戰士張文和，他從民主牆時期開始投身人權民主運動，是一位身體力行的行動者。1979 年 1 月，他就參加了任晼町等人發起建立的中國人權同盟，還積極參加西單民主牆集會，並在來京上訪人中進行調查和串聯，計劃籌建「在京上訪人員聯合行動委員會」，聯合在京的人權民主人士，去中南海門外靜坐請願，要求中國政府為飢寒交迫、處境悲慘的上訪人員解決食宿問題。還曾尋訪串聯革

命同志，計劃建立「興中會」，開展結束專制獨裁的人民革命。

　　結果被北京市公安局以「反革命罪」逮捕。在北京市公安局看守所關押十九個月之後，警方稱張文和有精神病，隨即被押至位於延慶縣的北京市第二監獄，監獄裡有一座精神病院，他就被關進監獄中的精神病醫院，進行「強制治療」。此後的三十多年中，他先後四次被強迫關進精神病醫院，被打無名針和吃藥，受盡肉體和精神折磨達 8 年之久。

　　與張文和同時期參加民主運動，受到被精神病迫害的還有湖北省武漢市老資格的異議人士任秋光。任秋光原是武漢鋼鐵集團公司下屬綠化公司職工，先後參加過 1978 年民主牆運動、1989 年民主運動、1998 年組黨運動，後來又參與過公民維權活動。然而，伴隨著任秋光民運生涯的是長達二、三十年的被關進「瘋人院」——精神病院的悲慘遭遇。據任秋光本人接受採訪時說，他進進出出、關關放放精神病院至少有二、三十次，只要他一沾民運和人權活動的邊，就會被強行送入精神病院，一直到現在還是這樣。

　　福建省泉州市的民主維權人士施根源，因在網絡上發表時政評論，於 2014 年 6 月 3 日晚，被泉州國保從家中強行綁架到泉州精神病院（泉州第三醫院）關押。網友們知道後大驚，幾位友人進入泉州精神病院探視，隔著病區鐵柵欄與施根源交談，施根源表示本人並無精神病，是被非法綁架，希望立即出院，且當場簽署了律師委託書。醫護人員稱施若要出院，他們無權決定，需要泉州國保同意。

　　施根源為泉州本地人，為一 IT 公司合夥人，家境小康，因在網絡發表和傳播「斷代工程」言論，曾於 2013 年 5 月 31 日被以涉嫌「煽動顛覆國家政權罪」拘捕。據施根源的家屬透露，在泉州國保的引導暗示下，施和家屬配合做了精神病學鑑定，於 2013 年 8 月 27 日獲釋，但這個妥協「鑑定」卻成為他日後被關精神病院的依據。

　　江蘇籍武漢大學學生勞業黎，曾是擁護共產黨領導的網絡「五毛」，

受到民主思想啟蒙，自 2015 年起在學校宣傳民主思想，宣稱「再造共和輝煌」，並把自己的 QQ 頭像設定為中華民國的「青天白日滿地紅旗」，被同學中的線人舉報，結果被學校和父母聯手強行送到精神病院治療。在精神病院關押了十餘天後，學校要求和他簽署一個遵守學校規章制度的協議，然後才得以返回學校繼續學業。

更為大量的被精神病案例採自到各級政府部門上訪的訪民和進行維權活動的維權人士，他們中的很多人都受到過被關黑監獄或者被強制關進精神病院的遭遇。

毫無疑問，「被精神病」的實質是掌握公權力的機關和人員使用強制手段進行維穩和政治迫害，非法限制公民人身自由，踐踏法治原則，侵犯人權和人的尊嚴。

說到人權，我想特別介紹兩位長期被忽視的中國人權思想家、活動家。一位是羅隆基先生。羅隆基（1896 年 8 月 14 日－1965 年 12 月 7 日），字努生，江西省安福縣人。從小天資聰穎，有神童之稱。1913 年，北京清華留美預備學校在全國招生，羅隆基以江西總分第一考入清華留美預備學校。五四運動時羅隆基以清華大學辛酉級學生領袖的身份，衝在示威隊伍的最前列，成為一名勇敢的「五四」戰士。

1921 年，羅隆基考上公費留美學習，先後入威斯康辛大學和哥倫比亞大學攻讀政治學。出於對英國著名政治學家拉斯基（Harold Joseph Laski）的敬慕，又從美國轉赴英國求學，成為拉斯基教授的得意門生，並獲得倫敦政治經濟學院政治學博士學位。羅先生是中國民主同盟的創始人之一，也是中國人權理論的奠基人。早在 20 世紀二、三十年代，他就以「人權論戰」的主將身份，通過系統闡述人權理論揭露當時執政的國民黨政府推行一黨專制、嚴重侵害人權的本質。

羅隆基在 1929 年發表的《論人權》[註2]一文中指出：「人權的定義，應該如下：人權是做人的那些必須的條件。人權是衣、食、住的權利，

是身體安全的保障，是個人『成我至善之我』，享受個人生命上的幸福，因而達到人群完成人群可能的至善，達到最大多數享受最大幸福的目的上的必須的條件。」羅隆基進而在該文中仿效法國《人權宣言》，提出了中國人具體所要的 35 條應有的「必爭的人權」主張（被學界稱為「中國的人權宣言」）。限於篇幅，我僅列舉其中幾條（全文可以到網上查找）：

第 二 條：國家的主權在全體國民。任何個人或團體未經國民直接或間接的許可，不得行使國家的威權。

第 三 條：法律是根據人權產生的。法律是人民公共意志的表現。未經全民直接或間接承認的法律不應有統治全民的威權，同時全民沒有服從的義務。

第 五 條：人民在法律上一律平等。

第 十四 條：國家應保障國民私有財產。

第 十六 條：國家的功用在保障人權，人權的首要原則在保障人民的生命。

第二十一條：無論何人，不經司法上的法定手續，不受逮捕、檢查、收押。不經國家正當法庭的判決，不受任何懲罰。

第三十五條：國民發展個性，培養人格以後，進一步的目的在貢獻私人的至善於社會，以求全社會的至善。為達到這種目的，國民應有思想，言論，出版，集會的自由。

對照羅先生提出的人權定義和人權條款，一望可知「被精神病」對人權與人格尊嚴的損害。「被精神病」非法剝奪公民的人身自由和表達自由，強制治療實際是對公民施加酷刑，嚴重危害公民的身體安全和生命權，進而剝奪了公民應有的思想、言論、出版、集會、信仰、追求至善和幸福生活的自由。論及至此，我們怎能不對這位人權先哲鞠躬致敬呢？！

我要介紹的另一位人權思想家、活動家名叫張彭春，1892 年生於天津。早年留學美國，獲得哥倫比亞大學教育學院教育學博士學位。

1923 年至 1926 年任中華民國國立清華大學教授兼教務長。1926 年任南開中學主任、南開大學教授。1929 年赴美，1931 年任教於芝加哥大學。

抗日戰爭開始後，旋即受國民政府委派從事外交活動。1946 年聯合國大會期間，出任聯合國經濟及社會理事會中國代表。1947 年初，聯合國經社理事會決定設立人權委員會，負責起草一份對於全人類具有普遍意義的人權標準。美國戰時總統富蘭克林‧羅斯福的遺孀艾蓮娜‧羅斯福（Eleanor Roosevelt）被選為委員會主席，張彭春被選為唯一的副主席，成為《世界人權宣言》主要起草人之一。《世界人權宣言》的第一稿出自法國法學家勒內‧卡森（Rene Cassin）之手，該稿第一條寫道：「*作為一個家庭的成員，人人都是自由的，擁有平等的尊嚴和權利，並應彼此視為兄弟。*」在隨後的修改討論過程中，張彭春極富建設性地提議增加「仁」這一概念，張彭春把它英譯為「良心」（consciousness），這是張先生所依託的儒家理論資源的核心詞。

「仁」字本身代表了至少事關兩個人的價值，代表了互惠，是「己所不欲，勿施於人」。這一從霍布斯（Thomas Hobbes）以來西方自然法也視為圭臬的中國化表達，卡森從中得到了啟發，使得他在後來解釋其先前所表述的三個基本問題（人類種族或家庭的一體性，人人有權得到與他人一樣的對待，人與人團結、友愛）時，提出了用自由、平等和博愛去呼應張彭春提供的仁愛思想。[註3]

在《世界人權宣言》的起草過程中，涉及到各項權利如何論證，具體條文如何表述，存在諸多分歧和論爭，張彭春用儒家精神中「和而不同」的本體和「周而不比」的方法為紛爭找到化解之策。例如涉及《宣言》第二十二條至二十七條的起草，關於是否把經濟、社會權利納入《世界人權宣言》，以及應該把哪些經濟、社會權利納入《世界人權宣言》。英美法的權利體系主要強調公民與政治權利，例如言論自由、選舉自由乃至推翻暴政的自由。英國和美國代表在起草過程中提出，《宣言》包括這些政治權利就夠了，不應當包括那些並不具有可執行性和可救濟性的所謂「社會與經濟權利」，例如工作權、教育權以及獲得社會救助的權利。

　　南非等國的代表則認為，他們有充足的理由質疑有多少國家有足夠經濟實力實現《世界人權宣言》計劃承諾的這些權利。其它一些國家的代表則提出應當考慮所有國家在發展人的權利和自由方面所取得的成就，經濟、社會權利在所有其他權利中佔據最重要的位置，如果宣言中缺少，必將削弱文件的意義。

　　面對各種爭議，張彭春動用中國傳統文化的智識資源，用「大同」這樣一個儒家理想，將社會福利權（生活保障、就業、福利救濟等，與後來的第二十二、二十三、二十五條相關）、教育權（每個人都有權接受適當的教育，與後來的第二十六條相關）、文化權（每個人都有權自由參加文化生活，享受藝術，與後來的第二十七條相關）串聯起來，以「大同」理想引領的三個提議的精神及其具體表述，後來均被《世界人權宣言》採納。^{（同註3）}

　　當時擔任聯合國人權司司長的加拿大人約翰・漢弗萊（John Peters Humphrey）在自己的回憶錄中將張彭春描述為人權委員會最令人尊敬的代表之一，是一位「妥協藝術大師」，也是一位務實的思想家，他「表面上是在引用儒家格言，實際卻經常提出可能讓委員會走出僵局的方式。」

　　今天，當我們翻開聯合國的基本法之一、被稱為「世界人權憲章」組成部分的《世界人權宣言》時，讀到序言和正文中那些擲地有聲的文字，怎能不對張彭春和參與起草宣言的諸位先賢鞠躬致敬呢？！

　　鑑於對人類家庭所有成員的固有尊嚴及其平等、不移的權利的承認，乃是世界自由、正義與和平的基礎。
　　鑑於對人權的無視和侮蔑已發展為野蠻暴行，這些暴行玷污了人類的良心，而一個人人享有言論和信仰自由並免於恐懼和匱乏的世界來臨，已被宣佈為普通人民的最高願望。
　　鑑於為使人類不致迫不得已鋌而走險對暴政和壓迫進行反叛，有必要使人權受法治的保護。

鑑於有必要促進各國間友好關係的發展。

鑑於各聯合國國家的人民已在聯合國憲章中重申他們對基本人權、人格尊嚴和價值以及男女平等權利的信念，並決心促成較大自由中的社會進步和生活水平的改善。

鑑於各會員國業已誓願同聯合國合作以促進對人權和基本自由的普遍尊重和遵行。

鑑於對這些權利和自由的普遍了解，對於這個誓願的充分實現具有很大的重要性，因此現在，大會發布：這一《世界人權宣言》，作為所有人民和所有國家努力實現的共同標準，以期每一個人和社會機構經常銘念本宣言，努力通過教誨和教育促進對權利和自由的尊重，並通過國家的和國際的漸進措施，使這些權利和自由在各會員國本身人民及在其管轄下領土的人民中得到普遍和有效的承認和遵行。第一條：人人生而自由，在尊嚴和權利上一律平等。他們賦有理性和良心，並應以兄弟關係的精神相對待。

對照《世界人權宣言》，那些製造被精神病，侵犯人權與人的尊嚴，踐踏法治原則，殘民以逞的罪犯們難道不應該受到法律的審判嗎？！違反《世界人權宣言》和國際人權公約、製造被精神病的殘暴的維穩制度和維穩機構難道不應該被徹底廢除嗎？！

註釋：

1. 余一中，〈蘇聯時代的「被精神病」恐怖〉，《愛思想》網站，2011 年 5 月 16 日，https://m.aisixiang.com/data/40753.html（最後瀏覽：2021/11/18）。
2. 羅隆基，〈論人權〉（原載《新月》第 2 卷第 5 號，1929 年 7 月 10 日出版）。廣州大學人權研究中心劉志強教授編輯的羅隆基政論集《人權法治民主》（法律出版社 2013 年版）收錄了本文的全文。
3. 參見劉軼聖，〈被遺忘的民國名流張彭春：為《世界人權宣言》貢獻中國智慧〉（網路發表）；亓同惠，〈《世界人權宣言》裡的中國元素〉，《讀書》，2018 年 1 期。

自序．
我關注的被精神病氾濫化現象

高健

「被精神病」這個詞，在如今的中國，已經算不上什麼稀罕詞語，在搜索引擎百度，輸入「被精神病」一詞，會顯示出各種濫用，概括精神病院對正常人實施的「強制治療」。在谷歌搜索，信息量會更大。

中國的新聞媒體時不時的也報導一些被精神病的現象，如陝西一男子因為財產分割把母親送入精神病院；河南一女士把同性戀老公送入精神病院；浙江億萬富翁因財產糾葛被父母送入精神病院等。他們並非司法或行政案件的受害者，只是因為跟父母親、兄弟姐妹、妻兒有一些家庭情感、財產和養老等糾紛，就被近親送入精神病院關押。

這類案件在國內的報導比較多，因為屬於民事行為，官方的權力維穩壓力較小，記者們能夠比較隨心所欲的報導，內容上自然也豐富很多。這些經過大陸媒體報導出來的案例，確實改變了一些受害者的命運。

家屬、親屬隨便就能把沒病之人送入精神病院，顯示出中國精神病院入院治療的門檻之低、之隨便，狀況之嚴重。拋開家屬在社會人倫道德上的缺失不提，也能體現出醫院在接受患者的時候，沒有按照嚴格程序檢查的違法行為。這種向「錢」看齊的做法，禍亂的不僅是人性人倫，也體現出社會整體價值觀的扭曲。

家庭、家人、兄弟姐妹，本來應該是這個世界上最溫馨、最安全的港灣，只有家才是最值得依靠的地方。中國的傳統文化也把家當作一個人的根，不管一個人流落何方，只要有家在就有期盼。可是現在，太多的事正在改變著我們對家的認識。或許不久的將來，家也會成為迫害人權的一個小監獄。歷史輪迴，我們的環境好像又回到了「十年文革」。

　　被親屬送入精神病院的只是極少部分，本書要談的是被行政權力和政府迫害的這一部分。他們多數是官方出於維穩需要送入精神病院關押的各種人群，媒體極少報導，也少有人關注，恰恰是這類被官方送入精神病院的受害群體，遭受的迫害相當程度上大過那些被家屬送入精神病院的人群。

　　為了給這些被非自願治療的人群一個合理的關押治療藉口，醫院配合各行政機關出具各種荒唐可笑的醫學鑑定報告，如精神分裂症、偏執型精神病、偏執型精神病障礙、躁狂發作、偏執型人格障礙等，其中還有「精神病待查」這樣的鑑定結果。既然待查，又何須關押，有何理由強制治療？這樣的問題我想醫生自己也回答不了。

　　被精神病非自願治療，是最近幾年才經過媒體或自媒體的宣傳出現在大眾視線裡，而據我採訪到的案例顯示，其實在上世紀 70 年代末，中國政府就針對所謂的「反政府分子」進行非自願強制治療，但是數量上不是很多。

　　以我採訪的案例分析，從 2003 年開始的十年裡是「被精神病」的發生高峰年。主要源於國家經濟高速增長後，利益分配不均，官商勾結或與民爭利，司法腐化法律形同虛設，人民私產得不到有效保護等等，造就了上千萬上訪維權人士，這些維權人士主要以無權無勢的經濟受害者和野蠻執法受害者為主。

　　當然，其中也有一些底層的法官、黨委書記、警察、公務員等政府職能部門的人。另外一些被精神病者，就是抵抗者，包括希望以民主救國的異議人士、以法輪功為主的宗教信仰者、倡導人權運動的街頭抗爭者等。

　　這些維權人士的上訪、抗議、呼籲、投訴等行動，給信訪與政績掛鉤的地方政府造成了極大的困擾，為了不影響官員仕途，也為了減少政績對比中的落差和上級政府的責罰，很多地方政府採取了多元的、分渠

道的方式處理信訪維權人群。把這些人關在精神病院，無需法律手續，還能剝奪被關押者的民事權利，限制他們以後的維權活動，而醫院又在自己的權力控制範圍內，這種對地方政府百利而無一害的關押方式慢慢變成了各地人民政府處理維權人士的方式之一。

2013 年 5 月，夏日的某天，我接到一位朋友的電話，問我是否願意做人物訪談的工作。彼時，我的時間比較寬鬆，為了磨練一下自己的採寫能力，就答應先做兩次看看。

就這樣，我正式以公民記者的身份在一家人權網站做信息採集。沒多久，這位朋友把我介紹給後來成為我最重要的朋友及夥伴——中國異議網站《民生觀察》創辦人劉飛躍先生。民生觀察網下轄又創立了《中國精神健康與人權》電子月刊，而我的人物訪談工作就聚焦在那些被關過或者正被關押在精神病醫院遭受迫害的正常人。

其實，當初剛聽完劉飛躍先生對該月刊的介紹，我內心是極不願意做的。首先，在我比較傳統的思維模式認識裡，精神病人也好，「被精神病」病人也罷，反正都是精神病。在傳統的思維認識裡，這類人是極難相處和溝通的，說不定什麼時候還會使用暴力。正如某位著名維權律師說的，有些維權人士是真有精神疾病。

其次，我母親在一段時間內有輕微的精神性疾病，想法和思路完全與常人不同，動不動就會因小事易暴易怒，不善溝通，有一次我只是不經意的說了她一句，她情緒忽然非常激動，站起來很生氣的把正在吃飯的碗砸到了地上。

第三，我是一個理想主義者，我要為中國實現民主而努力，要為中國的人權而奮鬥，這是多麼響亮而富有激情的夢想啊！讓我去採訪一群底層的被精神病人？說真的，我非常失落，從心裡上和事實上很難接受。還好，我想，好在我只是答應採訪兩期試試看。兩期後，我還可以找理由推掉。

　　帶著這種想法，我約定採訪了第一位受害者──郭敬哲，他說他和父母一家三口曾經被關在精神病院，他自己又在關押時被傳染患了Ｂ肝；未成年的兒子被同學們稱為小精神病；他帶著兒子在北京流浪，住在天橋底下，明天的生活費還沒有著落！他希望父母的冤屈可以平反，希望這些年的受害能獲得國家賠償，希望孩子有學可上，希望我能幫助他。

　　當我聆聽完他的故事後，突然間，一種「我需要你」的感覺逐漸將我團團包圍。他的眼神流露出的渴望那麼強烈，根本讓我找不到拒絕的理由。除此之外，他講述的苦難也確實觸動了我。在別人如此希望獲得幫助時，一種油然而生的道義感召，一種強烈的「被需要」感滲透到我的心中，在不自覺的狀態下，我的內心悄悄起了天翻地覆的變化。

　　接下來，我又電話採訪了鐘亞芳、李世傑兩位受害者，鐘亞芳說：「我們一定要經過法律來維護自己的權利，一定要經過自己的努力來改變現狀。」她說，現在努力了，我們的兒女就會少受到這樣的迫害。李世傑更是坦誠的說：「法律的進步就是一點一滴的做起，作為個人，我就從我的案子開始，來關注社會的進步。」

　　他們這樣正向的思考，奮鬥到底的人生態度，砥礪了我。我有時不禁會懷疑，我們個人的奮鬥，在這樣一個龐大、結構複雜、私慾橫流、頑梗不化的國家機器面前，會不會是螳臂當車？會不會被碾碎？或許，就是在採訪他們後，也或許是想從這群不被外界了解的人中找到了解母親的答案，我變得更加勇敢，更不再計較什麼，開始認認真真的關注這個群體。

　　從 2013 年 6 月起，我開始採訪調查中國被精神病現象，實質接觸到的受害者超過 100 人，採訪到的有效受害者約 80 餘人。涉及範圍從中國東北、華北、華南、沿海地區，一直延伸到西北甘肅、新疆地區。隨著調查的持久、深入，駭人聽聞的案例越來越多的呈現在眼前，從上學的孩童受父母連累被扣上小精神病的帽子，到 80 餘歲的受害者無家可歸流浪街頭，有的受害者多達十幾次被關入精神病院。這些無處伸冤

者大多數會雲集北京，到中國共產黨紀律委員會（中紀委）、國家信訪局、最高人民法院、最高人民檢察院和各部委信訪接待窗口登記，期望獲得高層關注，從而解決自己被迫害的冤屈。

可隨著時間的推移來看，能經由這種途徑解決問題的受害者寥寥無幾，原因有以下幾條：一、填表遞交國家各機關的資料如石沉大海，再無音信；二、信函被相關國家機關轉回地方政府，遭隨意處理；三、有些受害者在被關精神病院後，被地方政府在身份信息上註明是精神病患者，以後再到國家司法機關和行政機關投訴，就會以「無民事行為能力」為由遭到制止；四、一些維權者根本還到不了國家機關門口，就被地方政府派出的人員抓捕遣返原籍。

「精神病」在中國社會本來就是個貶義詞。在罵人的常用詞語裡，「神經病」三個字佔據了極高的使用率。一個人如果被扣上精神病的頭銜，周圍眾人都會敬而遠之，另眼相看。在這種環境中，正常人如果被非自願治療，便會受到妖魔化的傳播，因此被邊緣化。大多數案例體現為政府不承認、學者不發聲、律師不代理、媒體不報導、大眾不關注！慢慢的他們就變成一個被遺忘的群體。

我採訪書寫了三年多的被精神病個案，長時間持續跟這群受害者打交道或寫報導，在體驗他們遭受的迫害時，自己的精神壓力也越來越嚴重。長久脫離正常的生活，導致交際能力變弱了很多，有時候跟朋友聊天，三句話不和就極想發火，有時候走路會不自覺的發笑，坐公交車時想起某事又會不自覺的發怒。當這些行為從內心反應在表情，從憤怒的情緒回歸現實時，常會發覺車上其他人在驚訝的張大嘴巴望著我。

特別要提到的是，本書中為了說明一些問題或連帶關係，尤其一位受害者可能前後幾次由不同的志願者採寫，我有時不得不引用了部分《民生觀察》網站上其他志願者的採訪。引用處會在文中提到，不再詳做註解。書中也會引用專家學者的觀點，來說明某些問題，這些引用內容主要用於評論和分析部分，人物具體的採訪內容，則全部由我本人採

集撰寫完成。

　　書中部分受害者的故事，只有控訴和司法行政機關的法律裁定書可作為我寫作的基礎，我對他們的私人生活並未著墨，因而顯得不夠立體。這是因為幾年前採訪時，主要突出他們的人權迫害情況為主，極少寫他們的生活層面。

　　另一個原因是，當時採訪時，我根本沒辦法採訪到涉事警察和政府官員，也沒法跟醫生溝通。事實上，我一見到警察、政府官員和醫生，跑都來不及，沒可能和他們面對面安靜的坐下來溝通。如果說當時非要採訪政府官員和警察，那可能採訪還沒成功，我已經「被失蹤」了。

　　但是，儘管如此，我還是電話採訪了很多受害者的父母、伴侶、兄弟姐妹、子女及朋友，利用交叉採訪讓這些迫害事件的描述更加客觀真實。我也曾用電話聯繫過一些負責關押受害者的官員，如負責江蘇南通受害者許金華的那位書記，我打電話詢問時，他一再表示此事不由他負責。

　　也許有朋友會問，怎麼鑑定或認定你採訪的人沒有精神病？我想在這裡說明，我並不去鑑定他們到底有沒有精神病，我關注的方向是，他們是自願治療還是非自願治療。總不能說一個人有病，就可以正當地對他進行迫害，行政機關也不能拿這個理由來關押他們。

　　以現在的《精神衛生法》規定而言，在任何情況下沒有家屬授權和當事人同意，其他行政機構、團體和個人對他們的關押都是非法的。就算有家屬授權，也應該經過有資質醫師的聯合檢查，最終做出鑑定結果。即便最終的醫學鑑定結果說明他們患有精神病，依據《精神衛生法》的規定，若沒有傷害別人和危害公共安全的行為，警察或政府、工作單位、家人也都不能做出強制送醫院治療的決定，這就叫做自願治療原則。

　　在有明確法律保障的情況下，卻還是有太多人被投入了精神病院。

之所以會這樣，是因為只有極少數醫院和醫生具有人權和法律意識，能頂住政治壓力，又抵得住金錢誘惑，並且堅守醫者良心和正義。我看到更多的是，醫院和醫生其實抗不住公權力的淫威，擋不住利益的誘惑，助紂為虐，把醫院變成監獄，白衣天使變成打手，幹著與醫院、醫生的職業完全悖離，迫害生命的行徑，完全失去道德底線。中國社會的人文環境被糟蹋地很嚴重。從被精神病現象浮濫看去，醫道的淪喪也應當被社會重視。無奈，國家資源、社會意識都被引流到別的地方去了。

「被精神病」問題已經在全中國普遍存在，政府部門預防和救濟渠道不通，相關報導信息封閉，更別提私慾橫行，走關係走後門的系統性腐化，隻手遮天和打壓；主流媒體是體制的一部分，關注度不夠，正面宣傳渠道較少；而有勇氣的個人也鳳毛麟角，自媒體又受到嚴格審查，起不到多少作用；當然更缺少民間社會專業預防的公益組織、非政府組織，公民受到侵害時法律援助渠道也不通，事實上，在中國，被精神病的受害人是孤立無援的，中國獨特的社會環境斷絕了受害者求助的所有渠道，這才是最可怕的。

當我們身邊的鄰居、朋友「被精神病」了，我們還不以為意的繼續著自己的生活，絲毫沒有為他們爭取權利的衝動，或者一笑帶過，那就說明我們的社會整體墮落到了何等地步！甚至當我們自己成了別人眼裡的精神病人，我們還在笑話別人，這種情況值得所有人深思。

本書能撰寫完成，主要以第一手採訪資料為主，著重以撰寫案例來說明問題。我通過案例，呈現人權被迫害的嚴重性，也努力從不同的角度，挖掘受害者群體不同的生活狀況，讀者可從其中一窺中國底層社會的部分面貌。筆者還參考了一些關注中國被精神病人權問題的專家學者、法律工作者公開發表的研究成果，及一些「被精神病」受害人所提供的親身經歷材料，謹此向他們致謝。

那些被關過精神病院的人，大多是在精神病院裡面認識的其他受害者，或者上訪途中遇到一樣遭遇的朋友，他們互相傳播，然後告訴我去

採訪，這成了我最大的信息來源渠道。還有一類受害者，他們經過民生觀察網的平台聯繫，然後信息反饋在我這裡。第三類信息來源，就是全國媒體或者網上曝光出來的消息，根據消息提供的聯繫方式溝通，最終確定採訪時間。這三條渠道佔據了我大量的信息來源。

　　我的學識與視野有限，難免會有偏頗與膚淺之處，甚至對一些典型案例撰寫不完整或引文出處有遺漏，還請讀者諒解。只希望本書能成為關注中國被精神病受害的群體的一個參考資料，希望社會能看到中國這群無助者的生存是多麼艱難。若撰寫此書為受害者群體發聲，能被大眾聽見，那將是我最大的榮幸。

第一部分 我的祖國有精神病

第一章 上訪

2007 年 9 月 11 日，這天沒什麼特殊，是一個尋常日。夏季最難熬的日子已經悄悄過去。中午，西長安街依舊車水馬龍，中南海前的新華門旁停著一輛廂型警備車，大門前有幾名衛隊人員，服儀整齊，態度莊嚴；有幾位一看就知是便衣的人員走來走去，他們著深色褲子白色上衣，面容機警，身上隱藏的對講機不時傳來間歇性的無線電通話，交換安全狀況。

匆匆行走的路人，可以感到北京的氣溫微涼。他們走到中南海旁與長安街垂直的府右街紅綠燈路口，緩慢地停了下來。街口有武警站崗，交警封路，身著制服的警察正在查驗過往行人身分維持秩序。眾人張望著從遠處緩緩駛來的車隊。長長的黑色車隊來到時，那氣勢讓路人自然屏氣凝神。沒有任何預兆，就在這時，站在路邊一位 50 歲左右的老頭忽然越過警戒線，衝到了路中央，擋在車前。在外圍一圈警察發呆之際，他已經準確來到一輛黑車前面，跪倒在地，聲淚俱下地大聲呼喊冤屈遭遇。

安全警衛一開始還沒有反應過來，後來才迅速撲向了他，死死地把他壓倒在地，大字形壓制讓他動彈不得。他們連人帶包將他全身上下搜查了一遍，確定沒有安全威脅，並確認他是訪民後，徵得車內領導同意，才放開了他。接下來令所有人驚訝的是，不知出於什麼動機，車內走下一位穿西裝之人，個子不高，也是一老人，等大家定神一看，才辨認出是時任中華人民共和國國務院總理的溫家寶。他在眾目睽睽下居然下車，何芳武立即伸出雙手緊緊抱住溫家寶的大腿。

搏命換來的控訴機會，他格外珍惜，把自己多年的冤屈向溫家寶和

盤托出，希望換一個朗朗乾坤，還自己一份正義。

國事倥傯，國務院總理有多忙可想而知。溫家寶聽完他的故事，卻露出同情的態度，立即拿出手機打電話。何芳武回憶，那是給湖南省委和湖南省政府打電話，要求他們妥善解決問題。溫家寶再次成功出演了勤政愛民的宰相角色。

這個訪民以為在當朝宰相親自督辦之下，自己多年的冤屈可以沉冤得雪，激動的三叩九拜送走溫家寶，跟圍上來的警察離開。接下來的事情讓他始料未及。

「湖南省政府聽到這個消息後，隨即派出以時任湖南省委一位副書記為首，帶領永州市委副書記、江永縣委副書記、江永縣公安局劉副局長、信訪局局長黃應夢、允山鎮何鎮長等一大批人跑到北京抓我，最後我的問題沒解決，反又被他們送到永州市零陵區精神病醫院關押 5 年。」老訪民神色深邃，若說看著我，不如說他定定的看著空氣中的某個點，或是神遊到多年前那個事件的時間點。

這位五十多歲的老頭，其實是一位農民，名叫何芳武，乃湖南省江永縣允山鎮向光村農戶，他父親以前是村長，因檢舉揭發時任允山鄉副鄉長蔣育祥貪污救災錢糧，遭對方陷害，被免職，後因計劃生育事件被嫁禍無辜打死，他的奶奶也因此事，沒多久氣絕身亡。何芳武為此事上訪多年。

關進精神病院後，醫院的醫生就強迫何芳武開始吃藥打針。吃的什麼藥物，打的什麼液體，他完全不知道，醫生也不告訴他，他形容：「這種藥物吃完後全身乏力，昏昏沉沉就想睡覺。」

他知道藥物的迫害有多厲害，為了擺脫這種迫害，何芳武嘗試著想辦法改變。他開始每天幫助醫師護士做事，包括給他們洗衣服、折被子、洗碗筷、沖洗廁所、打掃病區衛生、搞基礎護理、安排病人找床鋪睡覺，

檢查病人的吃藥、尿屎情況、以及值班查崗等等。

他基本上沒有休息時間,隨喊隨到。由於表現良好,過了兩天,醫院開始停止給他用藥,這才把迫害的程度緩和了一些,躲過更深層次的迫害。

何芳武曾無數次向院方的醫師護士提出,要求回家,要求自由。

「不行,進來容易出去難,我們寧願把整個病區百十多個病人放出去,也不准你活著踏出這道門,只許你死的抬出去,這是你們江永縣縣委、政府主要領導的指示。放虎歸山,影響他們的政績,我們的工作就是二十四小時監視著你。」醫院的醫生明確對他說。

從我和何芳武的接觸來看,他頭腦清晰,思維敏捷,吐詞清楚,記憶力超強,根本就和精神病沾不上半點關係。據最早採訪何芳武的公民記者肖勇報導,曾看到一份有關何芳武的「精神病鑑定書」,儘管鑑定書稱何芳武「神志清晰」、「口齒清楚」,但他還是被鑑定為「偏執性精神障礙」,而他偏執的主要證據是「多次上北京告狀」、「無理糾纏領導幹部」。該鑑定書還說何芳武此前就送過精神病院。不過何芳武說,從來就沒有什麼專家給他做過精神病鑑定。

何芳武自己也不明白,有冤無處伸,有苦無處訴,哭天天不靈,喊地地不應,為什麼為父伸冤討說法,竟遭受這些人的殘酷迫害,被他們誣為精神病,企圖把他關在精神病院拘禁至死!出院,是何芳武夢寐已久的期盼。可是一次次祈求,一次次失敗、一次次失望。他的母親和弟弟曾多次前往湖南省各級政府、司法部門,請求讓何芳武早點回家。但,每次都被官方敷衍,甚至驅趕出門。

2010 年,時任江永縣縣委書記唐長久因貪污腐敗被查處判決。或許其他官員也不願意替前任背黑鍋,又或是什麼其他原因,反正關押他的死命令,開始鬆動。

　　但是何芳武真正走出醫院，是兩年後的事。2012 年 9 月 22 日，他被精神病醫院放行，獲得自由。他能安然回家的前提是，他弟弟簽字擔保，他自己被強迫簽字保證不再上訪。這次關押，當局出示了一份精神病鑑定書，而這也是政府唯一拿得出來的法律依據。可這份由湖南省第二人民醫院湖南省芙蓉司法鑑定中心鑑定，結論為何芳武患「偏執性精神病」的鑑定書，何芳武認為與事實不符，更奇怪的是，他並不知道醫院何時做了這份鑑定。

　　為了弄清楚真相，也為了對抗這份假的證明書，何芳武來到長沙市準備對自己做個精神病鑑定。何芳武認為那個給自己出精神病鑑定書的醫院不靠譜，所以應該去其他精神病院醫院做個鑑定，兩邊的鑑定書對照一下就可以證明自己到底有沒有精神病。

　　他想的太簡單了。他先去了湖南省有名的中南大學湘雅附一、附二、附三醫院等多家醫院，但醫生一聽他是訪民就不肯作鑑定，讓他去找原來給他鑑定的醫院。於是何芳武又來到了湖南省第二人民醫院鑑定中心，他一到醫院，那些精神病醫生就認出了他，堅決不肯給他重新作鑑定。

　　繼續深聊我才知道，原來這不是何芳武第一次「被精神病」。早在 2003 年 12 月 18 日，他在北京中紀委上訪，就被那位後來涉及貪污腐敗案的縣委書記唐長久，派遣縣委副書記何紹雲、縣信訪局局長黃應夢等人抓了回來。據何芳武的說法，他們那個時候就編造謊言、偽造文件和證明把他強行關押進了永州市芝山精神病院。

　　那次關進精神病院，他沒有抵抗經驗，遭受的迫害很厲害。醫生護士強迫他吃藥打針，稍有不從，就會被捆綁起來電擊。

　　「電擊時真是生不如死。」他說。

　　我知道物理治療師會用電擊法刺激病患局部神經系統，使得斷掉的

神經重新生長，恢復功能。我也看過電影中，壞蛋用電擊法刑訊間諜。我不知道這個精神病院用的是什麼電療系統，用了多少電壓，怎麼會使人有生不如死的感覺？

最讓人不可思議的是，當時全醫院領導幹部、醫師、護士上下人人都知道何芳武沒有精神病，是個無辜受害的上訪者，但他們還這樣對他。只有醫院主任向景濤不一樣，對於他的遭遇深表同情，出於醫師的良知，向景濤親筆幫他寫了一份證明：「*何芳武沒有精神病，是在北京上訪控訴的無辜受害者，望上級政府明察，特此證明。*」然而，他拿這個證明去申冤，萬萬沒想到此證明提交上去後就石沈大海，也不退回。再也沒有這份證明了。

這次「被精神病」關押兩年多，2006年1月9日，他才被精神病院放出來。後面才有2007年9月11日那次攔溫家寶的攔轎申冤的事件。在採訪何芳武時，他反覆強調自己沒有精神病，整個家族都沒有精神病史。江永縣信訪人員是擔心他去北京上訪，影響某些領導的政績，甚至揭露他們的腐敗行為，才被偽造精神病鑑定，在沒有得到家屬授權和允許的情況下，把他強制拘禁在精神病院。

何芳武說，政府和醫院勾結，簽訂合同，每年他們地方政府支付給醫院5萬元的費用關押他。他從側面得到了醫院承認，當家屬提出沒有錢支付關押何芳武的住院費時，醫院工作人員回答：「不用你們出錢，政府出。」

同時我還獲悉，這個醫院裡關押了很多其他地方的上訪人員，他們無不希望受到關注，早日獲得自由。何芳武的事情十幾年來都沒得到解決，父親的冤屈也未昭雪。

2015年7月7日中午12點半左右，何芳武在中紀委預防腐敗局前徘徊，當他發現中紀委書記王岐山的車輛，立即衝上前趴到王岐山車上攔截喊冤，旋即被執勤警察逮捕，送往派出所。警察對他進行了審訊。

審訊結束後，何芳武被送到了湖南省永州市駐京辦，並被湖南接訪人員押回永州，第三次投入到了湖南永州芝山精神病院。

何芳武的弟弟知道消息後，緊急去政府部門交涉，希望哥哥盡快獲得自由。7月24日，他在當地政府部門人員陪同下探視何芳武，政府工作人員表示只要他好好「表現」，關押半個來月就能放出來。

何芳武這次為何要冒險攔截中紀委書記王岐山的車輛申冤呢？有兩個原因：其一、為父親含冤而死的事件申冤；其二、尋找髮妻謝勳英——另一個被精神病的受害人。為逃避老家的政府迫害，謝勳英一直在北京流浪，找機會上訪。而她在2個月前，失蹤了。

說起他和妻子結褵，那真是一個的荒謬絕倫又溫馨感人的故事。為了躲避地方政府迫害，這些年何芳武同樣在北京漂泊。在「北漂」期間，他結識了同樣被關過精神病院的貴州籍女士謝勳英。謝勳英年紀稍長於何芳武，兩人雖以姐弟相稱，但兩位都是背井離鄉的底層人，北漂訪民，同是天涯淪落人，他們心心相印，從互相理解，相互打氣，直到走在一起，相依相靠。日子雖然清苦，總算獲得一份流離中少有的安全和溫馨感。

是一次失蹤事件，讓他們的關係通過了考驗。2014年，中國召開兩會期間（註1），謝勳英到郵局寄信時，被北京警方帶走後失蹤。這已經不知道是謝勳英第幾次「被失蹤」。

那次謝勳英失蹤後，何芳武想方設法尋找她。但是談何容易？中國那麼大。然而何芳武畢竟經驗老道，自己又有被失蹤的經歷。一個大活人，怎麼就能憑空消失？他幾乎確定謝勳英是被政府人員帶走的。但是，就算知道是被帶走，何芳武又能怎麼奈何得了政府部門呢？何芳武知道，他必須運用自己的聰明與機智。

沒過幾天，湖南省駐京辦主動聯繫何芳武，表示願意協助尋找謝勳英。湖南省駐京辦怎麼會這麼好心？或者說公務員怎麼會沒事找事？原

來，何芳武想到，若是不動員「公權力」，憑他一草民，在偌大的中國找一個失蹤的人，根本是大海撈針。為了找妻子，何芳武只好讓大象隨他一起跳舞。他對湖南省駐京辦負責人孟主任放話，說他知道兩個特別的車牌號碼。

何芳武說：「*這兩個車牌號分別是國家主席習近平和來訪的美國總統歐巴馬夫人要乘坐的車。*」[註2] 時任湖南駐京辦的孟主任並不能驗證此信息的真偽。國家領導人和國外貴賓乘車都屬於機密，一個訪民是不大會知道的。但他們知道，曾經成功攔截過國務院總理溫家寶官車的何芳武，他的能耐簡直不可預測。

2014 年 11 月，歐巴馬總統正訪問中國，何芳武有可能再次作出類似、或者他們無法控制的舉動。不怕一萬，就怕萬一，若真被何芳武猜對了而去攔截，這對地方官員來說是難辭其咎和不可承擔的責任。誰都怕這個老小子毀了自己的官途。所以湖南政府立即派員協助何芳武尋找謝勳英，並表示可以支付尋找路上的一切開資費用，以此來分散何芳武攔車的想法。至少，這可將他帶離北京。

但這個決定正中何芳武下懷。他的戰略，就是要動員自己省籍的湖南政府幫他跟妻子所屬的貴州省政府協調，沒料到還真奏效。湖南政府人員陪著何芳武前往貴州，和貴州福泉市黃絲鎮政府負責人進行了交流和探詢，確定，2014 年 3 月 8 日，兩會召開期間[註3]，謝勳英在北京某郵局寄信，被截訪人員發現，押送回貴州。現在她正關在貴州省黔南州安康精神病專科醫院。在雙方政府的協商下，黃絲鎮開出的放人條件，分別是讓謝勳英 81 歲的老父親簽字，作為謝勳英不再上訪的擔保人，第二是何芳武必須娶她，並把戶口遷移到湖南去。

貴州地方政府開出的放人條件非常奇葩，要謝勳英嫁給何芳武。其實他們算盤的是，只要她和他結婚，就會把戶口移走。政府部門威脅道：「*否則這次要關她到死。*」

038 | 第一部分 我的祖國有精神病

此前他們一直以姐弟相稱，現在居然奉政府部門之令要他們結婚，也算是命運註定。為了從精神病院出來，何芳武和謝勳英都先答應了這個要求。他們立刻就在貴州辦結婚證，打算遷移戶口。

然而，回到老家，何芳武的戶籍所在地湖南政府可不願意了。他們認為有何芳武這個負擔就夠麻煩了，怎麼會接受再來一個負擔呢？於是他們斷然拒絕給謝勳英落戶。

中國是實行戶籍制度的國家。謝勳英的戶口落不下來，她成了黑戶，貴州地方政府一看這樣行不通，為了永久解決麻煩，就再次把她關進了精神病院，並威脅她的兄弟姐妹不許過問此事。最後，經歷了各種困難，謝勳英才走出精神病院。

眼看在老家待不下去，他們自然又回到北京，過著飄蕩的生活。
北京的四季分明，夏去秋來，冬盡春芽。他們在飄零中卻感到多些自由。那是家鄉無法提供給他們的。直到一年後，2015 年 5 月某日，何芳武發現謝勳英又失蹤了。她出去辦事後就沒回來。

會去哪呢？難道又是被抓回貴州嗎？

他們此時已經是結髮夫妻。擁有合法丈夫身份的何芳武，怎麼能看著妻子再次落入魔窟而不救呢？2 個月過去了，妻子始終未再現身。駐京辦已有警惕，他已經不能故技重施讓大象隨他跳舞了。但他還有一招看家本領——攔截領導座駕。於是他又作出了大膽的舉措，鋌而走險採取「攔轎申冤」的辦法。

2015 年 7 月 7 日大中午，當何芳武在中紀委預防腐敗局前趴在中紀委書記王岐山車輛的引擎蓋上，被安保人員衝過來壓制的那一刻，他心裡清楚，不成功便成仁。

對他來說，攔截領導座駕是無奈之舉，也輕車熟路。為了自己的冤

屈，為了那個有名無實的「妻子」，他不得不這麼做。經歷過那麼多次上訪、成功攔轎，擁有多年申冤經驗的這位老訪民，怎麼還能相信「成功攔轎申冤」就能解決問題？別說徹底解決，就算部分解決的作用也沒有啊！可我尋思又尋思，除此之外，他能做的也僅此而已。正規途徑形同虛設，就算鋌而走險的解決問題機會也不高，至少可以看到真相。

果不其然，這次攔截，只是導致自己再次被關押。攔截王岐山車隊，導致何芳武被關押，於海外媒體呼籲聲音大，關注度也高。2015 年 8 月 10 日，允山鎮武裝部長、派出所副所長一起將何芳武接出來。不過，何芳武被警告，出來後他不能隨便亂跑，離開家要向政府相關部門人士請示，得到「批准」才能外出。

此後不久，又有外賓來訪，湖南省永州市江永縣允山鎮的官員，就陪何芳武到貴州省探視被關在福泉縣精神病院的妻子謝勳英，以此來安撫何芳武不可預測的攔截領導車輛的舉動。

但是問題連個皮毛都沒解決，在家鄉又時時受到監控，同時謝勳英也等著被解救。何芳武只能回到北京。2016 年 4 月 15 日 8 點，何芳武在永州車站打算乘車進京，又被公安局抓回，於 16 日再次關進了精神病院。被關的理由是因為違法規定，擅自離開江永縣範圍。何芳武說他是為了救自己被關在精神病院的老婆才出去的，現在老婆沒能救出來他自己又被關進了永州芝山精神病院，他很無奈。幸虧這次關押的時間不長，於 4 月 23 日下午被放出精神病院，共計被關押了 7 天。

2017 年 3 月 2 日，又逢中國全國人民代表大會和全國政協代表大會之際，成功進京的何芳武在 2 日晚上再次被捕獲，立即從北京被押回原籍，永州市江永縣公安局、允山鎮政府和鎮派出所當晚就把他送到江華縣康復醫院精神病醫院。這已經是他第五次被關了！

等我在北京再次見到何芳武時，我問他如何精確的知道哪位領導乘坐的是什麼車隊？

「嘿嘿，觀察，連續的觀察….」他神秘莫測地說。

我仔細觀察了這個上訪二十幾年的人。他的思維清晰，語速極快，跟他聊天時，如果雙方距離很近，那可要小心了，因為吐沫橫飛，近身的人很難躲閃開來。他跟那些同時期的上訪人，有一個明顯的不同，就是外表整潔。在我見他的幾次裡，不管頭髮長短都梳理的整整齊齊，衣服新舊都洗的乾乾淨淨，破舊不堪的皮鞋也會擦得閃亮，再配上筆直的身材，這種打扮在警衛眼裏如何也不會跟上訪人聯想在一起。如果他嘴裡再叼上一根煙，當人第一眼看向他時，會發覺他炯炯有神的眼睛，絕對像是一個退休教授。

謝勳英

瘦小的謝勳英顯得膽小而羞怯，說起話來有點扭捏。第一次見到她，我就懷疑，究竟是什麼遭遇讓這個女人變成這幅模樣？她腿腳有些不便，走起路來一跛一跛。她的遭遇，光是聽了，我內心就如同刀割。我不禁感嘆，這是怎樣的遭遇啊！

1992 年一場車禍，造成 29 歲的她些許殘疾；在家養病期間，被同村人拐賣到內蒙古土木特左旗，產下一女。一年後，她扔下年幼的女兒逃出。誰知剛出虎口，又遭遇歹徒強姦。千辛萬苦回到家中，又被再次被拐賣至內蒙古察右中旗，這次直到 1999 年才設法逃回。

出生於 1963 年 4 月 20 日的謝勳英，是貴州省福泉市黃絲鎮魚西村的一位農民。兩次被拐，雖然悲慘，但命運似乎還有意刁難，因對人販子的從輕量刑判決不滿，謝勳英開始了上訪。

2007 年 9 月 6 日，她被住地黃絲派出所非法強行送入精神病院。我先從公民記者柳梅第一次採訪她的文字中，了解謝勳英的過往。

當我見到她本人時，謝勳英已經遭受過至少兩次拐賣、強姦，多次

上訪，多次被關押在精神病院。她的模樣、膽小而羞怯的樣態，讓我想到——她便是人們說的「活得不成人形」。

是誰將她扭曲變成這個樣子？

「2007 年上訪那次，我在北京被貴州截訪人員逮住後，被他們狠狠暴打一頓，隨即被時任黃絲鎮派出所所長王明星帶回黃絲鎮，將我強行送入黔南州沙子壩精神病院長達 4 年之久。直到 2011 年 11 月 18 日才放出。」她清晰地記得事件發生的時間、人物名字。

謝勳英被送入精神病院後，醫院按照程序作了檢查，鑑定結果認定思緒正常，不屬精神病人。

戶籍所在地公安機關正是對她實施迫害的單位，自然不認可醫院的鑑定。所以施壓精神病院，最終，她被留下治療。

「在關押期間他們給我強迫服藥、隨意打電針。在那個病院『治療』的結果，就是我的乳房因此而消失，傳染灰指甲、導致手與嘴不隨意的持續嚼動、抖動。同時還被感染結核菌，淋巴受到感染，脖子上長了一串瘤、還有腦積水加重等等疾病。」回憶精神病院的經歷，謝勳英的眼神仍然充滿恐懼，我同時看見她眼神深邃處的憤怒。

出了精神病院後，謝勳英向貴州省福泉市人民法院行政審判庭遞交了《行政訴訟狀》，對福泉市公安局、黃絲派出所、黔南州沙子壩精神病院提起了訴訟。若不是真的受到極不公平的待遇，作為正常的人，尤其是中國人，不會去控告政府部門。不僅政府是共產黨專政，而且法院也是共產黨領導的，他們官官相護，訴訟幾乎沒有勝算。

果不其然，這些單位禁止她訴訟上訪，故此訴狀不能直接遞交，最終不了了之。

「我現在最想念的還是我的女兒。她是我同李根民生的孩子,我逃出後再也沒見過我女兒,不知她現在怎麼樣了,有多高了。我有權見她嗎?也不知她能不能認我。 」謝勳英反覆在柳梅第一次採訪她,以及兩年後我在北京和她相遇時提起這個心中的結。可見這是她夢寐以求的一個願望,但一直沒能實現。

是啊,我設身處地的想,她在女兒年幼時離開,女兒不會知道媽媽是因為被拐賣,逃亡求生。女兒不會知道媽媽經歷過慘絕人寰的遭遇,女兒只會認為是媽媽拋棄了她。

謝勳英上訪還有另一個訴求,貴州省《法制生活報》刊登的〈人販子毀了我一生〉的文章,在未經她允許並審核的情況下,擅自將她本應受到法律保護的隱私權、肖像權,特別是將她子宮被切除一事公諸於世,讓她從此在家鄉親友前再也抬不起頭,這也成為她最後被家人嫌棄,被鄉人指手畫腳無法生存的根源。

她無法在家鄉生存,於是千里迢迢來到北京上訪,自力救濟。謝勳英這兩年一直在北京流浪,逃避地方政府對她的迫害,並尋求以司法解決自己的遭遇。也就是在這段時間,她結識了同樣被關過精神病院的何芳武,相同的遭遇讓他們惺惺相惜,依靠著對方。對他們來說,北京雖然缺吃少穿,居無定所,但比起生活在家鄉恐怖陰影的環境下,也算是「天堂」般的享受。她回憶起事件發生的經過。

「2014 年 3 月 8 日,我到北京火車東站的郵局給全國人大常委會寄申訴信,路上被抓捕,遭送回老家。3 月 10 日早晨,我被黃絲鎮鎮政府關入貴州省黔南州安康精神病專科醫院。」她似乎清清楚楚的記得每一個細節。她看了一眼何芳武,眼神充滿柔情。

「3 月 24 日下午兩點,何芳武為了尋找我,在脖子上掛著尋人啟事走上王府井街頭。北京東方廣場派出所公安聞訊而來,立即將他帶走……」

　　上面提到，湖南的官員陪著何芳武千里迢迢來到謝勳英的戶籍所在地黃絲鎮政府，陪同何芳武來訪的工作人員和該鎮負責人進行溝通，黃絲鎮政府設計了一套巧妙的解決計策。

　　聽到謝勳英要入籍湖南的條件，協同探訪的湖南省工作人員不幹了，他們陪同何芳武來此的目的是出於維穩的需要，現在卻又要多嫁過來一個人？這不等於是又要轉過來一個「麻煩」？因此，湖南來的官員也提出了自己的要求。他們表示謝勳英可以嫁給何芳武並落實戶口到湖南，但是何芳武必須也簽字遞交保證書不再上訪，否則對他將從重追究責任。

　　於是何芳武戶籍地人民政府和謝勳英戶籍地人民政府共同起草了一份承諾保證書，何芳武簽字完畢，在滿足了「兩省」政府的條件下，謝勳英走出了精神病院。這次總共關押 22 天。無故限制人民自由 22 天，違法，違憲，且沒有任何賠償。政府部門還認為是人民給他們造成了「麻煩」，要用包，把這包袱踢給另一個地方政府。這「人民政府」真是人民當家作主嗎？為了踢皮球，貴州政府殷勤的給他們辦理了結婚證，幫他們遷起戶口資料，連人帶材料一起送走。

　　湖南政府官員也因為解決了一個上訪的麻煩製造者而暫時放下擔憂。從此，謝勳英跟隨何芳武去了湖南，他們變成了合法的夫妻，何芳武有了老婆，謝勳英則有了家。

　　這聽上去就像童話一樣，硬是把悲劇演變成一個四方都滿意的皆大歡喜的局面。真的如此順利嗎？他們真的能放下多年的冤屈，就此作罷，不再尋求正義？他們能放下一切過往，立地成佛，安然生活嗎？後來的事實證明童話沒有那麼完美。

　　2015 年 6 月 16 日，我得知謝勳英又被關入精神病院。我記得第一次採訪謝勳英時，她告訴我說：「醫院不告訴我這是什麼藥。就逼著吞下。」她表情堅毅：「我在內衣裡面藏了一根針，如果這次超過三個

月自己還不能自由的話,我就打算把那根針吃下去。」她說。

　　我當時聽了無語,真的不知道該說什麼。我知道這樣的日子,她已經生活過四年,我明白其中的艱難和她的苦難。我慶幸她遇到了何芳武這個人。她若是吞了那根針,只是讓身體受到折磨,她的問題也不會得到解決,只是白白受苦。很明顯,她的人權受到嚴重損害,而她一點辦法也沒有,求告無門。

　　一個公民,因為隨身攜帶了上訪控告的材料,僅僅因為她是個訪民,在沒有違法行為、沒有傷害人的情況下,國家機器就能以「維穩」的名義,不顧國家法律規定,不經任何法律手續把她隨意的帶走,更進一步關入精神病院對她進行人身傷害。

　　這嚴重背離了現代公民社會的基本準則,也違反了《世界人權宣言》及《公民權利與政治權利國際公約》的規定,更致中國《憲法》規定「人身自由非經檢察機關批准不能剝奪」的條款形同虛設。當然,我知道這都是源自行政、司法、立法、監察制度的不能相互獨立,已經「攪成一鍋粥」所致。司法、立法、監察機關都為行政機關的「專政」服務。因而立法為了保護政府而限制人民,司法機關限制人民而不限制政府,監察機關都是國王的人馬,跟政府部門沆瀣一氣,護航。

　　我採訪時,正值《精神衛生法》頒布近一年之際,然而,在沒有專家鑑定、沒有家屬授權、沒有法律憑證的情況下,一個無任何違法行為的公民就這樣被關進瘋人院!此時的《精神衛生法》像那花瓶一樣成為了一個擺設!沒有任何實質的約束力。

　　就算退一萬步要求,降低人權標準,北京警方送走她,是出於兩會的維穩需要,交給地方後,只要限制她在兩會期間到北京即可。然而負責此事的領導,缺少生命教育,少了一顆人類的同情心,冷酷無情的送她進精神病院。其實只要官員不直接說關在精神病院的話,謝勳英最多也就是被控制在家裡,不致身體健康受到殘害。

　　但由於人性的冷漠，官員的冷酷，她再次面對生死存亡的威脅。她第一次遭迫害時，精神病院按照程序對她作的檢查，結果認定她「思緒正常，不屬精神病人」的鑑定，而政府卻強要醫院關押她，醫院居然也接受。

　　這是醫事人員助人、救人精神的缺失，社會缺乏監管力量，政府官員缺乏法律意識三者共同導致的結果。這種情況下，我們唯一還能依靠的只有家庭的反擊。因為我打電話採訪她的妹妹（以下簡稱謝妹）。

我　　：你好，謝勳英的妹妹吧，她現在怎麼樣？
謝妹：鎮裡邊辦事處的人把她抓走了，我聽說她回來了，就回家去看她一眼，等回去的時候，我爸爸媽媽就說政府把她送到精神病院去了，我沒見到她。我們也沒有時間管她。
我　　：您知道她在裡邊吃飯、睡覺等生活的情況是什麼樣的嗎？
謝妹：我只知道以前，現在的情況我沒去過，不知道！就是政府派人去跟我爸爸媽媽說的，帶她到精神病院去治病。
我　　：有你們家人的授權嗎？你爸爸媽媽給他們簽字了嗎？
謝妹：沒簽，他們抓走後，就來打個招呼，沒簽字，我也沒聽說叫家人簽字。
我　　：有沒有說要關她多久？
謝妹：沒有，意思就是不想放她出來了，怕她老是去上訪，造成麻煩。上次她去上訪，他們把她關在精神病院4年。
我　　：您的家人有沒有找政府要人去？有想過給她請律師嗎？
謝妹：沒有，給她請律師？我們家人沒有誰管她。這些年就是她自己跑來跑去的，也解決不了問題，政府和公安局的人還打她呀，我們家裡面沒有人管她。
我　　：為什麼不管她呢？
謝妹：父母年齡大了管不過來，作為姐妹，我們有自己的家庭，我怎麼管呀，老公也不允許我們去管，我們也沒有那個能力去管，你說是不是！？
我　　：其他的姐妹也無能為力管不了她嗎？

謝妹：哪個都有自己的家庭，哪個都怕連累自己，所以哪個也管不了她。
　　　以前抓她進精神病院4年，這次也不知道要多久，他們（指政府）
　　　就是怕她去上訪。

　　在結束的交談的時候，她的妹妹特意提到，說老公不在，才敢接電
話，如果他回來，是不允許她參與這些事情的。跟謝妹通完電話，我宛
若跌入一個深井，久久說不出話。多麼悲慘的世界。

　　我們需要關愛，在一個冷酷的世界裡，有一個值得依靠的人是多麼
的重要，如果社會、行政機關、家人都像何芳武一樣給受害者一份關懷，
謝勳英這次的遭遇可能就會避免，如果醫院、政府、司法機關能守住一
份職業精神，哪怕是一個做事的程序，謝勳英也不會落到如此境地。

　　謝勳英被關幾天以後，福泉市阿寧精神病院一位醫生打電話告訴謝
勳英的妹妹，說謝勳英希望有人去看她。但是她妹妹說，現在壓力很大，
此前因為謝勳英的事她被政府和單位領導施加壓力，警告她「不要找麻
煩」。就在謝勳英妹妹接到電話的前一天，她才再次被單位領導約談說，
如果她管姐姐的事，將失去工作。

　　這個曾經兩次被拐賣、兩次被強姦、兩次被地方政府關入精神病院
的女人，第三次被關入精神病已經有幾年的時間了，我再撥她妹妹的電
話號碼，已經不再接通了。

註釋：

1. 全國人民代表大會會議和中國人民政治協商會議全國委員會會議通常在每年3月初基本同期召開，故兩者常合稱並簡稱為「全國兩會」。）
2. 美國總統歐巴馬任職期間（2009～2017）共有三次訪華行程：2009年11月，2014年11月，2016年9月）
3. 十二屆全國人大二次會議於2014年3月5日至13日在京召開。全國政協十二屆二次會議於2014年3月3日至12日在北京召開）

第二章　專治不服：迫害政治犯的隱蔽暴行

在中國，有一部分政治反對派和民間社運人士一輩子都是在反覆的關押、釋放中度過。因為涉及政權穩定和執政權力，政府從來沒有讓步過。異議人士遭受的各種迫害中就有「被精神病」一項，迫害的程度也相當嚴重。一直到現在，用「被精神病」迫害政治異議分子的情況依然存在，不僅對受害者本人造成各種病症的後遺症，甚至對他們的父母、家庭、子女都造成精神和經濟等方面難以彌補的創傷，而且在精神病院裡的迫害比在集中營裡迫害更難被察覺。

張文和

我聽聞張文和老先生被釋放的消息，激動得說不出話。那是 2015 年 11 月，北京已經入冬。氣溫已經下降到要穿厚大衣了。

我對張文和非常崇敬。伴隨中國民主運動三十年多年，他見證了從民主牆以來的一系列民主運動，一路走來，從不改變心志，用他一個人的力量，對抗國家機器。他的勇氣令我拜服。這是老先生第四次從精神病院釋放。正好我在北京，便登門拜訪他。

由於《中國精神健康與人權》月刊在此前已經多次採訪張文和先生，所以這篇稿件採用了部分前期採訪的內容，集合這次的採訪合編而成。通過友人提供的聯絡方式，我和張文和先生取得了聯繫。他非常爽快的接受了我前往採訪他的請求，在電話的這邊，我能感受到他難掩的興奮。

我是坐地鐵一號線去張文和家的。在路上，地鐵從黑暗的地底竄出，周遭世界一片光亮，隨著離天安門距離越遠，大樓建築密度越來越稀疏，樓房越來越遠，遠遠看去，地平線越來越清晰可見。我心中又激動又興奮，有點像是要見到偶像和英雄的感覺，我對周遭醜陋事物的嫌惡逐漸飄散。

　　中國各大城市的馬路兩邊綠化很常見，意在美化城市，綠化生活。但這種綠化也有破壞的一面。只要沿著馬路，就要是綠色的，哪怕是岩石，也要披上一層綠色塑料材質的草皮，遠遠的看是綠色的一片，近看其實慘不忍睹。除了遍地塑料，還有濃濃的塑膠味道。

　　北京也是一樣，整座城市綠化得很厲害，種了各種不同的樹。1960～1970年代，北京官方種了200萬棵的楊樹和柳樹，每年4到6月，就飄起白毛絮，引發不少人的氣喘病。

　　出了地鐵，我按照張文和給的路線，坐了一段公交車。沿路先是有公園，然後漸漸的只剩平房，最後連平房也沒有了，多是斷垣殘壁，沒有開發的樹林子。可能是第一次來到這樣的地方，我感到無比陌生，心裡有些忐忑不安，總覺得有點荒涼。

　　我心中不斷反覆練習，等一下我該如何打招呼？有什麼新想到的問題要問他？怎麼交流比較好。張文和的住處非常偏僻，相比北京發達的公共交通，他居住的位置好似被遺忘在這座現代化城市的角落裡。

　　我乘坐公交來到約定的會面地點，距離他家還有8公里以上的距離，只能等待他的兒子張浩開車來接我。在車上，我們順路開聊了一會。

　　「他的精神特別好」，談到父親時，張浩說：「實在沒辦法，我才接父親出來。我自己一個人要照顧癱瘓在床的母親，剛上幼兒園的小孩也需要照護，還得工作賺錢養家，對我來說壓力太大了，希望父親出來能幫忙照顧家庭，我去賺錢養家。」

　　我感覺張浩並不支持父親的民主事業。果不其然，他覺得家人更重要，如果不是讓父親出來照顧自己的母親，我猜想他不一定會跟警察協商釋放自己的父親出來。張浩有他自己的苦，這種苦如果不是切身經歷，我想不會有人能體會。

　　一路暢聊，我們很快就來到他們在馬駒橋附近的家。這地方看上去比較荒涼，附近沒什麼樓房，就他們那棟。出入交通不很方便，還好樓下有個專賣蔬菜的超市。門開後，老先生笑呵呵地向我伸出雙手道：「你好，歡迎歡迎。」說著就像久違的老朋友一樣把我帶到客廳，指著桌邊的椅子說：「請坐。」手提起早已準備好的茶壺，給我斟了一杯熱茶。

　　我接過茶杯順勢入座，這時，客廳的對面傳來一聲：「來啦？」剛才進門沒看到其他人，這會順著聲音看去，才發現客廳角落的單人床上躺著一位老年婦女，連打招呼都是平躺在床上。推想是癱瘓，體質很弱，我忙起身打招呼。

　　「這是我前妻，」張文和向我介紹。「她現在身體特別差，生活不能自理，正常坐起都需要人攙扶。我現在被釋放，兒子希望我把他母親服侍好。她是個虔誠的穆斯林，非常有愛心，她很認同我的一些理念。」

　　打過招呼我回到了桌子旁坐了下來。「你的身體怎麼樣？」我關心。「感謝主，我的身體還行，這次在醫院中讓吃的藥量不大，每天 4 片，我出來後就停藥了，停藥了還不行，因為睡不著覺，只好繼續吃藥，慢慢減少藥量。」

　　張文和是回族，我聽說他 50 歲以前信奉伊斯蘭教，50 歲以後皈依基督教。所以他說「感謝主」。由於連續吃藥，長時間對藥物的依賴，已經對神經造成了很大的後遺症，需要漫長的調理才能緩和過來。

　　很多朋友都喜歡跟北京人聊天，因為他們熱情的態度、坦率的性格，根本不用提問，好像竹筒倒豆子一樣，很希望把自己的全部生活都拿出來分享。已經四進四出精神病院的張文和，依然改不了老北京的這個習俗。他跟我介紹他第四次「被精神病」的情況。

　　「這次看押我的醫護人員態度和醫院環境稍微好了一點，少有護士

隨意毆打病人的情況，也給我眼鏡讓我看書寫字，」張文和說：「這在以前是不可能的。」

他微笑回憶著，醫生們沒事還圍一圈看他寫東西，好心會提醒：「老張，少寫點罵政府的東西，寫多了我們不好交差不是？」

張文和說：「這第四次的強制治療比起前幾次，稍好一些。以前的那些護士經常打罵病人，而昌平區精神衛生保健院一病區的醫生很好，大多數的護士也不錯，護士打罵虐待病人的現象很少。」

事件的起因源於 2014 年初，張文和因不服北京警方以他患有精神病為由，多年來一共對他強制關押了 55 個月，而他的反擊是向法院正式起訴北京市公安局。

然而，法院告訴張文和可以立案，但是要他補充被公安關押的證據。補充被公安關押的證據？

他作為被逮捕、強制羈押的弱勢方，從家裏被大量警察帶走，身上什麼也沒有，沒有照相機、沒有筆記本去紀錄。怎麼可能說：「警察先生，你來寫個證明書，證明你們把我帶走了。」怎麼可能要求精神病院：「你們給我開個證明書，鑑定我沒有精神病，是你們非法關押我的。」

公權力侵害公民人權的事，造成人身生理傷害、精神傷害，難道不該有公正的檢察官主動調查、蒐證、起訴嗎？在法治國家，這種公務員嚴重傷害、凌虐被害人的情況，是非告訴乃論，也就是不用被害人起訴，國家檢察官就要主動調查、蒐證，如有犯罪事實或結果，就要提起公訴。更何況是被害人自己要控告。

但是中國的監察制度、司法機關，如同我前面所講，「已經攪成一鍋粥」。司法機關已經淪為行政機關的打手，法律不是保障人民，而是為了統治者服務。

依據中國行政訴訟法的規定，立案時只需要有明確的被告、明確的訴訟請求，和屬於立案的範圍即可，無需提供其他證據。北京市通州法院在立案時要求張文和提供其他證據顯然是一種刁難行為。

膽敢起訴人民警察？不難推論，接下來，警方開始行動了。

2014 年 1 月 14 日早晨 8 點，北京通州區警方在沒有出具傳訊手續的情況下，以談話為名，用警車強行把他帶到北京市公安局精神病強制治療管理中心的司法鑑定中心，由三位身著警服的警察給他進行精神病鑑定。

「北京市通州區公安局出於做實這次關押的正當性，對我進行精神病鑑定是大錯特錯的。先強制治療結束，後鑑定是否有病，是程序顛倒。這是典型的先打壓再找證據。我被關押了 55 個月，從來沒有看到過相關法律文書。」張文和說。

窗外有些鳥鳴，一棵樹的葉子伸到窗邊。這附近是北京通州回族社區。張文和的家整理得很整潔，素面的牆，素面的傢俱。他的臉、衣服也都乾乾淨淨。他的額頭寬闊，面色紅潤。這個大叔年輕時一定很帥，我在想，在他風華正茂的時候，投入了民主運動，為公眾求自由，遭受了這麼多年的折磨，依然堅決不變，光這個人的道德觀和堅韌，就足以讓年輕人學習。而且，張文和還是個孝子。

1979 年，因為參加西單民主牆運動，他被警方以「反革命」罪逮捕，然後遭受第一次「被精神病」。可以想像，當年他的母親多麼擔憂。第一次被精神病，他被關押了 8 個月。1981 年 6 月，他被釋放後，為了陪伴老母，不讓老人家擔憂，他老老實實的過生活二十年，直到 2001 年母親過世，張文和立即回到民主運動的前線。

2014 年 1 月 24 日，基督教（通州梨園）聖愛團契在通州張文和家中查閱聖經聚會，十五人被抓到通州梨園派出所，除了徐永海、楊靖二

人被釋放，其餘張文和等 13 人被送到北京第一看守所刑事拘留一個月。

2014 年 2 月 24 日張文和被釋放後，如同所有教案受難者一樣，依舊不自由，被軟禁家中，即使去看病也不被允許，為此張文和一直和警方抗議。

2014 年 3 月 3 日，北京通州區梨園派出所沒有出具任何法律手續，以談話為名，用警車把張文和送到北京市公安局精神病強制治療管理中心的司法鑑定中心，由三位警察給他進行鑑定。隨後，張文和被關進北京昌平精神衛生保健院。

北京基督教家庭教會牧師徐永海和其他維權人士，曾多次前往北京市昌平精神衛生保健院，看望被關進該院的張文和，除了第一次被院方允許外，其餘均遭到拒絕會見。

2015 年 5 月 21 日這一天，徐永海在張文和家屬的陪伴下，終於見到了張文和，他的精神不太好，也說了很多話，其中主要是希望能夠早日出院，離開精神病醫院。

曾是精神科醫生的徐永海說，暫不說張文和是否有精神病，僅從和張文和的會見觀察，張文和的思路和談吐是清晰、正常的。即使他真有「病」，「病」也早好了，早該出院而不是繼續關押。

由於張文和常常被警察抓走執行強制治療，他們唯一的兒子張浩，除需照顧臥床不起的母親，還有年幼的孩子，而那段時間妻子也正在協商離婚，他還要面對警察的施壓。張浩始終處於巨大的精神壓力之下，最後也患情感性精神病住院治療。

經過兩個月的治療，張浩出院了，家裡癱瘓的母親和未成年的孩子都需要基本的生活保障和照顧，自己也得出去找工作賺錢，在這種壓力下，張浩向通州公安局提出釋放父親回家幫忙照顧母親的申請，提出消

息 10 天後得到可以釋放出院的答復，11 月 18 日在警察帶領下，張浩接出了關押了近 20 個月的父親。

張文和的青少年時代，正是中國各種政治運動頻發的時期，政治迫害遍及城鄉，人民生活異常艱難。在文革之初，被抄家、父母兄姐被毆打被批鬥，而那時的他才十二歲，靠打草賣草、撿拾廢紙賣給廢品收購站維持生活。父母怕他被打上「破壞大字報的現行反革命」罪行，叮囑他千萬不能撿拾掉在地上的大字報。一斤青草賣四厘錢，一斤廢紙賣三分五厘錢，儘管每天努力勞動，收入卻很少。

十六歲以後，他下鄉插隊，剛去幾天就被批鬥，之後與「地富」及「地富子女」一起在磚窯勞動，又苦又累，收入還少，他就是這樣走過了青少年時代。

「長大後我就想，是什麼原因讓老百姓生活得這樣苦、這樣難！慢慢地，我懂了，老百姓的苦難是共產黨的獨裁暴政導致的，於是我以後積極參加了大陸的人權民主運動。」張文和說。

他真的是一個行動者，1979 年 1 月，他在北京參加了任畹町等人發起建立的中國人權同盟，在那個時期還參加了西單民主牆集會。曾於在京上訪人群中進行調查和串聯，計劃籌建「在京上訪人員聯合行動委員會」，聯合在京的人權民主人士，去中南海門外靜坐請願，要求中國政府為飢寒交迫、處境悲慘的上訪人員解決食宿問題。並曾尋訪串聯革命同志，計劃建立「興中會」，開展進行推翻獨裁暴政的人民革命。可以說是豪情俠義，志高大膽的一個人。

民主牆運動在全國各地影響持續擴大，中國公安部在 1979 年 3 月展開抓捕反革命的行動。3 月 9 日，張文和為籌集活動經費向舊貨商店變賣手錶和照相機，被北京市東城區的警察扣留，隨身攜帶的筆記本等被警察搜獲，同時期在北京被抓的還有魏京生、任畹町等人，張文和被抓獲後遭到幾個警察的毒打，之後被警方送入北京市東城看守所。

「中國檢察員起訴我裡通外國、出賣國家機密、攻擊共產黨、污衊社會主義，煽動上訪人員擾亂社會秩序，建立反革命組織妄圖推翻無產階級專政等等罪名。」他接著說：「1979年3月底，被北京市公安局逮捕，以『反革命罪』起訴。」

在北京市公安局看守所關押19個月之後，警方稱張文和有精神病，隨即被押到位於延慶縣的北京市第二監獄，監獄裡有座精神病院，他就被關在監獄中的精神病醫院，進行「強制治療」。

「我被關到這座監獄裡的精神病院後，立即被要求吃藥。剛開始我不肯吃藥，當時的主治大夫就對我說『我們這是試驗治療，你不吃藥，就把你綁起來，給你灌藥、給你電療，治死你也沒人管。』眼看鬥不過他們，我就只好吃藥。吃藥的量很大，每天要吃幾十片，八個月我吃了上萬片藥。」

精神病院裡發生的事讓人毛骨悚然。他多次被強制觀看其他人受到「電擊療法」的場面。電擊人時，將人綁在床上，手腳都扎上針，然後有人控制儀器，不斷加大電流。「病人」遭電擊時，痛苦得像鬼一樣嚎叫，有人都被電休克過去了，被電擊的人小便都解不出來。那場面讓人感覺像是人間地獄一樣，看了這樣的場面，許多人都老老實實聽醫生話了。

1981年6月他被釋放，本來打算繼續參加人權民主活動，但已經高齡的父母非常著急，對他說：「我們都老了，又有病，難道你真的願意在我們病重的時候，去世的時候，你還在監獄裡？」為了照顧年邁的父母，張文和停止了參與人權民主相關的活動。

2001年他母親去世後，他才重返維權戰線，積極幫助重慶的李玉芬申冤維權，2004年還在香港參加了「七一」大遊行，他很高興地說香港太陽報把他的照片登在了報紙上。

2005 年，中國國民黨副主席江丙坤前往北京香山碧雲寺拜謁孫中山先生的衣冠塚，張文和想與他們聯絡，在衣冠塚的門前，被警察帶走關押在派出所一天。被關押時，警察到家中，恐嚇他的妻子，稱要開除她的公職。

2006 年 2 月，被譽為「中國良心」的高智晟律師發起「接力絕食反抗暴政」時，張文和因為參加接力絕食，去探望高智晟律師，在自家的樓門處被便衣警察扣留，隨後被通州區公安局關押在招待所裡和旅館兩個多月。

2007 年 1 月，他又參與開辦中國人權論壇，並陸續在論壇的專欄中發表文章，積極宣揚抗議暴政、維護人權、爭取民主的理念。

2007 年 7 月 7 日，張文和與齊志勇、李海、王國齊等 10 位朋友到人權捍衛者胡佳的住處看望陳光誠的妻子袁偉靜，之後他們都被北京市公安局國保總隊和通州區國保支隊扣押。

通州國保隊長王海旺審訊張文和時，一再追問他究竟誰組織了這次到胡佳住處的探望活動，警察警告他說：「你不說清楚誰組織了這次活動，不說清楚你們都說了些什麼事，你就別想回家。」這個過程一直持續到傍晚。

因為家裡有臥病在床的妻子需要照顧，他實在不堪忍受國保的非法拘禁，就拿起煙灰缸砸向警務室的牆壁，其間碰到了電視機，但並沒有任何實質的損壞。傍晚時分，兒子張浩接他出來，跟他講：「警方已經說明你是偏執性精神病，隨時可以帶走關押。」

2007 年 8 月 29 日上午 10 電半，北京通州區國保支隊張競峰和梨園派出所警察陳力等人對張文和進行傳訊。訊問他為什麼還在網路上發文，張文和據理力爭，聲明這本來就是他正當的政治權利。中午 12 點半，通州國保王海旺和梨園派出所警察陳力等人對張文和家進行搜查，

扣押了他的電腦主機。

此前張文和曾經多次在網路上發文，譴責中國政府迫害宗教自由人士、長期軟禁維權人士，要求釋放政治犯等等。警方也因此威脅說要給他安上「煽動非法集會」罪名。

9月初，也就是中秋節之前，張文和邀請北京的一些人權民主人士來通州聚餐。他在車站接人時，被便衣警察抓上車，拉到派出所關了一天。幾天後，他們找到張文和的兒子張浩並告訴他，張文和有精神病，並要求張浩把他送進精神病醫院。

張浩的壓力很大，但張文和沒有被這個威脅嚇倒，甚至還想再搞個聚會。無奈被國保警察得知，對他監控的更嚴了，不讓他自由出門，還剪斷他家的電話線。

持續的抗爭，終於惹惱了通州區警方，10月1日，張文和在家中開始絕食，抗議中國官方限制他的公民權利，2日中午，他被北京市通州區公安分局國保支隊徐建強、王海旺、楊春濤等十幾名警察，以「涉嫌損害公物」的罪名從家中帶走。所謂「涉嫌損害公物」就是指砸煙灰缸這件事。然後被警察送進了北京公安局強制治療管理處（北京市安康醫院）進行強制治療。

「當天就將我送進了北京市公安局強制治療管理處二科四病房重症室。當時正值國慶長假期間，四病房只有幾個獄警在。我被送進去後，當天晚上就被要求吃藥，我聲明自己沒有精神病，當時拒絕了。同時我繼續絕食，四、五個獄警就把我呈『大』字型綁在床上。」

我大聲喊：「不要迫害民運人士！」其中一個獄警獄警：「我們是聽從命令，你罵我們走狗，我們也認了，但你必須得吃藥，否則就要灌藥、電擊。」

　　張文和以前進過精神病院，知道他們這一套的厲害，不得不屈服了他們，每天吃三次。藥吃了後，常感到頭昏、腰疼、渾身無力，人覺得很疲倦，連反抗的力量都沒有。這次他在裡面待的時間只有一年多。那些待了一、二十年的人，他觀察，吃藥都吃傻了。

　　《民生觀察》負責人劉飛躍也採訪過張文和。他問張文和強制治療管理處裡面的生活條件怎麼樣？

　　「首先說一下生活，裡面的飯經常不熟，我們常吃的是水煮土豆片，在裡面我只吃過一次肉。吃飯的時候只能在走廊裡吃。在裡面雖然一個月能買一、二次東西，包括食品、香煙、衣服等，但都是獄警代銷的，價格比外面貴多了，而且質量很次。我還好，一個月總要買一百多元的東西，但其它的許多病人買不起。」

　　這只是生活的一部分，另外還有用水方面，張文和所在的四病房四、五十人，每天上午和下午各只供應一桶水，所以常常發生搶水現象。在醫院裡面上廁所很不方便，因為上廁所要經過請示同意，所以往往都擠到一塊上廁所，有時解大便就要排隊，所以這裡面普遍人都有便秘。

　　我讀到這裡，感到不勝唏噓。在我的一生裡，我聽過監獄故意虐待犯人，不給足夠的水，不給足夠的空間、生活用具；我也聽過當兵的兵營也不給士兵們足夠的水和生活用品、時間；但我實在不解，精神病醫院有什麼理由讓人過得豬狗不如？既然認定關的是病人，就應該予以照顧，而不是當成人犯變相懲罰或是刁難。反而更應該特別照顧才是。這說明強制治療管理處完全不是在治療什麼病人。

　　關押期間，他的通訊自由也被剝奪，不准打電話，也不允許有筆和紙。只有家屬能來看望，但是必須有國保人員陪同，會見的時間比較短，每次只允許二、三十分鐘，談話時國保和獄警就在身邊聽著。既然是病人，為什麼不能給紙筆？

北京市公安局強制治療管理處是甚麼樣的單位？是公安局的安康醫院嗎？張文和說：「北京市公安局強制治療管理處是所謂新改制的機構，不完全等同於安康醫院，但二者又有些聯繫。這個地方外面掛的是強制治療管理處的牌子，裡面又有一塊安康醫院的牌子。這裡面和安康醫院不同的是，雖然也有醫生，但裡面的工作人員都是穿警服的，沒有穿白大掛的。」

「據了解這裡是警察編制，看守我們的人，我稱為『獄警』，他們都穿警服，這些人員還給我們打針。在這裡，他們強調說是『強制治療』。這裡有七、八個病房，像我就住在四病房。每個病房有四、五十人，整個醫院共有三、四百『病人』，其中有些病人是從原北京市公安局安康醫院轉過來的。在這些病人中，有的被關了一、二十年了，大多數確實是有精神病，但也有一些是正常人。」

這第二次被精神病迫害，2008 年 12 月 25 日，在家屬一再要求和擔保下，張文和才得以走出精神病院，此時，他已經被強制治療管理處關押了長達十五個月。

出來後，他原來的房子已經租出去，妻子住到兒子家，沒有落腳點的張文和只得先到妹妹處暫住。他妹妹和其他兄弟先前向警方擔保張文和「不再惹事」，所以對他看護得非常嚴，半年時間內扣留了他的身分證，不許他出門會友，不許離開家屬的監控範圍，還對張文和說：「**別再給家裡找麻煩。**」

兄弟姐妹都有自己的生活，出於親情幫助他暫時的生活是可以的，但是誰也不想讓張文和的事情影響到自己的家庭。我們的政府有「連坐」的傳統，不管你是社會什麼階層的人，都離不開官方的灰色制約。

那段日子，張文和過得艱難。出來後靠政府發的低保金生活，半年的時間裡，家人一共只給了他 600 元錢。他也不想再惹麻煩，也實在無法忍耐這種被人限制自由的狀態，於是就回到他哥哥只有一張床舖的小

屋裡去住。以此狹小的空間來換取自己的自由。

　　張文和父母給他們兄弟姐妹幾個遺留下來一個院子，因為院子不夠大，兄弟姐妹又多，所以分家時把整個院子測量均衡，然後每人分一份。而張文和就是和另外一位兄妹共同擁有一間房，房間因常年無人居住，年久失修，已經成為危房。他哥哥的這間小屋是整個院子裡比較新的一間，勉強可以住人，張文和後來的一段時內，都居住在這個小院內。

　　為了更合理的控制張文和，通州警方前後三次秘密的給張文和做所謂的精神病鑑定，而這三次都有北京通州區國保人員參加。三次都是以談話的名義把他帶到賓館進行。

　　2006 年 4 月第一次「鑑定」時，是在通州的一家賓館進行的。除了通州國保幾名人員外，主談是一位不具名五十多歲的女性，國保說這位女士是綜合治理的人員（綜治辦）。2006 年 6 月第二次「鑑定」時，有通州國保人員以及那位不具名的女士，另外還增加一名七十多歲的老頭，共五、六人。這老頭也被說成是「綜治辦」的。2007 年 8 月第三次「鑑定」時，除了國保外共來了三個人，這位不具名的老頭又來了，而且他是主談人。

　　張文和稱 2008 年被關在北京市公安局強制治療管理處時，見到了這個女人。她穿著警服，好像是個警監，當時她還和張文和交流了一會。也見到了這個老頭，不過沒有說話。

　　時間間隔幾十年，精神病院在對待被關押者上，尤其是對待政治犯上沒什麼改進，依然很殘酷，甚至有些方面比上世紀控制得更嚴了。

　　「1980 年第一次被關在北京市第二監獄精神病院內，在醫院內有一定的自由活動空間，至少沒事的時候可以回病房。但 2007 年至 2008 年這次在北京市公安局強制治療管理處一年多的時間裡，最痛苦的是白天都被要求離開病房，到旁邊的一個小院裡待著，即使什麼事都沒有，

也不允許回病房。只有到了中午和晚上才能回病房。」

「在小院裡時間一長，有的人待不住了，就躺在那個小院的地上，但仍然不能回病房，晚上吃過飯後，被關押者還被要求再到小院裡待一段時間，晚上九點才能回病房，管理處的人說這就是強制治療。想想冬天的時候長期待在這個小院會怎樣！」他說。我簡直是無法想像他們受到的非人待遇。

回家休養不到一年，張文和自己可能也沒意識到，被精神病迫害會再次到來。2009 年 9 月 3 日，他去看望仍被關在監獄的著名異議人士胡佳的孩子，真的只是去看一個孩子，卻在胡佳住處的樓門出入口，被便衣警察攔住不允許進入。

沒有看成孩子，他悻悻然回到家中，剛坐下來椅子都還沒坐熱，又被尾隨而來的警察要求跟他們去派出所。到了派出所門口還沒反應過來怎麼回事，警察就把他送進了通州區精神病醫院，然後就是長達三十二個月的折磨，期間被強迫吃了大量的不知何名的藥片，直到 2012 年 5月才被釋放回家。

每次被關，張文和都能見識到新的迫害方式。在這家通州區醫院裡，張文和算是見識到什麼叫慘絕人寰。他看到護士經常打罵病人，有的護士指使病人毆打其他病人，有的病人被打傷、被致殘、被致死。病人經常遭到護士的虐待、體罰，有的護士甚至扣留病人的飯食拿回家餵狗。

「有一次一個護士吃午飯的時候，因為發脾氣，就用吃飯的鐵勺，打在一個病人的頭上。那個病人經手術，縫了 5、6 針。但是，被打傷的病人不敢說是護士打的，說是自己摔傷的。護士向上報告也是自己摔傷的。」

他為什麼不敢說是護士打傷的？公民記者柳梅在一次採訪中問張文

和,他談到了這個問題背後護士的強勢,及受害者無處訴說和恐懼的兩難處境。

「就是真的精神病人,也害怕。因為護士對病人張嘴就罵,抬手就打。每天晚飯,剛吃完飯,病人就要在走廊裡散步,快步走,誰不走也不行,不走就要受懲罰。有的因為身體有病,就走不了。一次有個病人叫張英(音),他本身就是個重病號,腿腳有毛病,走不了,他也不願意走,護士就叫一個叫孫偉(音)的病人拽他、推他、打他讓他走。」

「孫偉是個真精神病,他脾氣很暴躁,過去就又打、又摔,所以就把張英這個病人摔成了骨折。張英也不敢說是孫偉這個病人給他摔傷的,孫偉就報告說我沒摔,是他自己摔的。實際上我看到就是孫偉給摔的。」

我很能領會封閉組織裡的那種權力生態。柳梅的文字,記載了一場場違反人類罪的犯罪紀錄。

「精神病人挨打、挨罵,沒有一個敢說話的。還有一個病人,叫李文生,因為惹了護士不高興,李文生坐在凳子上,護士就叫坐在他旁邊的一個叫王小波的病人抽李文生的嘴巴。抽了十幾個嘴巴,李文生站起來就走了,沒說什麼,護士就叫王小波這個病人把他弄回椅子上去。」

「王小波這個精神病人也很瘋,他過去就粗魯地操起李文生的腿、腳,李文生的頭狠狠撞在牆上,他整個人就起不來了。護士下令說,把他抱到椅子上去。又叫別的病人把他捆起來。但是沒多久,李文生就死了。護士向上報告就說是自然死亡,是病死的。但是我看到就是王小波給他摔死的。」

張文和越說越恐怖,柳梅的記述非常寫實。我一邊讀,一邊頭皮發麻。

「因為一點小事，就把一病人捆在床上，一捆就是六、七天，甚至十多天。不管大小便，被捆的病人憋得很難受，有的就拉在褲子裡。也不讓別的病人給被綁的病人餵水。還有就是每天讓坐在椅子上，除去上午八點鐘有一次活動，下午有一次活動，其他時間都坐在椅子上不能動。有的病人站起來活動活動，甚至趴在桌上睡覺，就會被護士叫到牆角去罰站。一罰站就是幾個小時，就這樣體罰病人。」

房間裡很安靜，除了時鐘滴答滴答小聲的響著。在我撰述的時間裡，包含著另一些時間。在那個流逝的時間裡，有些人的苦難已經被遺忘，有些生命已經消逝，有些殘酷也被遺忘。人的生命既強韌，又非常脆弱。人類一代又一代，每一代有一代的不幸。我不知道，除了二次大戰猶太集中營外，還有哪些不幸者可比這些人的悲慘。我只能老老實實的將他們的經歷記錄下來。也許未來的某一天，只要中國夠幸運，司法可以還給這些人一個公道。

「護士虐待病人的方法太多了。比如洗澡，六七十個病人在一小時內就要洗完，就五、六個噴頭。病患 擠擠插插，根本洗不了。而洗澡這筆費用是讓家屬交了的，但一個星期就給一次熱水讓洗澡，這就是虐待。」

「吃飯，護士想給誰多就給誰多，想給誰少就給誰少，完全在他個人喜好。剩下的，你想吃，他不讓吃，他寧願拿去餵狗。」
中國反貪腐現在正試圖追溯過去，翻查舊的案件檔案，搜尋相關部門過去忽視或選擇不予追究的潛在不法行為。我衷心期盼，像這種刑事腐敗、執法腐敗的案件也比照追溯。

「不許病人向外打電話、不許病人聽收音機，電視也由護士控制，每天也看不到新聞，護士想看啥你就得跟著看啥。環境上，保溫桶房間特別髒、衛生間也特別髒，被子、枕頭也特別髒，沒有人打掃衛生，沒有褲子，只有一個墊子。病人經常丟東西。我把通州區精神病院這些惡人惡事曝光，希望大家能為這些精神病人們維權。希望政府嚴肅調查，

認真處理。」張文和告訴柳梅。

張文和前後四次被關精神病院，除了自己遭受的非人待遇，給家人也帶來了難以彌補的傷害。她的妻子癱瘓多年，吃飯要餵食，正常起坐要人扶，大小便都是在床上完成，用他們唯一的兒子張浩的話說：「**不能離開母親一個小時，平時出去買個菜都擔心的要死！全天一直需要人照顧。**」

作為唯一的兒子張浩，他的壓力巨大。這些年面對隨時被抓的父親提心吊膽，還得在警察逼迫下簽署答應關押父親的協議書，又要照顧臥床不起的母親，妻子受不了這種壓力正在鬧離婚，一個剛上幼兒園的孩子需要照顧，自己還得想辦法賺錢養家！持續的壓力最終讓他扛不住，也得了情感狂躁症（精神病的一種），在精神病院住了一段時間。本文開頭說他最終找警方，希望放父親回來幫助照顧母親，減少點壓力，就是這個原因。

張浩應該是經過自己的經歷，也體會到了父親在精神病院裡生存有多艱難！張文和非常艱難，自己的監護人是兒子張浩和其他兄弟姐妹，但是他認為這些監護人多數時候不能代表他的態度，為了扭轉主動權，也為了自己被抓時，警方不再給家屬施加壓力，逼迫他們簽字，他跟前妻協議離婚，娶了一位維權人士。

我去參加婚禮時，他說自己需要新的生活，這樣可以防止警方隨意抓捕他，因為有了新的第一監護人！

任秋光

跟張文和同時期推動民主運動，被精神病迫害的還有任秋光，他也是老資格異議人士。任秋光是湖北省武漢市人，1953年生，原武漢鋼鐵集團公司下屬綠化公司職工。

　　任秋光參加了 1978 年民主牆運動，1998 年參加「中國民主黨」組黨運動，後來又從事相關維權活動。伴隨任秋光爭取民主人權活動，是長達二、三十年的被關進「瘋人院」——精神病院的遭遇。

　　2013 年 11 月，中國維權網站《民生觀察》創辦人劉飛躍對任秋光進行了面對面的採訪，在訪談中任秋光首次詳細披露了他的被精神病生涯，聽來讓人震驚、憤怒和痛心。

　　任秋光在從事民主運動及勞教前沒人認為他是「精神病」，他後來也結婚生女。1986 年，他結束二年勞教不久，因不滿勞教，以及勞教後工資待遇等問題，他多次到武鋼綠化公司交涉並赴北京上訪。

　　1986 年 10 月，任秋光在赴北京上訪時被武鋼綠化公司和武漢市公安局人員攔截，送往武漢青山公安分局關押數日後，即被送往武漢市公安局南湖精神病管制院。任秋光說，當時送他到武漢市公安局南湖精神病管制院的有武漢鋼鐵公司保衛科長等人。

　　在南湖精神病管制院關押了二個多月後，任秋光被轉到了武漢市武東醫院精神科「治療」，在這裡一「治療」就是一年多。1987 年 7 月，任秋光又被轉到了武漢鋼鐵公司二醫院精神科「治療」，在這裡又是半年多，一直到 1988 年春節後任秋光才被放出來，期間他曾被家屬短暫接出過。

　　1989 年「六四」期間，為武漢各高校遊行學生送茶送水聲援時，任秋光再次被武鋼綠化公司強制送往武鋼二醫院精神科。在武鋼二醫院關押了二個多月後，任秋光被轉到了湖北省荊州市復退軍人療養院精神科約二個月。隨後任秋光短暫回家幾天又轉入武鋼二醫院「治療」，在此一「治療」就是三個多月。

　　1994 年，因聲援秦永敏反對北京申辦奧運會活動，任秋光再次被投入武鋼二醫院精神科，這次大約關了二個半月。

　　1998 年因參與組建中國民主黨的事，任秋光又一次被投入武鋼二醫院精神科，一關就是數月。2005 年，作為世界 500 強企業中國五礦和上市公司中國中冶的重要骨幹子企業，中國一冶的工人因為待遇問題走上街頭，劉飛躍採訪了任秋光，他透露事件的情況，結果第二天他再到堵路現場時被武鋼公安處的劉某、蔣某抓住，再次送往武鋼二醫院精神科，這次約關押了二個月。

　　2011 年底中國民主黨先驅秦永敏先生出獄後，任秋光常到其家中協助其做一些工作，結果於 2012 年 3 月又被投入武鋼二醫院精神科，三個月後他短暫出來不久，又被送回了醫院，一直關到當年的 10 月 1 日才獲釋回家。

　　劉飛躍問任秋光這麼多年來他總共被關精神病院多少次，任秋光說進進出出、關關放放至少有二、三十次了。只要他一沾民運活動的邊就會被送入精神病院，到現在還是這樣。

　　對於這麼多次被送進精神病院，劉飛躍問任秋光：「你是否真的有精神病？他們有沒有對你做過精神病鑑定？」

　　「我以前根本沒有精神病，是 1986 年『勞教』後被他們弄出了個精神病。1986 年『勞教』後，我找武鋼綠化公司交涉並上訪時，言辭是激烈了些，但沒有精神病。接下來二、三十年來我不斷被送精神病院，精神病院曾對我作過多次所謂的鑑定，得出了多個『鑑定結論』，包括精神分裂症偏執型、精神分裂症妄想型、精神分裂症殘留型等。」任秋光說。

　　1996 年 3 月 25 日，任秋光原工作單位武鋼綠化公司廠前綠化二隊蓋公章給其出具的證明中寫道：「我隊任秋光同志於 1983 年因錯案被關勞教。回單位後當時的隊領導不但不按政策給予安排工作，反而扣除該同志的工資等。該同志不服，多次去綠化公司吵鬧，又被誤認為是精神有問題送進精神病院，因而致殘，經武漢市殘聯確認為三級殘疾。」

劉飛躍本人在此前與任秋光的多次接觸中，根本沒感覺到他是名精神病人，甚至感覺他的記憶力還很不錯，思維也是清晰的。第一次聽秦永敏說他曾被關精神病院，甚至感到錯愕。

劉飛躍見到任秋光時，剛 60 歲的他已挂上了拐杖，滿嘴的牙齒已脫落，戴的是牙套，同時其左腿也已萎縮。任秋光說這都是在精神病院內被關押「治療」的結果。其中尤其以第一次關押為甚，他說這次長達幾年的精神病院關押「治療」期間，他被迫服用了大量的治精神病的藥物。這些藥物有令人難以忍受的副作用，有的藥吃了讓你安靜，有的藥吃了又讓你感到躁狂。

任秋光在醫院中曾經絕食、絕藥抗議，結果醫院人員便給他用電刑數次並強行用竹片等物撬開他的牙齒灌藥、灌食，導致牙齒全部鬆動，幾年後便脫落。更有甚者，武漢鋼鐵公司二醫院精神科醫生甘某曾組織病人和護理師將任秋光抬起來後往水泥地上捧打，從而導致任腰間突出股骨挫傷，左腿萎縮，經武漢市第九醫院鑑定為二級傷殘。

除了電擊、灌藥灌食外，任秋光說：「醫院裡還有許多治人的招，如讓你反身穿緊身衣，穿得讓人渾身難受。有的『病人』受不了折磨，自殺的都有，像現在廣為人知的武漢飛越『病人院』的徐武曾和我一同關押，徐武在醫院中就曾吞過刀片。」「我雖已六十歲了，但保留進一步披露政府對其迫害的詳細過程的權利，我也將繼續為民主運動奮鬥終身。」任秋光激動地說。

除了這些為中國民主運動付出一輩子的老前輩，最近這些年政府用「被精神病」手段對異議人士或青年覺醒者迫害的行為依然沒有停止。施根源就是其中之一。

施根源

2014 年 6 月 3 日晚，福建民主維權人士施根源（網名：斷代工程）

被泉州國保從家中強行綁架到泉州精神病院（泉州第三醫院）關押。

經常跟他互動的網友們知道後大驚，立即趕赴泉州。四位友人，其中一位是律師，他們進入泉州精神病院探視，大家隔著病區鐵柵欄與施根源交談，施根源表示本人無精神病，是被非法綁架，希望立即出院，且當場簽署了律師委託書。醫護人員聲稱他們無權讓他出院，需要泉州國保同意。

網友在與施根源聊天時，病區內有位 30 多歲青年「病人」上前說，自己是因為拆遷被派出所所長送進來的，沒有任何精神問題，希望現場的律師能幫助他。由於時間緊迫，無法細聊，但是大家懷疑，泉州市精神病院可能存在其他「被精神病」受害人。

因為「精神病人」在法律上「被認定是無民事行為能力人」，所以被關押在精神病院的施根源授權簽署的律師委託書是無效的，不被行政機關和司法機關認可。8 月 31 日，福建廈門五位朋友再趕赴泉州，聯繫了施的家屬和當地網友，希望家屬能早日委託律師，早日進入法律程序。家屬顧慮重重，擔心施出院後會被判刑。

施根源為泉州本地人，為一 IT 公司合夥人，家境小康，近年在網路發表和傳播「斷代工程」言論，於 2013 年 5 月 31 日被以涉嫌「煽動顛覆國家政權罪」拘捕。施的家屬表示，泉州國保引導暗示，如果施根源被確認為精神病的話，就可以免去牢獄之災，施和家屬配合做了精神病學鑑定，於 2013 年 8 月 27 日獲釋，但這個鑑定卻成為施 2014 年 6 月再次被關精神病院的依據。

聽聞到此，我注意到當局將「異議人士」送入精神病院，作為牢獄的替代性處置，有規格化的跡象。但我尚不清楚，他們判斷的標準是什麼？哪些人要送入大牢，哪些人要送入精神病院。但明顯的是，送入精神病院要便捷快速許多。送入大牢還要等待司法機關的手續。

　　網友潘細佃與施根源多次見面深談過，潘先生認為，施根源談吐清楚，條理清晰，對政治局勢認識深刻，完全看不出施根源有任何精神問題，也沒有任何暴力行為，「被精神病」是當局的政治迫害。

　　與施根源相熟的駱醫生，對精神病學有一定研究，駱醫生說，他看不出施先生有精神病跡象，最多有點性格固執，達不到必須住院治療的程度，如果性格固執就可以被認定為精神病，那麼街上 99% 的人都要去治療。

　　2014 年 10 月 11 日，在關押精神病院四個多月後，施根源終於被釋放回家。

勞業黎

　　另外一個異議份子「被精神病」的案例是大學生勞業黎。武漢大學學生勞業黎，曾是擁護共產黨的網路「五毛」，受到民主思想啟發，自 2015 年起在學校宣傳民主思想，宣稱再造共和輝煌，並把自己的 QQ 頭像設定為中華民國的「青天白日滿地紅旗」。被同學舉報，隨即於 2016 年 3 月 17 日被學校和父母聯合強行送到精神病院治療。在醫院關押十餘天後，學校要求和他簽署一個遵守學校規章制度的協議，然後才可以返回學校。

　　從一系列的案例，我們不難看出，政府在打壓民主自由人士、控制自由思想方面的嚴酷性，而被精神病則是一個非常有效、便捷的手段。

註：本章內容參考《中國精神健康與人權》月刊關於張文和、任秋光、施根源的相關報導。

第三章 國家不仁：老無所依

　　2013 年中國已經全面實施《精神衛生法》，但這部法律已經變成政府打壓人民的律法。我在採訪中見過不止一位耄耋老人被送往精神病院關押，成為維穩政策的犧牲品。連說話都吃力的老人，連走路都走不穩的老者也被關入精神病院。不禁想問，這個老人把你們怎麼著了？他們能顛覆政府嗎？你們這些吃國家俸祿的「公僕」就這麼害怕他們？老人顛覆政府，顯而易見是不可能的。這些老人在做「中國夢」，他們的「中國夢」是希望獲得申冤的機會，寄望於人民政府給一個公道。而派出所、居委會、和政府的「中國夢」則是把一切給政府找麻煩的火苗扼殺於源起之始，以便展現泱泱大國一派祥和的偉大形象。一個老無所依的社會，再有錢，軍事再強大，也不是一個光榮偉大的國家。

崔蘭香

　　很多上訪人是社會底層人，家庭資源不多，學歷不高，文化水平有限，在社會已經很難獲得公平的生存機會，更別說獲得國際社會的關注。在這樣一個殘酷無情的國家，很少有資源支持他們的維權活動。國內沒有幾個媒體有胸懷和同情心去採訪他們，更沒有幾個有膽量敢報導他們，所以他們遭受的迫害，比知名人士嚴重太多。

　　崔蘭香就是一個社會底層人士。

　　2014 年 8 月 6 日，崔蘭香因在北京上訪，被帶到戶籍所在地的派出所訊問室，扣押 17 個小時後，又被處罰行政拘留 7 天。然而，剛接受完處罰，她不屈不饒再次來到北京。

　　持續 23 年的上訪歷程，23 年的行政迫害：10 多次被關敬老院、一次勞教、兩次精神病院、再加上拘留，她說：「*我被迫害的時間加起來有十多年。*」

　　崔蘭香 1951 年生於山東省淄博市臨淄區齊都鎮西古村，身體微胖，說話鏗鏘有力、思路清晰。她向我介紹這二十多年的上訪路。在被關押精神病院期間，她失去自由，還留下嚴重的後遺症。我想，她一個 70 歲的人，可能此生都沒有機會恢復健康了。

　　因為缺乏公平公正、法治化的背景，她的遭遇聽起來好像發生在宋朝一樣。一起簡單的民事案件，因法院判決不公，崔蘭香 1991 年開始上訪，剛開始各級部門熱情接待，態度還算可以，就是沒有合理的處理結果。到 1995 年的時候，山東省公安系統廳、市等機構代表到淄博給崔蘭香處理上訪問題，當時各方交流的結果是在臨淄區政府給她找份穩定的工作。然而這個處理結果，因地方官員的不作為沒有真正落實下來。

　　為此她又爭取多年。1997 年崔蘭香終於把材料遞交到了時任山東省委書記吳官正的手裡，經過吳的批示，這些材料又轉到了地方政府領導手裡。崔蘭香以為看到了希望，然而等待她的不是問題的處理，而是被勞教兩年。

　　這是地方政府給她的處罰。因為她不終止抗爭，給地方官員帶來很多的麻煩，所以送她去勞教。把維權的人送入勞教所，算是有王法嗎？

　　2003 年 8 月 19 日，崔蘭香在北京中紀委上訪，被截訪人員抓到駐京辦，第二天被齊都鎮政府接回關在本鎮的敬老院裡，由派出所警員看著。2003 年 8 月 22 日，齊都鎮政府拿著一張淄博市第五人民醫院的診斷書，對崔蘭香的父親崔新民說她患有偏執性精神病障礙，由時任西古東村會計崔順江起草了《同意入院治療委託書》，並由她父親簽字確認。該委託書說明作為崔蘭香的父親，同意委託齊都鎮政府辦理有關住院的手續。至此，齊都鎮政府拿到了送她進精神病院的監護人授權書，2003 年 8 月 24 日她被送入齊陵精神病醫院，迫害至此開始。

　　「在敬老院關押期間，我並未見任何精神病專家，也未有相關資質的醫師給我做精神鑑定，村書記崔林江用車把我父親拉到大隊辦公室，

說我有偏執性精神障礙症，還對我父親說你又沒錢給她治療，你簽個字、摁個手印，我們給她治療，就這樣在父親未見到我的前提下被他們矇騙簽字，而村書記、村長、會計還做了證明人。」崔蘭香說。

2003 年 8 月 24 日下午，齊都鎮政府、派出所及齊陵精神病院的醫護人員聯合把崔蘭香送入醫院，並給她注射一支鎮定劑，她即刻昏迷，然後他們拿走了她身上的錢物及上訪材料。由於藥力過猛，第二天她醒來，吃飯時手顫抖得連碗都拿不穩！

精神病院關押期間，她每天要服用三次「甲硫達嗪」，這是 1960 年代發明的第一代精神病藥物，早上中午各兩片，晚上三片，後來又增加「奮乃淨」等藥物。持續的吃多種精神病藥物，副作用太大，她出現了記憶力減退、白血球缺少的症狀。崔蘭香多次向院領導反映希望停藥，均沒有得到回覆。

「2005 年 5 月 1 日，我再三堅決要求停藥，結果上癮的甲硫達嗪、奮乃淨讓我在停藥後 6 天 6 夜沒合眼睡覺，並就此導致了長期失眠。7 月 23 日，醫生又開出了『夜裡輕』的安眠性藥物，8 月 1 日換了『甜夢』，24 日變成『腦靈素』加『甜夢』，結果還是睡不著。」崔蘭香告訴我。
「9 月 12 日，醫生給用了腦復康，由於藥不對症導致我 19 日晚吐了三口血，醫生給我做了檢查，診斷為慢性膽囊炎，當天就給我吃上『消炎利膽片』加『甜夢』。」她的眼神相當無助。

這種亂吃藥的行為不僅無助於身體康復，最終還導致她病情加重，身體狀況非常糟糕。

2005 年 12 月 27 日，由齊都鎮黨政辦公室和崔父簽署了一份監護協議書，在簽字、按手印、並向政府集納 6000 元保證金後，12 月 30 日，崔蘭香獲得了自由。

後來她才知道，80 多歲的老父當時為了爭取讓她出來，在鎮政府

黨政辦公室整整坐了 5 天。她這次被關押長達兩年四個月之久。沒有父親的堅持，她可能要被折磨更長時間。

「出院時，我跟院方討要一份病歷，遭到對方拒絕。」

懷著憤恨不平的情緒，2006 年 2 月 4 日，崔蘭香前往淄博市第五人民醫院醫務科查詢「精神病診斷書」出自何方，醫務科查詢表示根本沒記錄，還給齊陵精神病院打電話，讓他們出示該院的診斷證明，至今無下文。

2008 年北京奧運會前夕，北京大力清理訪民，不能讓這些人被國際社會看到。在京上訪的崔蘭香又被山東省信訪辦強行接回，次日上午先送到敬老院，下午轉到淄博市第五精神病院，該院的杜主任帶人搶走她身上的 400 多元錢及所有上訪材料。入院後連續五天強迫打針，打針的副作用讓她近一個月看不清東西。因為要開奧運會，她一直被關押 16 個月 22 天之久。

2009 年 11 月 25 日醫院通知政府接人，政府無人過問，醫院才把她送回敬老院。而這一次連授權書都沒人簽署。

2013 年 6 月 17 日晚，她被齊都鎮政府、派出所聯合從北京馬家樓接回，在派出所內限制自由 13 個小時，第二天下午 4 點，鎮政府王主任帶人把她轉移到敬老院繼續關押，並派出兩名政府工作人員 24 小時輪班看守。

「他們把我關押在敬老院 100 天，中途又因三中全會召開為由增加了 50 天，直到 11 月 14 日下午，王主任才勉強放我走，還威脅說我再去北京新華門等地上訪，就不是關這麼點時間了。」

由於對生活的無奈和上訪的絕望，崔蘭香跟鎮政府簽署了承諾書，雙方均有簽字，承諾書最後一條寫明：「我不再追究鎮政府的任何責任，

不再提出其他問題。」而政府賠償的只是每月少得不能再少的基本生活補助。

崔蘭香心一沉，決定就拿著生活補助，安心生活，不再上訪了。

然而，如此簡單的條件就能化解一個上訪者 23 年的冤屈，政府最後還是沒有履行下來。崔香蘭還得像以前一樣重複著上訪流程，繼續申訴，當然迫害也會如影隨形。各種形式的迫害會陪著她在以後的上訪路上一直走下去……

「*23 年已經走過來了，以後還得繼續。越訪越多的冤屈不知道什麼時候才能獲得清白，不管怎麼樣，我會繼續。*」崔蘭香說。

張龍英

張龍英是我目前採訪到年齡最大的上訪者。這次的採訪不很順利，我聽不懂老人家說的話，老人家也聽不懂我的話。全靠志願者翻譯。老人家不認識字，再加上警察的騷擾，第一次採訪被打斷。過了中秋節之後，我在兩位志願者的幫助下，重新做了一個補採。我希望能全面的了解她，但是由於交流困難，還是有很多問題沒有談明白。後來我又做了第三次採訪，才基本上得到完整了資料。

她是一個瘦弱、殘疾 但是樂觀的老人，堅韌地走過十年上訪路。採訪結束後，看著她離去的背影，我實在不忍她承擔這麼多心酸與無奈。

2000 年，張龍英的三兒子楊勇高中畢業，正在考慮上什麼學校。她的大兒子媳婦是雲南人，大兒子跟媳婦也在雲南生活。張龍英就讓楊勇去找他大哥，看看雲南有什麼好學校可以選擇。學校還沒來得及選擇，楊勇卻在雲南遭遇了一場車禍，一條腿需要截肢，身體很多組織部分受傷，全副牙齒都撞掉了。

　　當時，雲南法院對這起交通事故判決處理賠償了楊勇 164, 642 元，但是不知何故，這筆錢一直沒有轉交到張龍英家人手上。過了許久，她前往雲南相關機構追查為何賠償款遲遲不到，雲南法院經過調查確認，並明確告訴她錢已經被其戶籍所在地貴州畢節政府相關人員領走了。張龍英查詢才發現，有個叫彭真榮的政府工作人員領走了錢，她迫不及待的趕回畢節報案，誰都想不到就在她報案的第二天，彭真榮自殺了。

　　犯罪人是死了，但她兒子應該拿到的賠償款一分也沒見著。誰該為此負責？為什麼法院把賠償金給了畢節政府人員，而不是受害者？張龍英覺得是雲南法院的錯誤賠償程序，才導致自己的賠償金無法兌現，主要的責任就來自雲南法院。

　　後來，張龍英家屬找雲南法院責問他們為什麼把錢交給一個沒有得到家屬授權的人，並開始跟法院交涉。過了一段時間，法院通知他們家屬去談判，二兒子楊丁朝代表家屬前往，卻在去的路上，被不知名的人揮刀直接砍去一隻手臂。這是什麼原始、暴力、無法無天的社會？

　　「兩個兒子先後受傷，我的愛人楊明順打擊過大含冤而死，我覺得是雲南司法黑暗造成的，所以從 2002 年開始上訪告狀。可我所有蒐集的佐證資料都被雲南截訪人員搶走。」她不禁流露出悲哀的神情。

　　家人遭受這種不幸，張龍英就一直在北京和畢節市之間穿梭，奔波在相關機構之間，上訪、提交材料。

　　2008 年北京要開奧運會，這對整個中國來說都是大事。這一年中央政府在年初就開始部署全國大維穩，畢節市納雍縣公安局對中央的政策倒很重視，警告張龍英奧運期間絕不能到北京上訪。但是她還是偷跑出來，只是沒過多久被畢節警方抓獲，被報復性地關入畢節精神病院。

　　「2008 年 9 月 4 日我被公安局關在畢節精神病院，2009 年 4 月 1 日送回家，他們給我吃藥，我不吃，他們掰開我的嘴往下灌，還給打針

輸液。」張龍英說著撩起了長袖，瘦弱的胳膊上露出很明顯打針留下的疙瘩痕跡，疤痕到現在都沒有消掉。她在醫院裡面吃的藥物名稱、打針的液體，醫生從不告知她這些藥物針對的病症和治療的作用。

「他們也沒有給任何精神病鑑定書和相關的法律憑證，醫院不給，公安、政府也不給。」

張龍英一共 3 次被關在精神病院，以上這一次被釋放僅僅半年後，第二次被精神病接踵而至，2009 年 12 月，鎮政府副書記陳玉忠和鎮武裝部長劉才平帶人把她再次送進畢節精神病醫院。

書記和鎮武裝部長？是的，鄉鎮人民武裝部隊，是軍事兼人民政府的兵役機構，是中共基層政權組成部分，是中國國防後備力量和實施戰爭動員的基礎組織。

鎮武裝部長的主要職責是貫徹中央關於國防力量的建設方針。寬泛一點說，完成上級賦予的其他任務。

書記則是黨組織和黨文化的建設者。一個是黨的靈魂一個是黨的肌肉，就是這兩個人將一位手無寸鐵的老婦人送入精神病院。這就是我們中國的現實，中共所謂的現代文明。

任何國家建設國防，都是為了保護民眾。但是這位鎮武裝部長卻幹起了迫害人民的勾當。張龍英在反抗的時候，由於施刑者抓的太緊，自己又反抗過度用力，擰成腳骨粉碎性骨折，經過治療還是留下了終身殘疾。快過年的時候，在她兒子努力和政府周旋下，才被釋放回家。

過完年的 2010 年 1 月份，張龍英再去北京上訪，沒有出示證件的截訪者讓她離開北京，她不答應回貴州，並說要去自己的娘家上海，這些人把她送上火車，在火車走到杭州的時候，被杭州公安局扣下，然後關在杭州精神病院。此時的杭州正在召開世博會，也是大維穩時期，所

以很明顯杭州警察扣押她跟世博會有關。

直到 11 月份，有一位負責人把她送到救助站，再由救助站送回貴州，這就是第三次關押。三次關押迫害的手段幾乎一樣，醫院都要她吃藥、打針。

「持續 3 年三次被關精神病院，腿部跟腰部都留下嚴重的殘疾病症，我的一條腿已經殘廢了，蹲不下去，抬不起來，走路一拐一拐的。腰也出現嚴重的問題，直不起來，而且抵抗力很差，由於輸液過多，手腕上留下明顯的疙瘩痕跡，我要求他們賠償醫療費，但是醫院不管，公安不管，政府也不管，我缺少法律的幫助，到現在為止，沒有任何醫院開具的精神病鑑定證明書，也沒有上述三次關押我的醫院的任何法律憑證。他們沒有家屬的授權，沒有具體的法律程序，這就是非法軟禁。」

她被送回貴州後，趁機逃跑出來，過年都不敢回家，到採訪時為止，她已經三年沒有在家過年了。

「我真的希望有人能給我們主持公道，還我們家救命的錢，我連基本生活都堅持不下來，但是我一定要告，我今天剛去公安部上訪，我一定要堅持到真相沉冤得雪的那一天。」

採訪張龍英很不順利，第一次採訪，由於她沒有手機，我在約定地點苦苦等了三個多小時。那三個小時很難熬，附近人來人往，車水馬龍。大都會社會機能高速運轉，每個人都使出渾身解數賺錢，每天生活都要付出很多成本。住宿、吃飯、交通都要錢。掙錢是人們留在都市生活的主要理由，為了錢，人們壓榨自己，委屈自己，但所有的不甘，到錢入帳的一刻，都釋然了。

而我做的工作沒有什麼錢，還名不正言不順，政權不高興，警察抓，受訪者和我互相懷疑。我一度懷疑她不會出現，也懷疑她是不是真的「有病」，所以才把生活和家庭搞成這個樣子。我不僅懷疑她，也開

始懷疑自己的工作。但最終，她一拐一拐的出現了。看著她那個堅毅的樣子，我喜出望外，所有的胡思亂想立馬煙消雲散。令我高興的是，她的精神狀況還算可以。不管她有沒有病，她不應遭受這種事情。我做的工作就是要將她的事公諸於世。

第二次採訪我們在北京南站附近找了一個比較安靜的地下通道進行。圍繞北京南站的高速路四通八達，為了提高效率，在經過周邊河流和街道時，多使用了地下通道這種方式，所以南站周邊地下通道很多。有幾年時間內，很多上訪人無錢住店，都睡在地下通道內。這種方式夏天還好，一到冬天，夜晚北京溫度會降到零下 10 度多，後來出現了凍死人的事情。

在現代化的今天，這樣的醜聞影響極其惡劣，為了整頓這種環境，北京警方開始驅逐睡在通道內的人，並且在通道兩側入口都安裝了高清監控攝像機，整個通道一覽無遺都在警方的觀察視線之內。本來打算讓她坐到台階上，我站著拍，但她告訴我，她根本坐不下去。受到精神病院長期折磨，她的一條腿已經廢掉了，而且腰也彎不下去。我尋思如果她站著時間長了，肯定也受不了。但老人還是堅持說站著吧，靠著地下通道的牆還算可以。

我們兩人背靠在地下通道的牆上聊天。採訪大約十分鐘左右，還沒進入到核心，一個 30 歲左右的男人突然出現在我們跟前，手指著我們大聲吼：「誰讓你在這裡拍攝的？趕緊走！這裡不讓給訪民拍攝，傳到網上影響壞你負責嗎？」

然後把頭轉向張龍英大喊：「你要注意自己的肖像權，你懂法嗎？我看你們是想去派出所了。」

「我不懂法！你懂法？你倒是給我解決問題呀，解決了問題，我再不來北京。」張龍英不甘示弱。

　　我猜，警察是透過監控鏡頭看到有人在拍攝採訪才出現的。出於安全考慮，我決定暫停，當我們從地下通道走上路面，看到超過二十人的便衣和制服警察正向我們靠攏。我告訴身邊的志願者和張龍英，分別從不同的方向離開。我也躲開那個便衣扎堆的地方，但仍在附近徘徊。看著志願者遠去而沒有受到抓捕，這才放心離開。

　　過了一天，我又約了時間第二次採訪張龍英。

　　「妳來北京前後有十一年了，自己的生活怎麼解決？」「撿垃圾、洗盤子嘍。」她回答的乾脆響亮。

　　我覺得很奇怪，撿垃圾尚能理解，可這「洗盤子」這麼大年齡能幹得動嗎？哪家飯店會僱用這麼大年齡的人呢？聽完我的疑問，跟前兩位志願者跟老人同時哈哈大笑。這時老人拉著我的手說：「洗盤子——就是在飯店看到別人吃剩下的飯菜，迅速地過去吃乾淨。」

　　我很震驚。撿垃圾是為了應對一天十塊錢的住店錢，而洗盤子，是為了填飽五臟廟。

　　拍攝完成時，張龍英還說：「很晚了，你們找個地方，我請你們吃飯吧 ……」在這個只有「法制」（rule by law）卻沒有「法治」（rule of law）的社會裡，國家權力高漲，得不到制衡，國家權力高於法律，政府高於人民，人權不能得到保障，最後一定落到老人連個穩定避風港都沒有的殘酷社會，哪裡才能碰到給老人一個清白的包青天？一個安度晚年的避風港？貨真價實「為人民服務」的政府一定是來自於有政黨競爭關係的民主社會吧，我自忖。

汪荷娣

　　汪荷娣，出生於 1944 年，江蘇省無錫市北塘人，家裏有丈夫孫才良及孫江等三個兒子的陪伴。她這個年齡應該早就是頤養天年的時候

了，可誰能想到從 2014 年 2 月至 2016 年短短兩年的時間裡，她 5 次被
轄區居委會和派出所送入精神病院強制治療。

汪荷娣的申訴材料記錄—— 1996 年 4 月份，她位於無錫市北塘區
五里街的祖產房被某房產開發公司拆除，至今沒有任何安置和補償，緊
接祖產旁邊的是她本人新造的房屋，拆遷後也沒有安置補償到位。為
此，她開始走上上訪維權的道路。

托爾斯泰（Lev Nikolayevich Tolstoy）在《安娜卡列尼娜》的開場
白說：「幸福的家庭都是相似的，不幸的家庭各有各的不幸。」2010
年 4 月 3 日清明節前，她的二兒子孫江，在一家商貿公司負責倉庫送貨，
眼看清明節將近，公司不按照國家法定時間放假，所以他跟主管請假或
調休，希望同家人去掃墓，無奈主管不同意。4 月 3 日下午 16 點 05 分
他出門送貨，遭到跟他公司結仇的另一公司製造的報復性車禍，致使他
右側顳頂骨骨折，重傷昏迷。隨後做了三項手術才保住性命，但落下終
身殘疾。上班時間為公司送貨出事，本應認定工傷，卻沒有得到認定，
為此，汪荷娣又多了一個上訪訴求。

以上兩個問題成為她上訪申冤的主要理由，隨著上訪時間的增長、
年齡的增長、受到的暴力也在增加，尤其是 2012 年開始，對當時已 69
歲的汪荷娣的迫害更加厲害。

2014 年 2 月 15 日，汪荷娣在小區的路上散步，被突然衝出來的無
錫市公安局北塘分局惠龍派出所民警與居委會書記狄愛琴等綁架，他們
將她強行塞進警車。沒有看到他們出示任何法律文書，她被直接送往無
錫市精神衛生中心（無錫同仁國際康復醫院）。被關押後，她丈夫天天
去醫院吵鬧，要求放人，醫院迫於清靜答應家屬付清醫藥費，才辦理出
院手續放人。這次於 2 月 24 日出來，共被關押 9 天。

有這一次的關押經驗後，無錫政府更是把精神病院當作了日常維
穩的必備手段，所以汪荷娣後續又四次被關在該精神病醫院，分別是；

2014 年 12 月 27 日至 1 月 15 日，共 19 天；2015 年 2 月 2 日至 2 月 16 日，共 14 天；2015 年 7 月 13 日至 8 月 4 日，共 22 天。

最後的這一次 2016 年 1 月 23 日，汪荷娣在回家的路上路過無錫婦幼保健醫院旁邊的小公園時，居委會的彭小林、書記耿愛琴、警察鬱劍、保安顧福林衝出來將她抓住，手腳大綁像抬豬一樣把她送到精神病院。關進去時醫院已經到了下班時間，所以無人管她，晚飯都沒有給送，被餓了一夜，第二天開始可以吃飯了，當然也開始強迫吃藥。2 月 2 日她先生交完住院費用，才允許接她出來，這次共計關押 10 天。

從關押的時間上可以看出，都是在所謂的國家敏感日期內，如全國兩會前夕，省、市兩會前夕等重點維穩控制日期，而且五次抓她進精神病院的，都是無錫市公安局北塘分局惠龍派出所民警與居委會書記狄愛琴和彭曉林等人，這種情況很明顯是這些公職人員為了維穩承包責任下的狠手。居然毫不在意保障人權，任意剝奪公民的自由，而且「醫療」費用，還要受害人自己承擔，真是世界鮮有的惡劣。

那麼在精神病院裡汪荷娣遭受了什麼樣的迫害呢？

「每次進去都被強制捆綁在病床上，不讓走動，打針是打在我的腳趾頭裡，是幾個人強行按住我的腳，然後打針的。強制灌藥，我不吃藥，醫生就打我頭部和嘴巴，再抗拒的話醫院就用五個人一起對我下手，四人分別按住兩手兩腳，然後一人強行扒開嘴灌藥。」

「吃飯與其他人一起吃，沒有行動自由，只能被綁床上，最後一次小便也不讓下床，只好小解在床上。這次打了毒針，灌了毒藥，導致現在耳朵聽不見，眼睛也看不清東西了。」

經過五次「被精神病」，一次檢查都沒做過，更別說做比較正規的精神病鑑定。汪荷娣拿到了前四次的醫院費用明細，而第五次被關押的明細，醫院則拒絕再提供。

　　73 歲高齡的汪荷娣本該在家安心享受子孫繞膝的快樂，卻奔波於上訪討公道的路途上，途中還要伴隨著各種酷刑的折磨。

　　草民進京擊鼓鳴冤說明地方政府有腐敗，有行政犯罪的嫌疑，中央政府不查明就算了，還任由地方官員隻手遮天，迫害人民，造成訪民的惡夢，實在荒腔走板，倒行逆施。

　　醒醒吧，汪荷娣們，別指望出現明君、清官、俠客了。你們看仔細，人家做的可是帝王夢。愚民、家僕、太監才是他們需要的。如果真的需要申冤，那學著作「公民夢」吧！自由、民主、憲政才是中國的希望。

　　我知道，這些話他們這些老實巴交的中國人是不聽的，這本書他們也讀不到。這種悲嘆或許只是我一廂情願的呼喊罷了！從剛開始採訪第一個受害者時感到的憤怒，到後來任何駭人聽聞的受害故事，都變成一個個麻木的累積品，他們何其相像，以至於接觸的時間久了，會覺得也許這才是正常的，這就是我的祖國，我的生存空間。

鄒厚珍

　　1938 年 2 月出生的鄒厚珍，湖北武漢市人，家住武漢市漢陽區，原武漢市漢陽汽車齒輪廠的幹部，買斷工齡下崗。在漢陽汽車齒輪廠上班期間，鄒厚珍在廠內分得一套六十多平方米的房子，單身的鄒厚珍和兒子鄒斌一直住在這裡。

　　2004 年，武漢拆遷公司在沒有通知及沒有簽署拆遷協議的情況下，強行拆除鄒厚珍自家三樓屋頂，並停水、停電逼其搬遷，其後鄒厚珍開始持續上訪。

　　2006 年 6 月 19 日，她被轄區政府人員和派出所聯手送到武漢市漢陽區江堤鄉六角亭醫院江堤分院，請精神病專家給她做精神病鑑定。

　　醫學鑑定結果顯示她沒有精神病，醫院按照程序要放人，公安局不同意，醫院很無奈，也不願意背黑鍋，所以醫院要求鄒厚珍轉院，在關押了一個禮拜後，警察把她轉到第二個精神病醫院，即漢陽區十里鋪精神障礙康復指導站。

　　這個醫院 24 小時監控，大門都是鎖著的，第一個醫院沒有吃藥、沒有打針，還算幸運，可是這第二家就躲不過去了。

　　「吃的是什麼我也不知道，後來我覺得腦筋反應有問題，我覺得不對頭，我就說死都不吃。他們還說你年紀大了，給你吃的藥是補骨質疏鬆的，是給你補身體的，我堅決不吃，我說我沒有精神病，要求你們最高的技術來鑑定，我說我頭腦是清楚的，是政府陷害我的。」

　　鄒厚珍一直向醫生聲明自己是正常人，要求做醫學鑑定，這家醫院的醫生也覺得有問題，就再次給她做了檢查，而醫學鑑定顯示鄒厚珍沒有精神病，醫院領導給相關部門寫信反應情況，要求轉院。一直關到 7 月 14 日，公安局那邊來了 20 多個人強行又把她拉到武漢市公安局安康醫院關押。

　　「這家醫院是強行讓吃藥，拿鉗子強行給我扒嘴吃藥，把我的牙齒都扳掉了兩顆，我就堅決不吃，死都不吃，摳掉我的嘴我也不吃，最後他們搞得我大小便都不正常了，頭暈，走路都走不動，我實在不行了，我說這個藥我不能吃，你們給我打針、打死我也不吃藥，我長痛不如短痛。」

　　嚴酷的迫害下鄒厚珍如此的堅決抗爭，終於觸動了醫院負責人，醫院李院長給派出所打電話，他說這個老太婆思維能力清楚，思維能力超強，並沒有精神病，如果關出問題來，我們承擔不了責任。醫院先後寫了三次報告要把鄒厚珍送出去，可公安局說是終身關押不能出院。

　　2007 年的 4 月 25 日四點多鐘，鄒厚珍腿疼抽筋，從床上摔下來導

致腰椎骨骨折，腿骨骨折，當時全癱。醫院的建議是接骨，但是這個醫院沒有骨科，所以醫院建議轉院。

「為了這個事情派出所所長張明強跟院長要打架，並說我要摘掉你的烏紗帽，你憑什麼當院長，你又憑什麼說這個人你不能治，院長一看著急了，就說：『我這個院長不當了也要把她放出去，她不轉院也得轉院，我們沒有哪個義務為她承擔責任。』第二天政府公安部門就把我拖回原來的第二家醫院十里鋪精神障礙康復指導站。」

前兩家醫院什麼法律手續、治療病歷都沒有給她，武漢市安康醫院給了一個出院總結，他們寫的是：「病人反覆上訪，擾亂公共秩序14年，武漢市精神病院對其司法精神醫學鑑定，結論為『偏執型精神病』，於2006年7月14日由漢陽區五里墩街保會（初級衛生保健委員會）治理辦公室送入本院治療。」

出院情況一欄寫道：「病人不慎摔倒，經電腦斷層掃描，病人右側腳骨頸骨折，因本院無骨科醫生，為防止病人救治不及時造成下肢殘疾，建議轉院治療。」出院時間是2009年4月29日，共計關押300天。

當她被放回家後，頓時目瞪口呆，她看到昔日的房子已經改成招待所！門口還有人看著，不讓她進去，在她被關在精神病院的時候，下身殘疾的兒子，被政府送到了漢陽區福利院關押。

握有公權力的人缺少對法律的敬畏，對生命的尊重，制度上對政府缺少有效的監督力量，比如媒體和在野政黨、獨立的監管單位，如此一來握權者對弱勢群體的迫害是不可避免的，而由此造成的傷害是後來難以補償的。

鄒厚珍悲慘的遭遇應該從她房子被開發商看上的時候已經注定。政府部門和開發商在利益結合下，幹出無法無天的行徑。權力約束失效的社會，我們每個人都是案板上的肉，任人宰割。公安隨便就要讓人「終生關押」，「被精神病」，這種對人生命權的剝奪、對人類基本權利的

剝奪，是對現存人類文明的褻瀆。他們使用的酷刑方式，簡直把「人」當成了畜生。鄒厚珍只是滄海一粟罷了。

范妙珍

2013 年 5 月 1 日起，中國《精神衛生法》開始實施，本應該是對精神病人提供福利，促進其健康和療養提出的一套社會衛生福利。但不幸卻成為一些公權力機構關押健康公民、非法限制公民自由的一道枷鎖。

不懂法的官員以為這套法律是他們維穩的工具，懂法律精神的律師又都受到政府壓制，或被剝奪律師資格。我們真能防範握有公權力的機構和個人對公民的迫害嗎？如果連律師都能被政府部門非法囚禁，一般人又怎能對抗強大的政府？

除了制度問題，其他問題也需要改變，而這需要時間，是一個只有「再開放」的社會氣氛下才能推動的社會工程。一切基底是從國民教育的偏差開始的。人命大不過政治：當官的人眼中只有仕途，警察盲目服從命令充當政府打手、醫生眼中只有錢，醫病救人精神薄弱時，人民豈不可憐？

當范妙珍第三次被送來上海崇明縣精神衛生院「被精神病」，她知道自己將遭遇什麼迫害。不同的是，她這次被關押是在《精神衛生法》實施之後。是在有法律保障下慘遭凌遲的迫害。

2013 年 11 月初，我在北京見到范妙珍，這時她才從精神病院出來不到兩週。已經 70 多歲的范妙珍，原住上海市崇明縣長興鎮。因為性格公正，在地方拆遷等問題上，拆遷方和被拆遷方都認同她的公正性，所以她能讓雙方建立起平等說話的空間，並最終解決問題。而這恰恰惹惱了政府的一些利益相關人士，因為觸及到他們的利益。所以 70 多歲的她還沒辦法申請到低保（編註：居民最低生活保障補助，是中華人民共和國的社會福利）。

　　事情是這樣發生的。2013 年 10 月 17 日傍晚七點，范妙珍居住所在的村委代表蔡石村長和鎮派出所民警史晨浩，把范妙珍送到上海市崇明縣精神衛生中心，這已經是他們第三次送范妙珍來到這裡，輕車熟路。接收的醫生叫殷傑，是一個共產黨員，並且有 40 年的臨床診斷經驗。當范妙珍要發言時，殷傑醫生制止了她。

　　這是她正當伸張權利的機會。但是這些地方惡官，仗著官威，橫行不法——村委代表做監護，派出所保送，醫生強加病症，壞心醫生與惡官聯手將范妙珍送進了「免費」的醫院。這期間既沒有通知她的兒女，也沒有給他們出具法律文書。

　　「在裡面吃藥，也不知道是什麼藥，吃完就想睡覺，睡醒了就吃飯，吃完飯再吃藥，然後再睡覺，一天天就這麼輪迴過。」

　　囚犯尚且有出來透氣的機會，可這裡的范妙珍更像是一個關在籠子裡的牲畜，眨眼閉眼、一切的權利都看醫生殷傑的心態而定。

　　兩天後的 10 月 19 日，范妙珍的大女兒王荷英聯繫不到母親，在母親的朋友孔令珍等人多方打探下終於得知被關在這個縣精神衛生中心的「囚籠」。眾人趕到救援時，良心被泯滅的殷傑回答：「她是政府關進來的人，要政府出面才肯放人。」

　　聽到這裡，我感慨萬千。醫生，若是政府要你殺人，你也殺嗎？你的醫者之心呢？

　　作為醫生，共產黨員殷傑，一定是學生時代或者工作時期的菁英。他明知給她這種沒病的人打針吃藥是違反《中華人民共和國醫師法》以及違反基本醫療衛生與健康促進法的精神，就算殷傑忘了基本法規，也一定知道違反作為精神病專業的《精神衛生法》，就算他什麼法也不懂，也一定從內心深處能感受到這違反醫生醫病救人的基本精神。如果他不能感知，被醫療以外的事情蒙蔽了良心，那他就不是合格的醫生。

　　醫生如此作為，我真是不敢想像。在家屬極力爭取與抗爭下，醫院再無理由關押范妙珍。可笑的是政府最後不敢出面，與家屬面對面對質。這算是還有點「知恥」嗎？在她的大女兒簽字後，范妙珍最終逃離魔窟，重獲自由。

　　抓捕范妙珍的緣由，聽起來荒唐到不可思議。2013 年 10 月 11 日她在村委會碰到一個叫顧忠良的隊長，跟他講了幾句話，政府僱員唐小量說：「不要理她，」范妙珍就問唐小量：「你在政府是什麼身分？」話音剛落，猛然一個耳光搧到范妙珍的臉上，緊接著把她推倒在水泥地上，搞得渾身是傷。

　　范妙珍撥打 110 報警，要求驗傷，派出所的警察說這點傷看不出來不用驗。范妙珍跟他們抗爭，四個小時之後她要到了驗傷單，去看病治療，卻沒人管。政府工作人員憑什麼傷人？傷人憑什麼不管？

　　「12 日到 14 日我在政府門口天天攔車，我為什麼攔車，就是為了抗議，為了自己的權利，他們沒有辦法了帶我去看的病，但是不給我治療，我就繼續攔車一直到 17 日下午 7 點 ⋯⋯。」范妙珍說。

　　卑微的人總是處處受到不公的待遇，又沒有可以申訴的機會，這種惡性循環最終助長越黑的人發展得越好，越卑微的人則越來越被壓制。

　　因為土地糾紛，政府不給合理解決，范妙珍作為村民代表很受大家的愛戴。為了替大家維權，她觸動了一些利益相關方，早在 2010 年 12 月 3 日，她就被村委會、派出所聯合關進崇明縣精神衛生院，這地方後拉被改為精神衛生中心。

　　關押期間，不吃藥就要受到酷刑。他們把帽子戴到范妙珍頭上，把紙塞到嘴巴裡，連上電線，一開電閘，范妙珍就直打顫。

　　在高壓恐怖的陰影下，70 歲高齡的她真的扛不住了，最終選擇了

屈服。范妙珍很規範的一天兩頓，一頓三顆的吃藥，後來慢慢減到每頓兩顆、一顆。

范妙珍回憶：「被關到 2011 年 1 月 29 日，共計 56 天，女兒救我出來的時候，問媽媽你怎麼樣，媽媽你想吃什麼？我的回答就是嗯、哦。頭腦反應異常遲鈍，記憶力減退。」「我跟醫生說我沒有精神病，政府把我關進來的，關就關了，不要給我吃藥了。」「誰叫你多管閒事。」那位醫生說。

從醫院被釋放出來的時候出院記錄上寫著「鬧訪、上訪」。受縣公安局委託，上海市精神衛生中心於 2011 年 1 月 19 日將范妙珍鑑定為「躁狂發作、無處罰能力」；2011 年 9 月 7 日，范妙珍又被上海市精神疾病司法鑑定專家委員會鑑定為「偏執性人格」，「有受處罰能力」；但 2012 年 3 月 6 日，受上海崇明縣法院委託檢查，范妙珍被司法鑑定科學技術研究所司法鑑定中心鑑定為「未見精神異常」。

不同醫院居然有前後矛盾的鑑定，要在文明社會就可以打醫療糾紛了。范妙珍也曾走司法途徑，她將村幹部姚麗燕、施錦芳告上法庭，狀告他們侵犯名譽權。雖然正是此二人參與將其送入了精神病院，但案子不出意外地敗訴了。

我們還能相信司法嗎？

採訪結束，范妙珍原來做保姆的僱主張大姐從上海打來電話，請求我幫幫她，說她人特別好、沒有神經病。

「有神經病的話我還能用她做保姆嗎？她去年還在我這裡做了兩個月的保姆，她現在有家不能回呀，那個派出所跟她女兒講：『如果讓我看到你那個老媽上訪，我們還會把她送到精神病院……』像她這麼大年齡的人，應該都有低保的，條件好的都在拿低保，他們村委會就是堅決不給她！」

第四章　大學老師要接受控制

　　大學本是追求言論自由、學術自由的園地，這除了是高等教育的核心價值—自由思考、討論真理和創新能力，也是檢驗社會自由開放度和包容度的重要指標。知識分子跟那些底層受害者不同，他們不缺少名望、金錢、社會地位及美滿的家庭環境，他們有理想、有文化，被稱為幸福的中產。中國政治文化惡劣，在倡導學術自由、保護私產、仗義執言中缺少法律的庇護，於是追求自由思考、獨立思考的知識分子容易陷入環環相扣的政治迫害當中。最高妙的知識分子，有的人流亡海外，有人低調閉嘴，忍辱偷生，有人則失去自由，身陷囹圄。

王衡庚

　　華南師範大學數學科學學院，於 2004 年 12 月在原數學系基礎上成立。王衡庚任職於該院副教授職位時被關入精神病院。釋放後長期遭到國保、系院黨委、五毛、和其他教職工的騷擾、監控、恐嚇。最終，無法忍受這種高壓精神迫害，逃亡澳洲申請政治避難。

　　說起王衡庚，當時在華南師範大學是有名聲的，他在國際著名的數學頂尖雜誌《數學物理通訊》（Communications in Mathematical Physics）上發表過學術論文。2001 ～ 2002 年，在擔任系科學秘書期間，協助數學系成立首個博士點。

　　在數學院成立後，王衡庚主持研究的「非光滑區域上的偏微分方程問題與調和分析」（批准號 10426016，2004 年）、「調和分析技巧在偏微分方程中的應用」（批准號 10501015，2005 年）兩個課題獲得國家自然科學基金課題支持，並在《中國數學年刊 A 輯》、《數學物理學報》等國家級報刊雜誌上均發表過學術著作，他還曾獲得廣東省教學成果一等獎（2005 年）。

　　如此傲人的成績，因何被精神病呢？王衡庚說「因言獲罪」。王衡庚在華南師範大學數學系給學生上課時，為了引起學生對數學的興趣，除了講數學家的故事外；也常常聯繫時事政治，還對中國大陸的腐敗鏈問題建立數學模型來進行分析討論，然後點評。並發表一些對環境污染問題的言論，因為有一定的知名度，再加上幽默的教學方式，所以傳播比較廣。時間一久，開始引起政府及華南師範大學部分官員極大的警惕和恐慌。

　　為防止影響擴大，政府開始對王衡庚全面監控，動員了華南師範大學大量的資源。

　　王衡庚說剛開始時，政府的盯梢、監控或恐嚇，像是在與他開玩笑，如同有時在上課的評論一樣，好多只是逗人笑的遊戲，一個接一個，一環套一環。

　　時間久了他才體會到這場遊戲的可怕之處，幾乎包括一切與他有聯繫的人——朋友、家人、學生、鄰居、學校書記、學院書記、教授、博士導師，到便衣警察、雜貨店的員工，認識的與不認識的，主動的或被迫的……最終，大家似乎都捲入進來了。無論他在哪兒，都能感覺到有人進行盯梢、騷擾、恐嚇、監聽電話，收集信息，還恐嚇家人。

　　將近兩年的騷擾與恐嚇，他實在受不了。2007 年 5 月，準備逃離到印度留學，手續做到一半，國保挾制王衡庚和其家人，說是去廣州荔灣區芳村花鳥市場玩。當他與家人走到廣州市精神病院時，國保在跟前緊盯著的情況下，王衡庚被家裡的三人聯合押到掛號處，迫害也隨即開始。

　　門診所見了一位男醫生叫徐貴雲，他為王衡庚做精神鑑定。「你知道為什麼來這裡嗎？」王衡庚沒有吭聲。「你認為有人想害你嗎？」徐醫生問。「沒有。」他回答。「你有什麼話要說嗎？」「如果在美國，我馬上可以打電話給律師，我好喜歡美國。」他回答。

醫生馬上拿起電話，放在他面前：「你可以打。」「我們治療病人，是三個月為一期，如果病還沒有好，再延長三個月，直到你開心為止。」徐醫生對他說。

「他要我脫下鞋。我不知道是什麼意思，就聽他的。結果是讓我進了一個鐵籠子，有個護士叫我脫衣服、換上精神病醫院的病服。我大吃一驚，怎麼這麼快，整個精神病鑑定，居然只有 7 分鐘左右！嚇得我幾乎頭昏地轉，卻也只有驚驚顛顛地乖乖聽話。出院後才得知，醫生給我的診斷是『有精神病性症狀的抑鬱症』。」

在精神病院的第二天開始吃藥，護士把醫生開的藥奧氮平（Olanzapine）、舍曲林（Sertraline）給王衡庚，他學著好萊塢電影裡的特工，把藥放在舌底下。然後到廁所偷偷吐了，經過了三四天的高度驚恐後，他發現其他有些病人，也有把藥放在舌底下，護士盯著他吃藥也沒說什麼。

約一星期後，猛然醒悟：「她們是護士、醫生，我有沒有服藥、有沒有把藥藏在舌下，他們會不知道？更何況，他們還定期驗血！不乖，將服更多的藥，待更長的時間，以三個月為一期；還有，如果我不開心，我得繼續待在醫院。這些醫生與我說的清清楚楚。從那以後，我再也不敢把藥藏在舌下，就稀里糊塗地直接把它們吞了。而且我也盡量想辦法讓自己開心。」

採訪中，王衡庚也詳細介紹了精神病院生活居住的情況，他住在被一道鐵門鎖著的一層樓，這層樓的結構，一切像是一個大旅館，與 4 個病人住在同一個房間。整個樓層是被一道冰冷的鐵門鎖著。

這層樓約有 30 個人。其中有一個是廣州建築設計院的院長，還有一個碩士、一個是本科，王衡庚說很喜歡建築院院長，他總是很幽默。就問建築院院長：「這裡的人為什麼都那麼老實？」

「因為都很老實，所以都湊到一塊兒來到這兒了。」院長回答。王衡庚在精神病院的唯一好處，是沒有國保的騷擾、監控和恐嚇，這倒也是清靜。他還在沒事時，讀《概率與統計》，與其他病友大談「母雞是如何生蛋」的數學問題，逗得所有的病友都哈哈笑。

「當然不止是清靜，也有恐懼，有一個病友，不配合醫生或護士什麼的，然後被捆綁在床上被打了針，馬上變得很乖了。被打針，想想也害怕。後來，無論是什麼，護士或醫生叫我做什麼我就做什麼。」王衡庚說。

醫院的作息時間極為嚴格。在規定的時間起床、睡覺。吃完早餐、午餐或晚餐後，可在樓層的走廊或大廳散步，或在大廳打麻將、打撲克、打乒乓，沒有任何報紙或娛樂雜誌可看。所有病人被鐵門鎖在這一層樓，不准許離開。每兩個星期有一個下午的時間可到院子裡放風一次。

2007 年 7 月 31 日，王衡庚在被關押了整整兩個月後，他終於離開了精神病院。出了院後，王衡庚約重了 10 公斤，這種虛胖是吃精神藥物引起的副作用，因精神藥物的毒性，2008 年體檢時他發現肝出現血囊，就去詢問癌症專科醫生，精神藥物是否可能誘發癌症。醫生回答，癌症的原因比較複雜，即不肯定，也不否定。

出院後不久，數學系對他還比較客氣，還請他到九寨溝免費旅遊，到北京數學九所進行學術訪問，到了 2008 年北京奧運會那一年，毒奶粉事件爆發後，王衡庚在課上、課後、到廣州大學城的校車上，又多次發表了腐敗與污染問題的評論。當年下半年，新一輪更厲害的監控、恐嚇馬上就來了。為防止再一次被送進廣州市精神病院，王衡庚想辦法調動工作回到杭州。

因為他是浙江大學數學系畢業的，在杭州，幾乎每個大學都有他的同學或朋友。然而遺憾的是，調動工作到杭州後，王衡庚感覺仍然有人在盯著他。2011 年 1 月，他背了一個旅行包，拋下家人、資產、工作，

獨自一人逃往澳洲尋求政治庇護。

2012 年 11 月，王衡庚逃亡澳洲後在墨爾本難民庇護資源中心，一位前蒙納許大學（Monash University）教授，也是澳大利亞皇家和紐西蘭學院精神病協會的會員，曾受過如何進行精神鑑定和如何治療心理創傷的專門培訓，他對王衡庚進行了精神鑑定。

在鑑定報告中這位教授寫道：「王衡庚先生認為，同事、鄰居、朋友，甚至前妻被政府部門利用，來騷擾他。王先生說，他被強行關進精神病院，他所描述的許多被騷擾的微妙細節，是中國當局壓制公民、使他們服從的常用手法。」

但是他描述的部分個人經歷似乎表明：「他可能已經變得有些偏執，最終，開始懷疑每一個人都別有用心。」

「然而，自從他在 2011 年逃至澳洲後，他描述的所有擔憂都消失了。他有活力、健談；同時，對大陸失去的教授生涯，也表示好遺憾；不過，我沒有發現任何證據表明他有精神病。」

墨爾本的難民心理創傷輔導中心（Foundation House）的另一份鑑定報告中也提到：「沒有發現他有精神病的證據，尤其是精神病幻想症或被迫害幻想症。」

葉鐘

和王衡庚相比，葉鐘沒有那樣的社會情懷，也沒有參與評論公共事件，只是為了維護自己的私產，這個 1978 年生，具有碩士學歷的建築結構工程師，也踏踏實實在精神病院走了一趟。

葉鐘是福州晉安區王莊人。2016 年 10 月 27 日，在北京中南海周邊遞交上訴材料，由於沒有渠道送進去，就把材料給了在府右街執勤的

警察，隨後被警察送到久敬莊服務中心，晚上就被福州政府找的保安連夜驅車接走，48 小時後車到福州，29 日下午，即被鎮政府人員直接送到福州神經康復醫院關押。

送去醫院後，葉鐘當即向醫院表明，自己沒病，並且非常正常，是在北京投訴政府拆遷辦亂作為，被他們陷害送來的。

醫生可能已經習慣了這種說辭，淡淡的說：「來，我們先給你做個檢查。」

「我拒絕做檢查，你們要強行關我也可以，馬上給我做精神病鑑定，如果我有病就關，如果我沒病，你們就馬上放人。」葉鐘口氣強硬地回答。「不行，我們要先關押你一個月以後才能做鑑定。」值班醫生淡淡的說。葉鐘聽了目瞪口呆。

葉鐘回憶，當天是禮拜六，第二天禮拜日，醫院院長等主要領導休假，所以除了吃藥，就只剩恐嚇。

「我如果不配合的話，會被關在鐵籠子裡，四肢被固定在鐵護欄上強迫灌藥，肯定會變本加厲受迫害，所以我吃藥了，一天吃三次，一次吃兩片。」

禮拜一上班後，鑑定開始了，七八個醫生輪番對他問話。這樣做的目的就是通過言語、行為做判斷。結果醫生問診後，診斷證明他一切正常。還不死心的醫生星期二上午又讓葉鐘做心理測試等各種考試。經過這些測試，最後醫生都不得不承認他的精神狀態正常。

葉鐘於是要求醫院立即釋放自己，醫生說不能放，且要把材料給公安局，他們表現出這是公安局的意思，葉鐘提出查閱公安局製作的材料，被醫院拒絕。葉鐘與醫生們僵持不下。

「如果老百姓跟警察吵架，就被送到精神病院；如果我跟鎮府工作人員吵架一下，就被送到精神病院，那麼在中國作為一個公民一點人權都沒有，還不如外國的一條狗，與其做這樣的中國公民，還不如做外國的狗。」葉鐘氣憤地向醫生們大吼。

提起這個情節，葉鐘很氣憤：「2013 年 5 月 1 日實施的《精神衛生法》規定，如果有危害別人生命財產的行為，公安機關是可以拆我進來鑑定一下。但我沒有危害別人的行為呀！他們有什麼理由讓我到這裡來鑑定！」

禮拜二的下午，同為福州上訪群體的 20 多位維權人士，聽說葉鐘被關在精神病院後，自發前往醫院舉牌抗議精神病院非法關押正常上訪人士，在一大片的呼喊聲中，醫院和政府最終決定釋放葉鐘回家，這才結束了整整 3 天 72 小時的恐怖之旅。

這個具有碩士學歷，家庭美滿富裕，並且是建築結構高級工程師的人，怎麼會走到今天被迫害的局面？

一切要從福州晉安區 2014 年的拆遷動員開始。

2014 年 12 月，葉鐘祖宅所在地連潘棚戶區房子開始動遷，99.5% 的人都在這兩年內斷斷續續搬走了，剩下的幾十家認為補償不合理，所以就一直沒有簽署補償協議，而葉鐘就是其中一戶。

「我們這邊是市區二環，市中心呀！一平米房價 3 萬多，我祖宅 650 多平米，就是 2500 萬，如果加上土地價格，我家的房子市值超過 3000 萬，所以在談補償協議時很多利益就被政府拿走了，強拆時家裡所有的電器、首飾、金銀、字畫等全部被埋在裡面，現在實施了強拆，談不妥的全部強拆被驅趕。」

由於拆遷補償條件一直談不攏，葉鐘自己也花 5 萬元在北京聘請了

律師幫忙，政府拿不到想要的簽署協議書，竟然找人代替葉鐘簽署了補償協議，並下達了最後拆遷時間——2016 年 8 月 30 日。

眼看著房子保不住的葉鐘在拆遷的頭一天找到當地房屋徵收總指揮、鎮黨委副書記、拆遷辦主任、村長等人，希望能給他們一家四口安排一個暫時居住的地方，以安全過度到領取安置房為止。

政府很高興他終於提出條件，並爽快答應了他的要求，叫他趕緊去找房，價格好談，拆遷辦鎮政府領導出面去辦手續和交錢，先付三個月的房租，以後每個月鎮政府交房租，直到他們安全過度到領取安置房為止。葉鐘心想，政府官員發話，應該是政府行為，想必可靠，也等同於鎮長等一行人的許諾，就放心去照辦。

他很快通過房產仲介公司找到了一套房子，房租 3200 每月，押二付一，鎮政府派工作人員陳如海，帶了 9000 元現金和葉鐘兩個人去交房租，並在租房合同上同時簽署了陳如海和葉鐘兩個人的名字，以表明房子是鎮政府替葉鐘租的，是政府行為，合同上除去房屋仲介費 1600，尚欠房東押金 2400 元。而就在安排他們走後，政府不再支付剩下的錢，原有的房子也在 8 月 30 日被按時拆除。

葉鐘拿著房產證、身份證、戶口本、派出所證明，到當區房屋徵收工程處以及房管局要求安置，得到的答覆卻說不給安置，因為他外公、外婆及母親三個人與他沒有法律關係。

葉鐘拿出了 1951 年的房產證原件，原件是他外公、外婆和母親三人的名字，他母親是獨生女，生育有兩個兒子——葉鐘和哥哥葉鋒。

「外公、外婆及母親均已經去世，我和哥哥是唯一合法的繼承人，權利所有人。」

「精神病院放出來之後，政府有談過賠償的事情嗎？」我問。

「我去找政府，他們就說先來瞭解一下，去了後又說時間太短，來不及處理，過一段時間再談，所以……」

張軍

比起以上兩位受害者，張軍受到的迫害更慘。1965 年 6 月出生的張軍，原是農業銀行山東省濟寧市金鄉縣支行職工，住在山東省濟寧市金鄉縣某小區農行家屬樓。

張軍曾任金鄉縣農行不良資產部科長和保衛科副科長等職務，所負責的業務工作在二級分行考核中一直保持全市前三名，其〈論銀行組織優化──事業部制〉一文曾獲得北京總行金融學會二等獎，他閒暇之餘還擅長寫寫文章，這種端著金飯碗的工作和悠閒的生活，也著實夠大部分人羨慕一把。

他在任職不良資產部科長時，向上級銀行及透過網絡撰文發帖反映了許多銀行問題後，引起了政府、銀行、社會等各方面的關注，為了應付來自各方面的壓力，也為了應付上級調查，行長讓他「裝」精神病人，然後在網絡發帖說自己是「精神抑鬱症患者」，哪些言論屬於胡亂說話行為。他沒想到這是行長給他設下的圈套。

隨後，銀行把他調到保衛科做副科長，沒過多久卻在不公正的「雙向競聘」中被內部下崗，從保衛科副科長變成了傳達室的門衛。他對銀行這種未經職工代表大會討論決定及未報勞動部門審核的「違法行為」表示強烈憤慨，並開始給各主管單位寄信並在網路上大量發布文章。讓他料想不到的是，以前只是裝精神病，現在可就要被變成真精神病了！

為了討回公道並將銀行黑幕公佈於眾，他開始實名舉報時任農行行長王元宏涉非法集資、收受賄賂、亂放貸款等九條罪狀，同時聯繫記者及律師。打算打一場轟轟烈烈的官司。然而官司還沒開始，針對張軍的迫害就率先展開了。

2005 年 8 月 1 日，農行金鄉縣支行杜建嶺和司機王海山沒通知張軍的家屬，就把張軍送到濟寧市精神病防治院（又稱：濟寧戴莊精神病院），由杜建嶺作為監護人簽字，把他送進去關押了兩天，8 月 3 日被釋放出院。

出來後，張軍在維持生計的同時，一直申訴案情，同時還關注社會不公事件，他還鼓勵中國政府承認猶太人身分族群，不要把他們的身分證都改為漢族，並且動員開封市猶太人後裔的兩個社團去參加世博會。2010 年 5 月 5 日以色列國家館日，他給 9 名猶太後裔送了火車票和世博門票，結果這幾人全被國家安全人員抓走，他自己也被控制，兩天後又被送入精神病院……連續五年，張軍都保持著每年進一次精神病院的記錄。

2010 年 5 月 7 日，國安把張軍移交給國保大隊接管後，由國保大隊李玉新押解到濟寧市精神病防治院，李玉新和張軍父親簽字強制他住院，所有費用則全部由農行支付，包括送到醫院的麵包車和司機也是農行提供，張軍在住院 54 天後被釋放回家。

2011 年 3 月 8 日，金鄉縣公安局治安大隊長和金鄉鎮第一派出所 2 名警察押解張軍，再次送到濟寧精神病院關押，3 月 22 日，農行提供的司機開著麵包車帶著派出所指導員李廣西和警察辛春強及兩名特警押解張軍，以旅遊名義到南京東南大學醫院和上海精神衛生中心看病，得到醫生答覆：「張軍先前在濟寧診斷的『雙相情感障礙』，無需住院治療。」就是在這種情況下，張軍被關押 62 天。

2012 年 4 月 10 日，農行再次動用自己的車輛、司機及金錢，在縣公安局副局長陪同下，由第一派出所指導員李廣西、警察辛春強及兩名特警一行人押解張軍到濟寧市精神病院，關押 196 天。

2013 年 4 月 28 日，由第一派出所指導員李廣西和 2 名警察押解張軍進入濟寧市精神病院，理由是張軍借金鄉縣「韓寒」公務員新聞事件

鬧事，本次被關押 88 天。

2014 年 1 月 8 日，第一派出所指導員李廣西帶領 2 名警察用一輛轎車押解張軍，縣公安局副局長解目法和國保警察大隊 1 名警察帶領張軍家屬坐另一輛轎車，同時到達濟寧市精神病防治院。由醫生和護工把他捆綁住院，被關押 219 天。

六次張軍都被關到同一個醫院，他形容每次都要定時打針、吃藥，倒是沒有電擊，除了第一次是農行送進去的外，後來的其餘五次都是國保和警方把他送進去的，而在精神病院所有的費用開銷全部由農行支付。

這三位受害者都具有一定的社會地位和財富，相對於中國 14 億人來說，他們的生活質量絕對是中等偏上。然而，在面對公權力侵害時，他們仍顯得相當無助，甚至以前看上去不錯的工作單位，反而變成加害他們的機構，而他們的財物，也成了別人唾手可得的囊中之物。

第五章　利字下：官員也受害

如果說維權人士是社會的不穩定因素，會有被精神病治療的風險，那些體制內的人應該是安全的。

然而真實的案例否定了這樣的推論。處在維穩體系的基層官員，如果他們膽敢站在政府的對立面，如果他們的個人利益阻擋了政府利益，那他們也難逃厄運。在災禍降臨到他們身上時，他們跟底層維權人士沒什麼區別，根本沒有法律可以保護他們的權益，也沒有效的方法避免遭受迫害。

劉金柱

劉金柱，初中文化，家住內蒙古呼倫貝爾阿榮旗六合鎮紅旗村一

組，他是我採訪遇到的唯一職務為村主任的受害人。參加競選主任的原因也是為了維護自己的權益，並幫助村民導正村務帳目不公開的現象。

2003 年 8 月，劉金柱經過努力獲得了大多數村民的認可，被呼倫貝爾阿榮旗六合鎮紅旗村村民高票選舉為村主任。然而這個公開的選舉上級政府不認可，最後迫於民意及《村民組織法》條文沒辦法更改，他們承認了選舉結果，但是他們把落選的村主任牟向斌任命為村支部書記，以此來制衡民選村主任。

上任後，劉金柱堅持要求原村委人員移交村務、財務等事項，可那些村務、財務漏洞總得需要時間彌補，被對方推託了近一年之久。同時，劉金柱向上級政府反映鎮政府沒有經過村民黨委小組選舉非法任命村書記等事情，也漸漸惹怒了某些相關利益的領導。

時任副旗長王洪波親自到劉金柱父親劉國文家，送了赤峰市安定醫院法醫精神病鑑定書一份，並送給劉國文 3 萬元人民幣，讓他在鑑定書上簽字做監護人。劉國文一看是要送兒子劉金柱入精神病院治療，立即嚴厲拒絕。

此時，劉金柱的維權範圍也開始擴大，他進京舉報旗政府亂收養路費，王洪波違反村民組織法、選舉法，任命落選村主任為村書記等十一條不合理行為。2004 年 11 月 26 日，劉金柱在北京農業部信訪辦後門被時任旗公安局長孫廣聯、鎮政府紀檢書記賈鳳祥和財政所所長陳景山等人截走，長途跋涉帶回東北，直接送進黑龍江省北安市精神病院，北安市精神病醫院知道劉金柱的情況後拒絕接收。

第二天，王洪波、賈鳳祥找了在富裕縣二道彎精神病醫院醫務科工作的同學善某幫忙，疏通 7,000 元錢後，順利打通關係，把劉金柱送到二道彎精神病院關押。

關押期間，劉金柱被強迫吃藥，每天只有兩頓飯，常常吃不飽餓肚

子。因為他是靠打通關係才被關進來的，醫護人員知道內情，也不管他的訴說，他只能艱難的熬著。15 天後，該院醫務科張科長查實劉金柱無精神病，決定讓他出院，並把他送回了戶籍地政府，政府也於當晚釋放他回家。

劉金柱自己也覺得奇怪，從來沒去過赤峰市安定醫院，他們是怎麼把自己鑑定成精神病的。出院索要相關材料一看，他才回想起來，去北京上訪之前，他曾接到政府人員電話，讓他去阿榮旗賓館 226 房間，稱下午有領導跟他溝通投訴的問題。

他按預約時間到賓館，劉金柱問前來解決問題的人是哪個政府部門的人員，對方拒不回答，索要工作證他們也不出示。經過半個小時的交流，劉金柱看出他們根本沒有解決問題的誠意就離開了。就是這次不經意的談話，給他定了精神病的結論。劉金柱稱其為假鑑定，與其說是鑑定，不如說是政府赤裸裸地給他開了一張迫害的通行證罷了。

該鑑定書寫明委託鑑定單位是阿榮旗六合鎮人民政府；鑑定地點則就在阿榮旗賓館；鑑定的調查資料來源則是委託鑑定單位提供的劉金柱上訪反饋意見；該意見主要說劉金柱當上村主任後，並沒有全身心投入到工作上，而是抓住上屆村委領導班子存在的問題，從本地到中央有關部門上訪，造成了很壞的影響。因此，赤峰市安定醫院法醫精神病鑑定最後的結論定義為「偏執型人格障礙」。

劉金柱這個新上任的村主任，沒有像以往一樣和其他官員相互勾結侵佔農民利益，相反到處奔走為民請命，破天荒由他第一次完成了該村多年都沒完成過的各種收款任務，足見村民對他的信任度有多高。然而，信任度越高，給各部門投遞的控告材料越多，就越引起高層的重視，也引起某些官員的反感。

2005 年 7 月初，自治區公安廳周處長和慶書記接訪，到阿榮旗解決劉金柱的上訪問題，這次會談後沒幾天，國家某部門也打電話要約談

解決他上訪訴求的問題。或許是出於未知的恐懼感，7 月 14 日，六合鎮政府陳繼學等六人把劉金柱抬上車送到大興安嶺林業精神病院，以阻擋國家部門對他的約談。

劉金柱剛進去不配合醫院的治療，他被幾個人按住綁起來打針，持續幾天過後，他知道反抗無用，只會招來更多的迫害，所以停止激烈的抗爭，醫生看他情緒穩定不再激烈抗拒，也就不再強迫給他打針，但還是要求他繼續吃了兩個月的精神病院藥物。他知道在醫院內跟醫生呼籲沒用，就停止跟醫護人員吵鬧。醫生也知道他是正常人，大家都心知肚明，醫院只不過淪為政府關押他的地方罷了。

這次關押長達二十五個月之久。2007 年 12 月 31 日他才被釋放。劉金柱兩次關押精神病院，都沒有監護人簽字，沒有正規檢查手續，關押花費則都是由政府支出。

胡東聖

胡東聖，1946 年生，中共黨員，曾於 2000 年任安徽省合肥市合裕路社區居委會第一黨支部書記，後改任第九黨支部書記。2005 年因合肥市大拆違法建築，其老宅被政府認定為違章建築拆除而上訪。

2009 年 2 月，時任瑤海區信訪局梁局長通知胡東聖，稱政府領導要給他開訴求聽證會。按時間趕到預約地點後，他發現現場有合肥市公安局瑤海分局的警察、居委會的人大約有十多人，胡東聖感覺不好就想離開，可梁局長稱領導都來了，他不出面不合適，於是帶他見了三個人，雙方談了一個多小時。

後來，胡東聖才知道所謂給他解決上訪訴求的三位領導，其實是蕪湖市精神疾病司法鑑定所的精神病鑑定醫生，來給他做精神病鑑定的。也就是這一次交談，他被蕪湖市精神疾病司法鑑定所【2009】司鑑字第 8 號《司法鑑定意見書》鑑定為「偏執性精神病」。

該司法鑑定書稱：「胡東聖 2009 年 1 月進京上訪，在政府工作人員進京截訪勸返過程中，被鑑定人情緒狂躁，並在公共場所無故裸露身體，情節嚴重，影響惡劣。」

胡東聖說這是政府官員編造的謊言。

在這次鑑定後不到一個月，由城東街道辦事處合裕路居委會的宗衛、李凌霞等六、七人將胡東聖送到安康醫院，關押七個多月。

胡東聖出院後繼續到北京上訪。2011 年 4 月 29 日，正在北京申冤的胡東聖被合肥市公安局城東派出所鄒勇所長帶著四、五名警察強行押回，用繩子捆綁直接送入安康醫院。這是他第二次被關押在精神病院，為期 6 個半月。

潘仁強

潘仁強，湖北省黃陂縣人，1952 年生，就職於武漢市中級人民法院，為刑一庭法官。

1996 年，潘仁強在武漢市福建北村的祖宅面臨徵地拆遷，因對安置補償不滿意，他和眾多拆遷戶到武漢市規劃局上訪，在回家路上突遭一夥暴徒圍毆——昏迷了十餘天、生命垂危的潘仁強經極力搶救，終於活了過來。但是這次傷害致其終身殘疾，司法鑑定為二級腦重傷。

在拆遷戶中有著較高聲望的潘仁強被毆打致殘後，群眾的憤怒達到了極點。近千名拆遷戶抬著尚未出院、渾身裹滿紗布的潘仁強上街攔路。此時距離他被打僅僅 29 天，還遠未恢復健康，甚至連意識都未完全清醒。

但是數月後，潘仁強因此事件被以「聚眾擾亂交通秩序」的罪名刑拘。因檢察院不予起訴，潘仁強的工作單位——武漢市中級人民法院便

將他送進了武漢市公安局安康精神病院，關押 21 個月。

2000 年 1 月 25 日，潘仁強又被工作單位送進了安康精神病醫院。5 月份，他想出逃未果，慘遭醫護人員電刑報復。

2000 年秋季，湖北省醫學院、武漢市精神病院、武漢市公安局安康醫院聯合十幾個專家教授，為潘仁強做司法精神病鑑定，並作出了「自知力恢復」的鑑定結論。在各方壓力下，武漢市政法委最終同意釋放潘仁強。2001 年 6 月 6 日，潘仁強恢復了自由。

2004 年 9 月 23 日，武漢市公安局信訪辦再次將潘仁強送進安康精神病院。48 天後，安康精神病院以「住院觀察精神正常」為由，將潘仁強送回了公安局。

2006 年 5 月份，因與工作單位武漢市中級人民法院院長周文軒就法人過失賠償一事產生爭執，周文軒就說潘仁強是精神病，於是指使法警將他送進武漢精神病院觀察，在這家精神病院觀察了 59 天，醫院要求潘仁強自行出院回家。

書記也好、法官也罷，只要阻礙掌權者的利益獲取，那麼精神病院可能就是他們的迫害工具。健全的社會制度，尤其是法治國家，不僅監督制度能最大限度制衡行政權力，法律體系也能保障正常公民不被關精神病院，這樣的人權社會，對每一個熱愛生命的人都是基礎。

第六章　國家入侵子宮

生育，是人類與生俱來的權利，也是普世價值裡面的基本人權。在中國，為了限制人口數量，政府在相當長的時間內，實施了一套基本國策：計劃生育制度。計劃生育制度以一對夫妻只能生育一個孩子為主要政策。國家機器侵入你的身體，介入你的生產繁衍，這是外力介入。如

果違反計劃生育制度，夫妻想擁有超過一個孩子，則要面臨非常嚴重的處罰，如強制墮胎、強制上環、強制結紮、強制罰款。城市戶口的人將面臨工作單位開除或者限制升遷，農村戶口的人會面臨超額罰款或者家畜被沒收，如果這樣還湊不夠補交「社會撫養費」的罰款，那孩子就沒法登記戶口，以後就是一個沒有戶籍的「黑戶」，孩子以後的上學、工作、婚姻等等都會受到影響。說的簡單一點，如果是黑戶，沒有身分證，以後連坐火車、住旅店都不可以。

違反人倫的國策，自然會引發受害者的反抗。有的是主動反抗，有的是被動反抗，但是偌大的中國，總會有人敢於站出來面對。在維護自己的生育權和反抗政府敲詐勒索的過程中，也就產生了一批被精神病受害者。

徐增榮

「去關注一個公民，他的權利、他的自由、327 天被囚禁在精神病院的這種感受，我覺得這就是關注人的尊嚴！」徐增榮在上訪材料裡寫了如上這段話。他跟我採訪的其他維權人士最大的不同就是，他是主動爭取生育權而被關精神病院。

我深刻感受到中國民眾在維護基本人權方面的艱難，在面對強權部門時的無力。

徐增榮是江蘇揚州市人，原本在中國電信揚州分公司當工人，父親是 1942 年就跟著共產黨的新四軍老兵。1960 年大饑荒時代，他年僅四歲的妹妹被餓死，另一個六歲的妹妹養不起被送人撫養。從小目睹親人生死離別，所以徐增榮更懂得兄妹親情的那份愛。

成家後他向工作單位提出申請，希望能生育二胎，單位主要領導及計生部門卻堅持領導意志，予以拒絕。計劃生育是當時的國家政策，雷厲風行。然而就是這個「國策」激起了徐增榮維權的決心：生養子女，

是國民的個人權利，國家無權介入。

　　徐增榮因反覆多次向工作單位郵電局及計生部門申請要求生育二胎指標遭拒，1991年3月被揚州郵電局及有關部門宣布他「患有精神病」，並於當月送揚州市第二人民醫院精神病科強行收治，並被該院診斷為「偏執型精神病」。

　　精神病院出來後，他不服這種打擊迫害，開始反映單位主要領導公權私用，安插親信謀取私利等行為。他持續上訪、控告，招致單位9次報復性強制送他到精神病院。其中4次因為他強力反抗而關押未遂，而5次「被精神病」共計被關押327天。

　　1991年這個時間點，別說「法治」了，中國連「法制」都非常落後，他的單位中國電信揚州分公司送他到精神病院無所顧忌，赫然在家屬聯絡人一欄填寫的是無關的人——他的同事陳紫雲。
　　關押一個月後他被釋放出院。

　　徐增榮不能接受這種打擊迫害，繼續向上級反映二胎問題和被迫害問題，同時反映單位主要領導拉幫結派公權私用，安插親信謀取私利。可想而知，在中共這樣的權力結構下，「以下犯上」會遭遇到什麼。針對他的打擊報復從此潰堤，欲將他淹滅。

　　在走出精神病院後僅僅一個半月的時間，上級將徐增榮再次投入精神病院。這次關押他的揚州市五台山精神病院，也給他做了精神病鑑定，鑑定結論為「偏執性人格障礙」。但就是這個「人格障礙」也關押了他79天，一直到同年8月15日才重獲自由。

　　光是「偏執性人格障礙」就可以限制人身自由嗎？偏執性人格並不屬於精神病強制收治的範疇，然而這成了政府打壓徐增榮的不二辦法，所以第三、四、五次的被關押精神病院也隨之而來。

1992 年 4 月 24 日上午 10 點,他被單位送到揚州市第二人民醫院,親屬聯絡人一欄寫的是郵電局領導華某,7 月,南京精神病院教授主任及揚州市二院精神病專家會診,鑑定結論是「未見精神異常,屬人格障礙(偏執性人格)」,同年 7 月 22 日獲釋。

1993 年 1 月 11 日,徐增榮被送到揚州市第二人民醫院精神科,親屬聯絡人一欄寫的是郵電局領導朱奎,而主要訴說者也是朱奎。朱奎主訴的理由是「反覆申訴,糾纏領導影響工作 9 年」於 1993 年 2 月 9 日出院。1996 年 7 月 3 日上午 10 點,徐增榮又被送到揚州市第二人民醫院關押,鑑定結論為「偏執性精神病」,這次共住院 94 天,10 月 5 日出院。

第一次關押 33 天,第二次關押 79 天,第三次 90 天,第四次關押 30 天,第五次關押 95 天,共計關押 327 天。

「在精神病院裡面折磨最慘的要數南京醫院會診後的這次關押,住院期間慘遭了非人道待遇。由於鑑定為偏執人格障礙,並不屬於精神病範疇,我堅決不配合醫院的迫害,醫院的領導通知了警察,而警察來後,並未給我自由,而是協助醫院給我餵藥,我奮起反抗,被派出所警察使用電警棒電擊致昏迷摔倒折斷門牙,被聯防隊員踩傷腰椎致血尿,至今缺牙身體傷殘。」

可能遺傳了軍人父親的某些剛正不阿的特質,徐增榮對這種虐待表現出堅毅、不屈,並強化了他維權的決心。

「由於連續絕食抗議,以後醫院都是把我綁起來撥開嘴強制灌食灌藥。綁在病床 17 個小時不給飲水和飯食,還對我電擊,直到我休克。經過這些折騰我開始服軟,但是每天三次的藥是免不了的,他們會打著手電查看有沒有嚥下去!」

「在醫院裡面,每天的早餐是稀飯、饅頭,有時候會有點蘿蔔乾鹹菜。中午是大約 4 兩的米飯,有時候會有冬瓜湯。住的房間是在一個大長廊,

三四個房間連在一起，都睡大通舖，廁所跟臥室是通的，氣味特別難聞！」

「最難熬的是沒水喝，本來是有一個大熱水壺，但是護士每天 6 點下班後，怕燙傷那些真的精神病患者，所以就切斷水源。大夏天下班後，我們就開始被鎖在走廊裡，沒水喝了，放風也隨之要結束。」

經過這些迫害後，常常頭昏頭疼記憶力嚴重下降，雙手雙腳不能使用大力等等這些後遺症一直遺留下來。身體嚴重受創，也影響了他身體各方面的健康。

「不僅如此，強加在頭上的被『精神病』名聲，迫使我妻離子散，讓我及家人無任何人格與尊嚴可言。」「我是精神病患者，還是犯罪嫌疑人？誰可以做出決定將我強制收治？一個公民的權力不能永遠被籠罩在一片迷霧之中，被精神病事件需要公開真相！」徐增榮說。

林小紅

與其說我們今天關注的是被精神病問題，不如說關心的是公民的權益保護的問題。與其說人們關心的是一個人的問題，不如說關心的是更廣泛的公共安全性問題。

　　我在北京約見採訪林小紅時，她身邊還帶著一個 90 歲的老太太：「這是我在北京碰到的，她是山東人，房子被政府佔了，來北京上訪，找不到路，我看她可憐就帶著她。」

　　我們來到位於北京南站附近的陶然亭公園外圍。如果可以，我喜歡約人到這採訪。這周圍綠化好，閒人較少，不被打擾，很適合聊天。

　　林小紅第一任丈夫因工傷致死後，他們育有一男孩，當時孩子還小，要撫養他長大不容易，迫於生活壓力林小紅跟何某結婚，婚後生育有一女孩，但隨之他們便離婚。孩子被判給何某撫養。2005 年，林小紅和商某再婚，商某為初婚，婚後他們又生育一男孩。然而就是此男孩的準生證和上戶登記問題，促成了林小紅上訪十年的悲劇。

　　林小紅 1973 年出生於四川省廣元。2006 年初，林小紅去鎮政府計劃生育辦公室（簡稱：計生辦）辦理孩子準生證明，時任計生辦主任說要繳 3,000 元社會撫養費就給辦，順便連小孩子出生後的戶口登記也給辦好。

　　在那個年代，計劃生育辦公室掌管著所有孩子的出生權力，老百姓為了生孩子可以說也是和政府鬥智鬥勇，只要有計生辦人員到村裡調查超生孩子的情況，老百姓就互相報信，趕緊把孩子藏起來。一些沒來得及藏孩子被發現的農民，因為拿不出罰款，家裡飼養的牛、羊被計生辦趕走的事情比比皆是。

　　我記得我們村委會的罰款是 8,000 ～ 15,000 左右，整個中國農村的差距不是很大。所以，林小紅覺得 3,000 元不多，這樣一次辦了也挺好，省得以後麻煩，她就分兩次交了 3,000 元，計生辦主任給她打了收條，蓋了章。這個不合法生育的事情，算是在遞交罰款後結案合法了。

　　事情想得有點簡單。半年後，計生辦通知林小紅去補繳社會撫養費 8784 元，林小紅嚇了一跳，3000 元已經交過了，手續也辦了，為什麼

又要這麼多？

　　她前去了解情況才得知，縣計生局局長和鎮計生辦主任早就要調離，所以當時能撈多少是多少，有人給錢就給辦理，他們家之前就是趕上這個機會，所以省了不少錢。

　　這是常態，甚至有農民為了少交錢，也專門打聽快要離任的官員，請求他們辦事，一般都會省不少錢。

　　半年後新官上任的計生局局長和鎮計生辦主任已經無油水可撈，既然搞不回來前任帶走的，那麼就只能搞現在管轄的，所以通知林小紅和其他已經繳了罰款的人，稱錢繳得太少，所有人都得補繳。

　　就是這麼直白無理的理由，但敢不繳嗎？紅色恐怖就在眼前，服還是不服？誰讓咱們是世界上唯一搞計劃生育、限制生育的國家呢。

　　迫於無奈，林小紅和丈夫又給計生辦繳了 8,784 元，計生辦給了唯一的憑證是工作人員打的白條。問題是白條的金額僅僅寫了 6,784 元。缺少的 2,000 元哪裡去了？

　　「我們夫妻兩還沒離開計生辦公室，就有七、八人跑進辦公室都喊著『有我的份噢，有我的份』，他們這是忙著分錢呀！」

　　說到這裡，林小紅有點氣憤，又是一臉的無可奈何，都怪自己無權無勢。

　　林小紅的公公知道後終於嚥不下這口氣。「你們說繳錢給辦準生證，我給了；你們說再給點錢連孩子戶口也給上，我給了；你們說需要補繳，我也給了；你們少打兩千的條子，也算了；可是你他媽的好歹給個正規發票或者收據吧，給個白條算什麼？那豈不都進了私人腰包？」

所以老頭子跑到政府去鬧，這一鬧計生辦的工作人員怕搞出事，就想換回白條，因為這是直接的犯罪證據，林小紅家人就不答應給他們換。

你以為拿著證據就沒事了？呵呵，那你太單純了。計生辦竟然直接把林小紅一家告上法庭，還給了一個冠冕堂皇的理由，說他們剛開始收集的 3,000 元費用是「政策宣傳失誤」。

最終法院還就出了個總計 11,784 元的強制執行判決。從此，林小紅開始上訪，她被迫害的時代也悄然來臨。

2009 年 6 月她「因擾亂單位秩序」被行政拘留 10 天；7 月因阻礙執行公務被行政拘留 10 日，合併執行 20 日。9 月初，正在北京上訪的林小紅，被四川駐京辦從陶然亭西羅園地下室裡抓住。隨後，駐京辦、鎮政府和派出所警察李紅等人說給她回家解決問題，就把她帶上車，回來的路上還強奪了她攜帶的所有材料，然後她並沒有被送回家，而是被這些人逕直送往廣元市第四人民醫院精神科。

到醫院之後，看押人員讓醫生給林小紅做了各種項目的檢查，檢查完畢醫生告訴他們：「這個女士沒有精神病，你們把她接走吧。」

躲過一劫的林小紅還沒來得及慶幸，迫害隨之又來了。這些看押人員在精神病檢查的當天下午 4 點就出了醫院，開車拉著林小紅到處轉悠。一直到晚上 10 點，一名警察送來了材料，隨後她被以故意傳播虛假恐怖信息罪刑事拘留，當天晚上就把她送到廣元市看守所關押，而看守所只是個過渡期，只關了四、五天，就被勞教委決定勞動教養一年，關押在位於資中縣公民鎮楠木寺的四川女子勞教所。勞教期至 2010 年 9 月 5 日，整整一年。

「勞教的理由是說我在北京擾亂單位秩序，我說我睡在賓館裡擾亂誰了，就拒不簽字，還是被他們抬上了車！勞教期間說我勞教任務沒完成，勞教結束又給我加了 28 天的時間。」

「我們在裡面很累，每天早晨四點半就起床，要加班到凌晨一點多搞生產任務，就是做玩具、做布娃娃，回去還不准睡覺，沒完成任務的全部站起來挨訓。如果你有幸能完成一次任務，他們第二天就給你加量，所以說根本就不存在完成的可能性，每次吃飯的時間都只有五、六分鐘。有一次我實在受不了，就說你們不合法，沒人權，他們就打我。」

說到傷心處，林小紅的情緒崩潰，嗷嗷大哭起來，一直持續了十分鐘。等她止住哭聲，情緒稍微安定一點，我拿出相機給她拍了一張相片，一位身材較胖，略顯難過的神態，臉上掛著淚珠，還在抽搐的農村婦女被定格下來。　等她情緒完全發洩完，我們接著聊了起來。

林小紅獲得自由後沒有回家去，直接跑到北京相關部門來控告對她的勞教非法。為了能讓高層看到自己的冤屈，她跑到北京正義路去寄信，結果被北京天安門派出所巡邏警察逮個正著，將她送到久敬莊，四川駐京辦把她接回去，再次送到第四人民醫院精神科，去的時候醫院說他們下班了。

「下班就不用吃藥，有個姓王的護士過來跟我協商要不要打針，我告訴她你要是給我打針，把我打壞了，那以後你替我去上訪吧。」

因為已經是下班時間，護士也就是過來對付一下，沒堅持給她打針。第二天上班後醫院安排給林小紅做檢查，然後告訴她沒有精神病，並打電話給政府讓他們來接人。

就這樣她第二次躲過了被精神病，戲劇性的是申訴狀告勞教違法的她，回去又被勞教一年三個月。

「勞教所用電警棍打我，疼得實在受不了要哭，那個管教不想讓我哭，拿著塑料膠帶保鮮膜繞著我的臉一圈一圈的往上纏，見我憋的喘不過氣，他們才給我剪開；後來就給我關禁閉，就是把我一個人關押在很小的房子裡。」

「我勞教期滿，他們不放我，又給我加教，加了一個多月的時間，2012年6月16才第二次勞教被放出來。」

兩次勞教依然沒有改變林小紅執著的上訪申訴，她認為政府沒有監督警方的行政行為，才導致自己被兩次勞教的惡果。2013年8月1日下午4點，林小紅去廣元市昭化區人民政府申訴，登記完後被保安攔住不准其進門，眼看就到下班時間，焦急的林小紅跟他們交纏數分鐘後強行突圍上了樓，找了兩、三個辦公室均沒有見到負責人，她索性躺到樓道裡等他們，並告訴抓她的保安打算在這裡過夜，第二天找書記和區長等領導。

元壩鎮政府知道消息後，領導們嚇了一跳，有人敢去區政府辦公點鬧事，這不是擺明了讓鎮領導難堪，也說明他們的工作沒有做好嘛！隨即鎮副書記朱梓全帶民警陳虹旭、羅洪、徐澤欽、新華物業公司廣元分公司昭化負責人任榮、值班保安等人相繼趕到，在雙方爭吵拖拽時，任榮用力過猛，林小紅的手腕被拉脫臼，實在疼得受不了，林小紅轉過身咬了任榮一口，他這才鬆開手。

隨後巡警大隊趕到，在控制林小紅的過程中把她的衣服撕破，她生氣了，拿出農村婦女的絕招，打算跟他們大鬧一場，索性全部脫光跟他們互鬥，但是沒幾分鐘就被巡警完全控制。

林小紅被抓後遭到刑拘起訴，罪名所涉包括三點：裸奔、襲警、妨礙公務，警方找了諸多證人證詞，然而，這麼多作證的人，開庭時沒有一個人敢到場作證。廣元市精神衛生中心出具的《病情診斷證明》只有腦電圖檢查一項顯示「輕度異常」，所以該院兩次鑑定林小紅沒有精神病。

而廣元市公安局昭化區分局委託四川華西法醫學鑑定中心給林小紅做鑑定，鑑定材料全部由昭化分局提供的卷宗材料為依據，該院斷章取義地參考了廣元市精神衛生中心所寫的「輕度異常」，出具的司法鑑定意見證明林小紅患有「偏執狀態」。

此鑑定徹底移除了日後林小紅「被精神病」的障礙，同時鑑定林小紅 8 月 1 日的表現具有部分刑事責任能力。

最終，依據這張鑑定，四川廣元市中級人民法院（2014）廣刑終字第 62 號刑事裁定，判決林小紅 10 個月有期徒刑，至 2014 年的 6 月 16 日期滿出獄。

林小紅不愧為老實耿直的農村婦女典型人物，出獄後的林小紅到派出所要回了所扣物品，下午就打車擺脫跟蹤直奔北京。

屢遭關押還不悔改，也確實惹怒了當局某些人，僅僅來北京不到 20 天就被警察抓住送回四川省。而這次抓捕對她非常暴力。

「他們把我拖上車捂住嘴巴，把我的頭踩在腳底下拉回廣元，晚上兩點多，第三次把我送到廣元第四人民醫院。到醫院後被他們給腳上綁了兩個帶子，雙手向後綁了兩條帶子，他們沒有蒙住我的眼睛，我看見鎮府給醫院數了一疊鈔票，估計有 7、8 千塊錢。」林小紅說。

從這時開始，醫院就給她沒毛病找毛病，說她有精神病需要治療。該醫院環境非常差，女士洗澡的時候，兩個大男人抬著水桶進來給加水，林小紅是一個正常人，她很尷尬，就問抬水的人誰讓你們兩個男人進來呢？這兩男人反駁：「這沒什麼呀，習慣了。」

跟他們說不明白，林小紅就跟主治醫師和護士反映。

「女的洗澡男的抬水進來，合適嗎？放風的時候我向院長大喊，洗澡都讓男的進來，你們這麼開醫院嗎？這一嗓子吼出去，問題沒解決，反而院方叫了兩個人上來把我綁到床上，一個人拿了個枕頭捂住我的頭就往下摁，跟前的護士說你別捂得厲害小心死了，她這才放開我，然後給我打了一針，然後我就什麼都不知道了！」

每天要吃三頓藥，多的時候林小紅一天吃 20 多顆，她只要一吼要出院就會被關在小屋子裡。主治醫師也看她可憐，就對她說：「**我們也沒辦法，我們也不想管你，是你們政府送來的，我們也沒權力把你送走，我們盡量跟他們溝通，讓他們早點放你出去。**」也可能確實是醫生說了話，被折騰半年之久，過完中國傳統春節後半個月時，她被釋放出來。

「*2006 年當時的計劃生育政策與現行的法規，我都構不成違法。依法生育是女性對社會與人類應當所作的義務和貢獻，以倫理道德、政策法規而論，均屬於正能量，天經地義，何罪之有？這就是我開始上訪的關鍵。*」林小紅說。

第七章　部隊戰廢品

我一直認為軍人是一個特殊的群體，他們威武、勇敢、團結、有責任心，為了保護國家安全和人民生命財產，時刻準備著犧牲自己。以前他們離我很遙遠，在我的這一批朋友中，沒有一位有當兵經驗，所以對我來說，他們很神秘。

現實的命運總是不盡如人意，沒想到我遇到不是穿著整齊高高在上的他們，而是相遇在被精神病迫害後的無盡申冤路上。這些把青春獻給國家的人，退役或傷殘後回家的人，他們的生活不再如身在部隊時那樣，但是再不同也不會想到自己保衛的國家，有一天會把自己搞成精神病吧，而且曰「這是黨中央黨指示」，真是情何以堪。

王貴良

王貴良居住在甘肅省成縣沙壩鎮羽川村，出生於一個世代軍人之家，他的家族在清朝已經開始保衛邊疆的安寧，並且為地方修學校等做出過突出貢獻。由於受到保家衛國這份軍人榮譽的影響，剛滿 18 歲的

他於 1978 年 1 月也參軍成了一個解放軍士兵。因為他是軍人世家出身，還特別被部隊安排做了一名警衛戰士。

　　1979 年 4 月 18 日，他在出勤部隊任務時負傷，頭跟雙腿致殘，且處於植物性昏迷狀態。多次治療後，無明顯好轉，1980 年 3 月被部隊送回老家成縣武裝部，縣武裝部不打算收留這個累贅，打算再把他送回部隊。如果送回部隊，他很難再活下來，他的父親很明白這一點，所以堅持拿拖板車把他拉回家治療。

　　在家人傾家蕩產的治療、照料下，臥床五年之久後，王貴良的身體慢慢好轉起來，但是從此落下終身殘疾。部隊每年都有寄錢加公函回覆，讓地方民政局按 1979 年國務院、中央軍委 7 月 25 日國發的 161 號文件關於《做好傷殘義務兵戰士的安置》通知給王貴良安置工作並補辦「二等甲級」殘廢證。

　　不知何故，成縣民政局遲遲至 1990 年才給他辦理「三等乙級」傷殘手續，補助待遇明顯沒有落實國家政策，而且差別巨大。至此，王貴良開始上訪於成縣、甘肅省蘭州、蘭州軍區政治部信訪辦、軍委大樓主席辦等地。

　　如鬼推磨一拖再拖，2006 年 2 月 24 日，蘭州軍區還在下函要求地方政府給王貴良辦理應該有

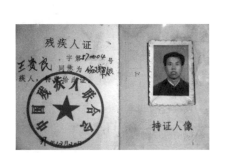

的「二等甲級」傷殘待遇。但是一直沒有落實。

2006 年冬，時任民政局局長何遠告訴王貴良：「*第二年開春再來辦理吧，到時候民政局給你解決住房問題。*」終於等到過完年，村支書讓王貴良寫住房申請書，還表示鄉政府要添加意見。此時，沙壩鎮民政局助理不知何故將申請書私自扣押，沒有往上遞交。住房問題於是沒法解決。

王貴良感覺受到欺騙，憤而找縣長理論，在走出政府大門時，被民政局長何遠領人綁架，拉進隴南市東江精神病院（又稱隴南市康復醫院）。被關入醫院之後的殘酷、非人道待遇是不能想像的，也是我採訪遇到的可能是最殘忍的酷刑待遇。

在醫院裡，王貴良比不上一頭豬。他被關在一個沒有光線的房間，雙手被銬在鐵床兩邊，左邊的銬子跟床的距離很近，沒有活動的餘地，右邊的銬子中間有一條鐵鍊，這樣吃飯的時候，右手就能活動。但是由於左手是死的，所以只能每天坐在床上吃飯。醫院工作人員在床板的下面放了一個桶，作為王貴良拉屎尿尿的地方，五天有人清倒一次。

過了一段時間，他被解除了手銬，但活動範圍還是限制在房間裡，吃飯、便溺、睡覺一直在這個房間裡面，兩年多的時間，他沒有見過陽光。

吃藥是強迫性的，他們按住王貴良，用鉗子扳開牙齒餵藥，王貴良有軍人的不服輸精神，所以在吃藥的時候強烈反抗，被醫生們拿鉗子掰掉了一顆牙齒。王貴良說話時很明顯露出了那牙齒缺陷的部分。

而因為強制性吃藥，每天兩頓，平時王貴良多處於昏迷狀態。王貴良於 2007 年 2 月被關進去半個月時間，家人就知道他被關的下落，但是康復醫院院長王培基堅決不同意放人，當然沒有上級政府部門的命令他也不敢放人。王貴良住在暗無天日的房間裡度日如年，家人在外面每日不懈的求助。

　　一直拖延到王貴良全身上下浮腫，血管不通，病情惡化，家人再次找到民政局長何遠，求他給康復醫院打電話，王貴良才於 2008 年 9 月中旬被家人接出來。

　　剛釋放出來，王貴良躺下睡覺後翻不過身，行走十分困難，再加上長時間沒見太陽，眼睛都是瞎的，什麼都看不見。經過很長時間靜養，王貴良才慢慢恢復過來。人是出來了，可接下來的治療費用又是一道難題。

　　王貴良這麼長時間不在家，老婆要負責三個孩子的生活，等王貴良回家後，發覺家裡已經欠債累累，根本無錢給他治病，他多方求助，最後用村民朋友擔保找沙壩鎮信用社貸款兩萬房屋修建款，拿這筆錢住進縣醫院，做了血管和腫瘤手術，經過檢查得知，他患有全身浮腫、靜脈曲張、雙關節骨質增生、風濕性關節炎、外傷性頭痛、雙眼患白內障、眼底病變等多種疾病。這些疾病都是在被關押精神病院時造成的。

　　「我一無住房，二無生活來源，三個孩子（最大的 17 歲、第二個 12 歲、最小的 10 歲）無錢唸書，沙壩鎮政府信用社向擔保的村民要欠債，我沒有辦法，只有逃生討飯，沒想到作為一名世代保家衛國的軍人，差點因保衛國家犧牲的人，竟然逼我走到今天這個地步。」

　　我打電話給他的妻子淑紅，在談到自己的丈夫時，她說愛人是一個正常人，政府把他關入精神病院時，三個孩子中年齡最大的才 10 歲，最小的 3 歲，孩子要上學，也要吃飯，家裡又沒有收入來源，生活壓力很大，為了孩子就拼命幹活，她已經把自己的身體累垮了。

　　王貴良在縣醫院治病花的累債民政局不予報銷，並把他的社保費、部隊送回帶傷軍人定額補助費和軍人殘疾金，全部扣押一文不發，局長何遠說：「這是黨中央下的指示。」這實在令人費解。

　　王貴良的傷殘身分不是法律賦予的，而是黨中央恩賜的，隨時可以收回？為此我去查了 2002 年民政部頒發的《傷殘撫卹管理暫行辦法》，

其中規定：「傷殘人員被判處徒刑、剝奪政治權利或者被通緝期間，所在縣（市、區）民政部門應收回其傷殘證件，暫停撫卹……暫停撫卹的傷殘人員，刑滿釋放，恢復政治權利，經自治區、直轄市民政廳（局）批准，可以恢復撫卹，原停發的傷殘撫卹金或傷殘保險金不予補發……傷殘人員犯罪情節特別嚴重的，經省、自治區、直轄市民政廳（局）批准，取消撫卹待遇，收繳其傷殘證件。」

我不知道王貴良是否曾犯過罪，這是政府部門唯一可以說是黨中央下指示的合理解釋。也許王貴良在接受採訪時，避重就輕，挑對其有利的說，而我也不能去採訪民政部門，問他個人情況。畢竟我沒有「記者證」，也不是政府容得下的媒體記者，所以無法取證核實。但就退一萬步，也不能將他精神病化。如果他的刑期已滿，他還有申訴，可以給法院裁定，怎可以剝奪他的基本人權？

如果說王貴良是無人過問才遭此劫難的話，那下面這位有證據、有戰友證人、有將軍親筆信證明，可就是得不到那份待遇，最終也免不了被精神病的摧殘，就更不可解了。

黃定彬

黃定彬，1928 年 9 月生於四川省仁壽縣高家鄉，家有 4 個子女，愛人在車禍中去世。現住四川省仁壽縣文林鎮書院路二段。

「我不明白我明明是一名普通的老人，卻在 2008 年 9 月 5 日至 10 月 17 日把我關進瘋人院，說我有精神病。現在我感覺心真的疼，我想問問黨、國家、社會、大家，我到底犯了多大的罪，要讓我這樣？」

2008 年 9 月 5 日，黃定彬在成都省委

信訪局諮詢如何向省紀委書記歐澤高提交申訴信。

信訪局的工作人員說：「**交信是免費，出門左拐有郵局。**」但他剛出門口，就被埋伏的文林鎮黨委副書記、鎮長劉崇興命令七個警察強行抓住頭髮、抬四肢摔上車，以「你是神經病人」為理由押送回仁壽縣，關入仁壽縣精神病院。

此時，正值中秋節前夕，街上熱鬧非凡，各家忙著準備月餅，期待與家人團聚共享。然而，等待黃定彬子女的卻是晴天霹靂，一個已經 80 歲的朝鮮戰爭老兵按照國務院頒布《信訪條例》賦予的法律權利上訪，卻被關到病牢。突如其來的消息，讓家人慌亂不已，他們心疼老父，四處聯繫所有可能與此事有關的政府部門，均毫無回應。

中秋節當天他們終於知道爸爸在精神病院，黃定彬的兒子、孫子們立即來醫院探望。在鐵窗前，黃定彬對孫子說：「**爺爺不是瘋子，今年不能陪你們看明月了。回去吧！**」

在精神病院裡，黃定彬每天被要求吃「利培酮」等 5 種不同的藥物，

他形容：「**吃了之後全身無力，完全無意識，除了利培酮，其餘 4 種藥物不知道是什麼。**」

我查了一下利培酮的藥性適應症：用於治療急性和慢性精神分裂症及其它各種精神病性狀態的明顯陽性症狀和明顯陰性症狀。不良反應包括失眠、焦慮、

激越、頭痛、口乾。我心想，一個正常人長時間服用這藥，副作用可想而知，更別說是對一個代謝緩慢的老人。

時間一天天過去，實在熬不住裡面的迫害，黃定彬這個在戰場上鐵骨錚錚的漢子，選擇低頭簽署保證書。2008 年 10 月 1 日國慶節，這個對他具有諷刺意義的日子，他在保證書寫道：「給黨一封信，我以黨性保證不再上訪。」

他還是黨員呢！

2008 年 10 月 17 日，家屬也被迫簽署了極其苛刻的對黃定彬監護承諾書，其中，明確說明經司法鑑定機構鑑定，黃定彬患「偏執性精神障礙」，子女及家屬、親屬自願接回家行使醫療救治和管護工作，並保證黃外出時有子女陪同，不再危害他人及社會安全，不再上訪，如有違背承諾繼續上訪，子女及親屬將承擔上訪發生的一切費用，並自動放棄監護權，由「組織」對黃定彬以偏執性精神障礙送院治療。一切相關費用和後果由子女及親屬承擔。家屬簽署承諾書的 17 日下午，黃定彬結束了 43 天的精神病院生活，獲得自由。

確定了黃定彬有精神病，同時能威脅到家屬，又消除了上訪的麻煩，政府一舉三得。而家屬也就是在這份承諾書裡才知道他們的老父親被「華西醫科大學」鑑定成所謂的「偏執性精神病」。

此次關押受到藥物摧殘後，黃定彬時常會出現精神恍惚離家出走的情況。2016 年 8 月 17 日早晨他又跑掉了，兒子黃勇說，這 8 年來已經跑丟幾十次了，而這種情況就是 2008 年被文林鎮黨委副書記關進精神病院開始的。為了把父親接出精神病院，黃勇和家人答應縣委組織部照顧父親，一天 24 小時帶著老人，然而，為了照顧父親，黃勇沒時間工作，已經難以維持自己的生活。

1949 年 8 月黃定彬參加中共領導的革命，同年 12 月參軍，1951 年

3 月 21 日入朝作戰，歸解放軍 12 軍 34 師 101 團下屬連隊，在朝鮮戰場立三等功，曾被授予「功臣」稱號，1954 年 4 月隨部隊回國駐紮在浙江金華，1955 年升任準尉副排長，1956 年 3 月升任少尉排長、連團支部書記。1957 年 11 月 28 日黃定彬以正排級少尉司務長實職（套改地方行政幹部 21 級）轉業回鄉，從 12 月起歷任仁壽縣高家鄉英頭水庫民工大隊長、勞武部長兼基幹營長、公社管理委員會委員、公社機關黨支部書記、企業辦公室主任兼農具社支部書記、仁壽縣高家鄉勞武部長等職。

1961 年冬，在朝鮮戰爭中的傷情復發，黃定彬不得不去成都治療。文宮區區長袁德新說他是去搞投機倒把，當黃定彬治病回來後被他們私設監獄，由兩個民兵連長武裝關押其 25 天，最後查無實據。雖然上級組織上給了黃定彬的清白，可這夥人還是不放過他，將他全家下放回農村去。

1979，縣革命委員會為黃定彬平反，由社隊企業局（編註：社隊企業局是革命委員會主管全縣社隊企業的職能機構，主要任務是宣傳、貫徹中央、省委關於發展社隊企業的指示和部署，深入開展學大慶、學大寨的群眾運動）安排在農具廠工作，安排他做三級重工，月工資定為 38 元。1986 年退休時，黃定彬履歷登記的有：部隊排長、地方武裝部長、支部書記的記載。但是人事檔案全部丟失，所以仁壽縣委組織部否定其「幹部身份」，縣鄉鎮企業局以「非建國前的工人」，認定其退休！

問題就是從此時開始，黃定彬的部隊轉業檔案、地方幹部工作檔案同時丟失，他斷斷續續的尋找了多年，均沒有任何結果。一直到 28 年後，國家給所有參加朝鮮戰爭的軍人發放補貼，此時黃定彬則分文未領到，利益的驅使下，這才迫使他仔細查找自己檔案的下落。

這可真是一起懸疑案件。黃定彬從 1986 年開始一直查找自己的檔案。到了 2004 年，有關部門幾乎都是給予絕望的答案。黃定彬居然沒有檔案，也就沒有任何材料證實其在部隊是幹部身份。這種事簡直匪夷所思，也非常荒唐。

　　2004 年的 5 月 31 日，他在兒子的陪同下到武裝部再次查找檔案，在標明了《轉業幹部檔案登記冊》裡面，黃定彬父子赫然發現了「黃定彬」三個字，按照編號 414 查出了黃定彬的轉業幹部檔案，但是，幹部履歷書上的照片被人揭掉了。在武裝部「沉睡」了 46 年的檔案被找到的當天，武裝部副部長一直堅持檔案不讓黃定彬複印，但答應說兩天後等政委回來複印。然而檔案當天下午就被轉到組織部，黃定彬的檔案號在組織部由 52992 變成了 50184，轉業變成了復員，部隊幹部身份沒有了！

　　為了證明自己的部隊幹部身份，黃定彬從縣武裝部、組織部、人事局，最後求助自己曾經服役的部隊政治部幹部科、老戰友、老上級等一系列人和機構，他們出具的證明皆證實黃定彬的幹部身份，甚至曾經的志願軍 12 軍 34 師政委，後任蘭州軍區副參謀長的羅洪標將軍親自寫信給仁壽縣相關領導，證明黃定彬確係該部排長，也沒有扭轉他被擋在幹部外的事實。

　　仁壽縣手裡捏著一封《復員介紹信存根》，認定黃定彬是復員，而不是轉業，從而認定他不能作為幹部安排。黃定彬則認為，這把鎖著他一生命脈的鑰匙：《復員介紹信存根》根本不可能存在！他說：「小學娃娃都懂得：《存根》開出票據或證件後留下來的底子，上面記載著與票據或證件同樣的內容，以備查考。《存根》只能在開出方，絕不在接受方，仁壽縣委怎麼可能有部隊開出方持有的《介紹信存根》？

　　面對鐵一樣的證據，仁壽縣方面緊抓著不靠譜的「存根」不放，黃定彬已經因為年事已高，也因為被關精神病院後藥物對腦力的刺激而力不從心。現在他的兒子扛起了討要公正的大旗。

　　黃定彬可能永遠也想不明白，人生是親自用血汗畫出來的，這些經歷是實實在在的，不僅有記憶，還有悲歡離合體驗。怎麼最後被政府改成另一個他不認識的人生？

　　難道記憶有裂痕？

李家富

另一位退伍戰士的遭遇更顯得這世界是非顛倒，價值觀嚴重扭曲。2014年1月28日，剛好也是當年的農曆臘月28，李家富第五次走出了精神病院，過完春節在家只住了兩天，正月初三，他就急匆匆地坐車跑到北京躲了起來，防止政府對他進一步的迫害。

我在北京見了他，覺得他的經歷簡直不可思議。

如果李家富把部隊訓練他成不服輸不低頭的這種意志用在致富上，那他可能早就變成百萬富翁；如果用在藝術上，他有可能也是聲名在外。但是，他把這種意志用在一個遠沒有法治精神的國度裡去對抗「法制」——用法箝制人民，其結果可想而知。

家住浙江溫嶺市澤國鎮的李家富，是一名傷殘退伍的海軍官兵。退伍後以經營門市賣香煙為生，生活還算過得去，後來受到地痞流氓的騷擾導致生意蕭條無法為繼。

李家富從1995年開始一直持續控告騷擾他的人，到2000年時，騷擾的人答應給予李家富一筆賠償金，以作為對他這些年的精神、經濟的一次性補償。騷擾他的鄭某說給他的賠償金已經交給澤國鎮政府方面人員轉交李家富。而政府方面沒有轉交給李家富，他們也不說有或者沒有收到這筆錢，不肯給肯定的答案。這成為李家富16年來上訪的起因。後來，李家富在舉報鎮政府違法行為的事情上，遭到持續多年迫害，在我採訪時，他已經歷被「精神病治療」五次之多。

2013年9月18日，李家富騎車上街購物的時候，被四個人綁架，強

制把他押上一輛早已準備好的麵包車，因為澤國鎮並不大，所有人都有幾分熟面，他一眼就認出這四個人是曾經給地下賭場看場子的閒雜人員。

汽車駛向一級公路後，帶頭綁架的人要求李家富刪除在網上發表的《傑出形象》及《科技在發展，農民在哭泣》這兩篇文章，李家富告訴他們，文章是發表在人民網和新華網的，刪除不了。到底寫了什麼，讓這些人在光天化日下實施綁架？背後的主使者是誰？

我通過李家富提供的連結在網上搜到，第一篇說的是他自己這些年上訪告狀的始末及被迫害史，第二篇文章中談到農民實在太苦太窮了，溫嶺農民種糧食，按最高產量計算一畝 1,300 斤（編註：大約 650 公斤），減去拖拉機耕種、收穫費，化肥、農藥、種子、尼龍薄膜等費用，不計算人工成本，農民一畝地收成還能剩多少？而溫嶺是人多地少的小城市，一個農民平均能有幾畝地？

「*自從蔣招華任職溫嶺主管農業副市長後，蔣招華推出並執行對種田大戶每畝補貼 700 ～ 800 元，外加拖拉機費，種子等，相加有 1000 多元的財政補貼，一時之間，溫嶺糧食生產成幾何增長，溫嶺生產的糧食能供全市 115 萬人，加外來 200 ～ 300 萬人食用還有餘，還能供黃岩全縣人民食用，這是真的嗎？*」李家富提出了質疑。

按照李家富的算法，一人最多是 5 ～ 10 畝（編註：大約 0.5 分至 1 分地，1/10 甲）。這是幾年前統計的，現溫嶺土地已不足 20 萬畝，還在不停規劃、開發，圈佔農民的土地。他說：「*除非溫嶺農田，每年每畝能生產出十萬斤糧食。*」7 點 10 分左右，綁架他的車開到了公安局辦案大

廳外，還沒有到上班的時間，領頭的人按下辦案大廳的門鈴，沒有回應，匪首就開始打電話。大約持續打電話溝通 40 分鐘左右後，公安辦案大廳的門才被打開，李家富就被他們壓著走了進了一間審訊室，李家富一抬頭，看見審訊室牆面貼著「禁止刑訊逼供，擁有聘請律師的權利。」

這些人收走了他身上的手機等所有物品，並要求他在空白的拘留單上簽字，這種明顯的違法行為遭到李家富的拒絕，他們在踹了李家富兩腳後，威脅不簽字就給他打針，他知道打針的後遺症有多厲害，無奈的簽上了自己的名字。

李家富抬頭再看看牆上的那句話，五味雜陳，無可言說！

9 點後來了兩位穿制服的民警，對李家富進行提審，他指著牆上的字說，我要找律師，幾句溝通後，這兩民警估計是覺得立場站不住腳就走了。下午 3 點鐘又來兩位警官接著詢問李家富發帖的事情，李坦誠自己發的都是真實的，並在警方斷章取義的詢問筆錄上簽了字，警察告訴李家富要實行 24 小時拘留。晚上，警方又以「誹謗罪」把他送到了看守所，實施刑事拘留。

從早上開始，李家富滴水未進絕食了，抗議他們不通知家屬及讓他在空白拘留書上簽字的違法行為。接下來的三天，李家富因絕食身體虛弱，眼睛已出現模糊現象。管教民警答應李家富能給妹妹打電話，他才開始恢復進食。

一個多月後，2013 年 12 月 11 日下午 5 點，李家富又被那些人綁架到溫嶺市精神病院，醫生們起初不願意接收，這些人打了電話出去溝通，過了兩個小時，在各種壓力下，精神病院的大門打開了。2013 年 12 月 12 日下午 3 點左右，綁架李家富的人找來了他的父親和妹妹簽字，獲得了關押他的法律依據，但打算強迫餵藥時，遭到李家富的拒絕。

強逼不能，他們就下藥，李家富回憶：「雖然沒有強行給我用藥。

卻在我朋友送我的水果上下藥。」

「2013 年 12 月 11 日，我剛進精神病院時的血壓是 180 ～ 120，兩小時後回落到 140 ～ 80；12 日，是 130 ～ 70；14 日，當天吃了我朋友帶來的水果，血壓 140 ～ 80；16 日，血壓升到 170 ～ 110。我一想不對，我心情平靜，不可能有這麼高的血壓，我沒吃過什麼東西，只吃過水果，於是我就不吃水果了。」

「17 日，血壓還是 170 ～ 110，指甲血液也從原來的清晰變混濁，從此後，我就不讓他們給我量血壓。18 日晚上 10 點，我全身大面積騷癢，我拼命咬牙忍住，3 小時後也許累了就睡著了。19 日，起床一看什麼也沒有了，晚上 10 點又開始全身發癢，3 小時後又沒有了。20 日，白天正常，晚上同個時間又開始騷癢，凌晨後就沒事了，從此後就不重發了，而且指甲血液顏色也開始恢復清晰了。此後我吃東西很小心，外面的食物、單獨給我的食物都不吃。」

2014 年 1 月 28 日，在眾多戰友及網友的呼籲抗議下，關押他的人不得不釋放李家富回家過春節。到家後，李家富發現自己的電腦、手機、上網密碼本等家裡的東西都不知去向。殘酷的迫害讓原本身體硬朗的他瘦了整整一大圈，9 月 18 日剛進看守所，穿短袖唐裝時體重是 158 斤，12 月 11 日從看守所轉進精神病院，只有 128 斤了，2014 年 1 月 28 日，放回家過春節，體重已不足 120 斤。

五次進入精神病院，都是相關人員陪同李家富的父母簽字允許的，面對這樣的迫害，李家富感慨到：「這次關我精神病院，又是我父母簽名，為什麼！」

「我打人了？罵人了？還是損壞財物等犯罪？我都沒有！說我誹謗，在網上發表不當言論，請按國家刑法，網絡法判我刑。我弟、妹、父母，非但把我當作精神病人看待，還把我李家富監護權，授權給了看場子、販毒成員這樣的人。」李家富非常氣憤、痛心。

　　早在這次被關押精神病院之前，李家富就已經四次被送到過精神病院，分別是 1998 年由澤國鎮綜合治理辦公室送到溫嶺精神病院關押；2003 年由時任鎮長助理等人送到天台精神病院關押；2008 年被時任梁副鎮長送到精神病院，遭很多村民反對，才避免了迫害；2009 年在北京上訪時，又被抓回關入溫嶺精神病院。

　　2014 年 2 月 26 日，我對李家富做了這次採訪，過了僅僅不到三個月，5 月 8 日，他在北京又被澤國鎮派出所抓走，隨即送回溫嶺市，關入溫嶺大理康復醫院（精神病院）。而這一次的迫害更久。

　　事後，鎮政府和派出所代表，告訴李家富的父親，因為他沒有管教好李家富，政府才把他關進去的。

　　李家富被關押一年，大理康復醫院負責人表示，李家富是鎮政府送來的，醫院不能放人，要想讓他出院，必須得有鎮政府的同意書。

　　公民記者文風致電他的父親，李父表示：「李家富在醫院沒有被迫吃藥、打針，就是關著不讓出來。」

　　李父也曾找上鎮政府，希望能出具同意書，一位副鎮長明確說：「李家富神經沒問題，但不能放，因為放了他就會到北京去上訪。」李父質問鎮政府，到底要把他關押到何時？官員表示，最短也要關到2016年初。

　　這次關押李家富，他的父親及家屬沒有簽署授權書，李父說因為以前簽字，李家富很恨他。李父也明顯表現出想讓兒子早點出來的願望，不過他也感慨自己的無奈、無助，一個勁的說：「沒辦法。」

　　時間一天天的過去，家屬及朋友都靜靜地等待著政府承諾釋放的日子。可憐這位退伍的解放軍海軍官兵，他不是電影裡的藍波，他只是一個血肉之軀，哪裡經受得起這樣漫長的折磨。自由從來不是等來的，可對於無助的李家人而言，除了等待別無他法。持續漫長的等待，時間遠

遠超出政府的承諾，而李家富依然被關押著。

又是一年春暖花開、冬去春來，2017 年 1 月 23 日，經歷兩年八個月瘋人院關押後，李家富終於被釋放出來。最後的釋放，是因為李家富已經改變，還是政府轉性了？當然，都不是。

李家富出來後接受採訪時說，因為他拒絕服用精神病類的藥物，經常被醫院工作人員捆綁起來毆打，每次兩到三個小時，長期被如此虐待，他的身體越來越差，出現了肌肉萎縮、視力模糊下降、頭腦反應遲鈍、記憶力減退等症狀。

醫院擔心他病死在裡面，才通知鎮政府把他接出來。

第八章　鎮壓幹部子弟

我們多是出於一種好奇，一種尋找活路的本能，試探著「下海」。當我們發現遠方確實有一座金山時，才發現自己赤身裸體泅泳，已深陷無邊無際的汪洋大海。欲回頭，看不見來時的海岸。觀四周，找不著可供抓憑的浮木。搞不好，頭上還懸著一柄「達摩克利斯之劍」。一些人滅了頂。一些人做了鯊魚的美餐。偶然有一兩位僥倖者跟蹌著被沖上了美麗的海灘，多半只是遍體鱗傷、奄奄一息。我不再敢奢望成功，只祈禱艱難旅程我能抵達彼岸……

《致經濟日報的一封信》—— 錢克儉，1990 年

錢克儉

2010 年 4 月 19 日，官方以突然襲擊的方式，把在家的錢克儉從家中綁架到常熟精神病院，直到世博會結束後才釋放他回家，關押的理由

是為上海世博會的安保「護城河工程」維穩需要。

這個叫做錢克儉的男人，走過了富有傳奇色彩的 30 年，現在的他時不時還受到居委會、派出所等機構的嚴密監控。

錢克儉，1958 年生，祖籍浙江嵊州人，父親是河南鄭州中心醫院的創始人，現在醫院還樹立著他父親的銅像。母親在國棉三廠幼兒園財務會計職務上退休。錢克儉曾就讀中國邏輯與語言函授大學，先後在國營、合資企業和事業單位，從事過生產製造、技術支持、科研設計等多方面的工作。內容涉及：機械、電子、電器、儀器儀表、通訊等多個行業。具備鉗工、電工、焊工、管道工、金屬切削工……多工種實際操作技能。

在 1980 年《電子世界》雜誌社舉辦的「國際合格電子技術員測驗」中獲優勝獎（載於《電子世界》雜誌 1980 年 6 月號，）；1986 年首屆「星火杯創造發明競賽」中，就自行車、摩托車制動離合系統中，鋼索在手柄處易斷，無法在野外條件下以簡單工具進行應急修復的問題所設計的：「自行車、摩托車製動手柄」作品得到評委的推薦。此後為該作品以及改進品，申請獲得了 87200783、88202077、92242080 三項中國專利。

從以上資料看出，如此富有創造力，並在那個年代出身高幹家庭，具有高等教育背景的他，如何會成為現今政府維穩的對象呢？

事情得從他父親開始說起，他父親早年到上海加入了共產黨的地下組織，（是著名影片《永不消逝的電波》的原始講述者；電影中「老馬」的生活原型）。

抗戰之初，應地下共產黨的派遣：組織過抗日宣傳隊；轉移過進步人士；策反過圍剿井岡山的蔣介石國軍軍官；組建並領導了新四軍浙江金華蕭山支隊的野戰醫院；中華人民共和國成立後，轉業到上海華東紡織管理局，任軍代表；20 世紀 50 年代，應國家建設的需要，開赴河南

創建了河南省紡織工業管理局醫院（以後易名：鄭州市第四人民醫院；
鄭州市中心醫院），任院長兼黨委書記。在嚴防美蔣特務謀殺的年代，
與周恩來咫尺之遙，參加了中國共產黨的「七千人大會」。

　　這個看似輝煌的紅色家庭，因文革的開始，被打成走資派，整個家
庭飽受衝擊。那個丈夫防媳婦、老子防兒子的告密社會，鑄就了性格率
直的錢克儉。

　　1977 ～ 1980 年的錢克儉正是意氣風發的年齡，在鄭州機械研究所
施工期間，他在第一機械工業部第三機電安裝公司第一工程處（後來更
名：機械工業部第三機電安裝公司）當安裝鉗工，他獨立主持完成了
300 噸雙盤摩擦壓力機的機械部分安裝調試工作。當時主管基建，後來
調任中共中央政法委書記的羅幹肯定其工作成果。但是這種拼搏的性格
跟領導的鼓舞並沒有讓他擺脫即將遭到的改變。

　　1981 年，因為文革遭遇，錢克儉的母親，為了改變家中「落毛鳳
凰」的處境，想藉婚姻改變家境，給他介紹了時任鄭州國棉三廠幼兒園
團支部書記的宋某（其父時任河南公安廳消防處後勤副科長），在交往
中，由於錢克儉父親的關係，他得知了有關中央高層的一些骯髒內幕。
他就此私下在這個團支部書記面前說了「**公安部裡也不見得個個是好
人……**」等話語，遭到宋某的暗中舉報。從此開始，他遭到多方跟蹤監
控，並說他反社會主義，因此事的株連，名譽、婚姻、事業、經濟等遭
受了嚴重的損害。

　　1980 年代末，他們全家按照國務院的政策定居母親的祖籍江蘇常
熟市，錢克儉的工作也調到江蘇省常熟市國營手錶廠，1990 年 6 月 13
日，錢克儉借給《經濟日報》討論自行車的話題，為《經濟日報》寫了
一封信來闡述自己有心報國。

　　錢克儉說：「信的內容一是紀念「六四」屠殺週年；二是希望江澤
民、鄧小平關注王有亮先生（一個民間發明家）的命運；三是透露我自

己的遭遇；四是希望高層了解科技人員的心聲，關注科技創造環境。此信寄出去不久，時任總理李鵬就去了鄭州。」

1995 年，中華人民共和國反貪污受賄局正式成立，而首任局長竟然是錢克儉的中學老師羅輯，受此鼓勵，他向上海市高級檢察院檢舉時任總理李鵬有組織犯罪的問題。當時在上海市主管刑事偵查，並有過很多顯赫頭銜的公安局副局長孔憲明假以檢察院檢察官的名義去見錢克儉。這次見面結束後，錢克儉經歷了幾次「似意外非意外」的生命威脅。

單位也謠言四起，說他有精神病等等，後來趕上朱鎔基搞「減員增效」大規模下崗，如果再在單位待下去可能要被開除，為了保留生活來源，他就順水推舟辦理了「精神病」病退。

病退後，錢克儉也找過不少工作，由於實名控告李鵬的事情，找工作沒有再成功過，也沒有人敢提供工作崗位給他。但是他仍然在閒暇之餘關注底層民眾疾苦，關注社會維權熱點。錢克儉對此做法解釋說：「沒有社會的公平正義，當下少的可憐的生存空間也會徹底消失。」

2010 年 4 月 19 日，官方以突然襲擊的方式，把一直在家正常生活的錢克儉從家中綁架到常熟精神病院（常熟市第三人民醫院，現在已搬離原來位置），直到世博會結束後才釋放他回家，理由是為上海世博會的安保「護城河工程」。

「一開門，七八個警察就衝了過來，把我拉出去架上一輛外表普通的微型麵包車，直接送往常熟市第三人民醫院，總共四個病區，我關在第三病區。二樓是女精神病人，其餘是男的，剛進去的要被關到重症區，我剛進去就被綁到床上針扎了 24 小時，然後放開，再過一段時間才能返回普通病區關押。『重症區』正常是五六十平米的房間關押 20 個人左右，一兩百平米的關 70 多人。在裡面吃的一塌糊塗，他們不把我們當人看的，有時候吃醫生剩下的都很不錯了，到現在都不知道關押我到醫院的費用是由哪家單位所出。」

2010 年 12 月 3 日中午，居委會把他接出院後，錢克儉才知道，當時關押他時得到了他母親的簽字，而他母親本身因為文革和幼年同胞兄長死於醫療事故的刺激，有比較嚴重的精神障礙，可警方人員還是找她簽了字，出院的時候，院方給了一個複印的證明。

「我記得一天吃三種藥為主，有淡黃色的藥片，還有白色的吧，因為被精神病的幾個月，藥物對我影響挺大。現在可以找到的藥名有：利培酮片（維思通）、阿立哌唑口腔崩解片（博思清）、還有的藥名現在記不起來了（是不是俗名叫「舒思」不知道）。醫院裡可不像電影《追捕》裡演的那樣，可以有吃完藥再吐出來的環境，護士盯的很緊。那段時間吃了藥以後就是站不穩，坐臥都難受，說話說不了多久，口水就往外流 ……。」

為什麼錢克儉在家還會「被精神病」？當我提出這個問題後，錢克儉說了一個比較漫長的故事。

2002 年 10 月 10 日開始，居家的錢克儉閒暇之餘喜歡收聽美國之音，並參與嘉賓互動環節，久而久之也認識了一些感覺有共同語言的朋友，吉林的單汝志算是其中一位。經過單汝志介紹認識的揚州開設運輸公司的徐老闆，2009 年徐老闆邀請錢克儉等人到揚州小聚，並說明車船票、食宿都管，他到後得知除了上述兩位之外，還有一位網名山東老孔的朋友，經過彼此交流熟悉了很多。

2010 年，世博會前夕，其中一位朋友徐義順告訴錢克儉，大意是這些說真話的基本上都是窮人。他找幾個人一起去世博會上「乞討」，一方面改善大家的經濟處境；另一方面可以引起各界關注中國人權狀況。由他出面召集成立一個「華聯無國界乞討聯盟」。由天津的胡先生擔任主席；自己是召集人；錢克儉是秘書長。

「當時總共就四個人，本來搞組織這種事情，我就不贊成，但是又沒法反駁他，大概四月上旬，我還出去到上海的路上看看，也發覺警察

看得不嚴，到了 2010 年 4 月 18 日晚上，本來徐義順一天要給我打四五個電話，他晚上打來一個電話說自己在瀋陽，第二個電話說自己在葫蘆島，20 分鐘的時間跨越近 300 公里，這是不可能的事情，我才覺得麻煩大了，果然第二天早上我就被抓走了。」

　　「我覺得他們的目的很明確，第一這個電話就是定位用的，把我抓進去，第二就是經過我把徐義順促成人權鬥士，給我下這個套是他們長時間的策劃。」

　　三十多年來的腥風血雨，讓他感到疲憊不堪……如果不是遭遇了長達接近 30 年的政治迫害；這個當時年輕有為的青年表示有機會將「積木化多用途熱動力裝置系統」變成現實。可惜，這一切在中國目前的這種體制下，只能變成一枕「黃粱夢」。

　　我問他經過這些的遭遇後如何看待這個社會。他說：「我只是這個社會一名小小的受害者罷了。」

第二部分　醫院變黑牢

第一章　激進化的瘋狂：全家人被精神病

這是一個冤案牽連整個家族，三代人受到社會迫害的典型，祖孫三代都籠罩在被精神病陰影下的生活縮寫。老一輩和他這一輩無法顧及了，主人公唯一的心願，就是幫兒子擺脫「小精神病」這頂帽子，找一個學校好好上學。

郭敬哲

2013 年 8 月底，郭敬哲帶著他年幼的兒子正在北京上訪。我知道消息後，立即打電話約他見面，我擔心耽擱一下他就會被截訪人員帶走，這樣的事情已經發生太多了。他聽說有人要採訪欣然同意。

第二天，我準時趕到約定的北京南站，郭敬哲已經等候在那。

北京火車南站，簡稱北京南站，是北京市新建最大的火車站，承載了北京通往中國東部、南部的大部分列車，所以車流量和人流量都非常大。北京南站還因為距離國務院國家信訪局人民來訪接待室、全國人民代表大會信訪局辦公室接待室、中國共產黨中央紀律委員會信訪辦公室接待室很近，這三個辦公室聚集在永定門西街甲 1 號的胡同裡，所以周邊聚集了大量上訪人員，可以說這裡是每個來北京上訪的人必到之處，但是因為這三個機構行政上不作為，訪民又稱呼這個地點為「三騙胡同」。

我走出地鐵，在南站北出口擁擠的人潮中，走到路邊撥通了郭敬哲的電話，舉起左手示意，好讓他看到我，不遠處的他也向我伸手示意，牽著一個男孩向我走來。

「你好，我們就坐在這裡聊吧 ！」他用手指了一下南站外面走廊給旅客用的休息椅，很靦腆的問我。「可以，就坐這裡吧 ！」

我們相對坐下。那張座椅因為缺少維護，油漆掉了很多，也因為風吹雨打，座椅上面很髒，所以儘管人流很大，這個座椅卻一直空著，沒人坐。我們的左邊有一個小賣部，主要銷售飲品和刊物給路過的客人，右邊停著一輛防暴警車，雖然在公共場所警車司空見慣，還是感覺怪怪的。但我也沒反對，我必須要照顧他們的感受。

南站北出口的正對面其實有一個非常大的廣場，裡面有涼亭，也有很乾淨的木質座椅，很適合聊天。但是因為夏天會吸引大批無家可歸和來上訪的人睡在裡面，也因為多次成為訪民扎堆聚會喊口號的地方，這個廣場已經被警察徹底封死。

坐下後，他指著跟前約身高 120 公分左右的孩子對我說：「這是我兒子，他現在不上學，我就帶他來北京上訪。」然後他對孩子說：「你去玩吧，我跟叔叔談點事情，別走遠了。」

小孩子蹦蹦噠噠地離開，我開始和他聊起來。雖然事情過去多年，但他記憶猶新。因為他是我面對面接觸採訪的第一個被精神病迫害案例，也在某些層面改變了我對被精神病人群的錯誤認識。

其實來之前，我還是有點緊張的，印象裡的精神病人，不知道何時何地就會莫名其妙突然發作傷害人，而且交流時前言不搭後語，我預想這是一個我比較難以處理的狀況。

但郭敬哲說話很平靜，平靜得都讓人甚至懷疑他到底有沒有受到迫害。

他給我的印象是一個性格比較柔弱的人，說話斯斯文文，條理清晰，不急不躁，和印象中的東北人有很大的區別。他敘述自己的生活歷

程之後我才知道，這個柔弱的肩膀承載多少苦難，豈止是用慘無人道所能形容的！

郭敬哲的父親在文革中工作被調包，後來弟弟被害冤死，雙親為弟弟討說法的時候，被說成誣告，並且於 1997 年 1 月 28 日，郭敬哲及其父母三人同時被送進精神病院，郭敬哲被關押七個月之久。妻子受不了這種生活而離婚，剩下他帶著獨子依然踏上討公道的路程。看著他手裡拿著發黃的上訪材料，我才知道有的材料快趕上他的年齡了。

郭敬哲的父親郭萬鋅原來是哈爾濱東安發動機製造廠的職工。在文革那個年代，顛倒黑白，落井下石的事情非常普遍，謹小慎微也不見得就能生存下來，何況是嚴詞拒絕呢。

父親郭萬鋅不幸的是，他的工作是一個好崗位，被廠裡的領導盯上了，要求他與工廠領導的老婆工作對調。這是典型的匹夫無罪、懷璧其罪。他表現出非常不樂意，拒絕了廠領導工作對調的要求。

郭萬鋅可能沒認清形勢，他拒絕對調工作沒多久，在官大一級壓死人的那個年代，被工廠莫名奇妙的除名，根本連對調都省了。

「我爸四處反應受某領導的迫害，結果我爸腿被他們打斷。後來我媽告狀，他們又把我媽勞動教養三次共九年時間，當初我弟弟妹妹還只有五、六歲的時候就跟著母親被勞教。」

「我弟弟在 94 年 6 月 18 號被黑社會搞死了，地方政府以此為契機，向我們提出條件，希望處理我弟弟死亡情況時，順便解決我家的上訪問題，把我父親被除名和弟弟被害兩案併一案處理，我們家堅決不答應，他們也就不給解決我弟弟死亡的案件，推來推去就推到現在，再也沒人管了。」

那天是 1997 年 1 月 28 日，郭敬哲記得很清楚，上午 11 點左右，

他和父親郭萬鋅、母親胡秀坤到哈爾濱信訪局上訪，突然一夥人衝過來，將他們全家控制住，然後綁架上車，送到了哈爾濱市道外精神病專科醫院（也稱哈爾濱第一專科醫院）。

剛進精神病院，郭敬哲的母親因為強烈反抗，就被打得昏倒在地，半個多小時後才甦醒，他自己也遭到綁架人員的毆打。在這之後就開始給他們一家三口按時打針、吃藥。

「不知道他們打些什麼，吃些什麼藥，但是我出精神病院之後不久，朋友給我介紹的工作去上班，正好有全員身體檢查，我去做肝功能五項血液化驗，顯示肝不正常。」

而在我採訪郭敬哲時，他已經被檢查證實為肝硬化中晚期！為了救他們一家離開精神病院，郭敬哲已經到臨產期的妹妹挺著個大肚子到處奔走呼救，最終逼著孕婦簽署了監護人責任書，並把這個責任書在公證處公證以後，政府才釋放了她的母親，在坐月子時照顧她。又隔了一段時間再釋放了她的父親，而郭敬哲則被關押了七個多月才被釋放。

被釋放後經過一段時間查詢，郭敬哲才知道，綁架送他們到精神病院的機構是哈爾濱市信訪辦公室和東安廠共產黨黨委。

郭敬哲的母親因為勞教和精神病院的持續迫害，身體非常虛弱，沒過多久就過世了，郭敬哲的父親再過一陣子也相繼去世。

兩位老人去世之後，郭敬哲的妹妹和妹夫跟東安廠要到了當時關押他們到精神病院的鑑定結果，才知道他們全家的精神病鑑定結論上寫著「精神偏執、沒有行為能力。」

禍不單行，郭敬哲還沒從父母親離開的悲痛中走出來，家庭破碎的聲音還沒結束，婚姻破碎的聲音就響起了，誰想生活在這樣的環境下？誰不想過個太平日子？哪個女人能受得了每天提心吊膽丈夫被抓，自己

和孩子受牽連？

　　最終，郭敬哲的愛人選擇了離婚。這不僅給郭敬哲本人，也給他唯一的孩子帶來了極大的心理陰影，正值上學的年紀，卻無書可讀，還要受到同學和外人的歧視，留給孩子的只有伴隨著父親去討要那遠遠看不到結果的真相。

　　「我兒子很健康，現在孩子壓力挺大，左右鄰居、同學都叫他『小精神病』，上小學一年，他本來學習挺好的，孩子又聰明，可就是受我們的影響，老師就把他的班長職務給撤了，這對成長中的孩子是一個非常大的打擊。這孩子以後還有五、六十年，甚至更長的路要走，不知道這些經歷會給他留下什麼影響。」

　　郭敬哲接著強調：「我就是想把這個『小精神病』的帽子給他摘掉，這就是我的目的，想讓他開心快樂地成長。」

　　說話間，他無奈的眼神離開我的視線，望向遠處玩耍的孩子。聊天時，孩子自己去玩，他跑回來時興高采烈的告訴我們：

　　「看，5 歐元，那個傻逼老外真好騙，我只是說『Hello, How are you?』，他就給我 5 歐元。」

　　「就是他。」說著用手指著不遠處站著的一位外國青年。

　　郭敬哲趕緊把他拉過來，摸著他的頭說：「孩子，咱們不是乞丐，要謝謝人家。」

　　一個 8 歲的小孩子，如果脫離了教育，真不知道會朝何方發展，作為父親的郭敬哲也想過這個問題，所以他在北京一邊上訪，一邊尋找那些農民工子弟學校，看看是否願意接收他的孩子。可他太天真了，對方開口就是學費、生活費、寄宿費……，現實的生活中離開錢真的一切免

談。迫不得已郭敬哲給一個招生辦的主任跪下了，對方也很無奈，最後把所有費用降到一學期 3,000 塊。

說到這個事情，郭敬哲苦澀的一笑：「我連 300 塊都沒有。」

郭敬哲也嘗試到法院起訴，希望恢復他的名譽，但是法院不理不睬，這次到北京來的目的，就是希望中央政府能派遣精神病司法鑑定機構的專家給他鑑定，為他們全家恢復名譽。

多麼卑微的願望，我心裡一嘆。

「你們晚上住哪？」採訪結束，我正打算離開時忍不住問。

「天橋底下。」郭敬哲不假思索地回答。
我提出請他們父子晚上一起吃飯，他眼睛閃爍，有點不太好意思。

最終在他兒子渴望的眼神裡，我們一起簡單吃了個飯。一個人該承受多少苦難才算是極限？

郭敬哲的弟弟死於非命，父母臨死也沒有等到正義；妻子迫於生活選擇離婚，自己沒有工作，還得帶個孩子滿跑遍世界找真相。

可我看郭敬哲沒打算放棄，而且很顯然，他沒有退路，把孩子的未來放在了第一優先。

看上去瀟灑自如的一句「天橋底下」，藏了多少無奈和無助。

天橋上，車輪滾滾震耳欲聾，風鳴聲此起彼伏；天橋底下，車輛經過時，都能感覺到橋在顫抖，世界在顫抖。郭敬哲卻毅然堅定，只要能為孩子謀得好處，他不在乎一無所有，積極樂觀地去追求生活。

社會雖然撕裂他，重壓著郭敬哲，但是為了孩子，他依然堅挺著身姿。

第二章　瀕死在精神病院

夏付年

2016 年初，媒體報導湖南農民夏付年已經被關押於精神病院多年，我得知情況後，多方打探，最終採訪了他的侄子和所在村的村民。

我聯繫上他們時，得知夏付年已經在精神病院被關押了 5 年多的時間，並出現類似於植物人的狀態，可能隨時會離世，他的鄉居感慨他最後的時光也極有可能要在精神病院裡度過了。

夏付年家住湖南省隆回縣山界回族鄉，愛人田鳳英也是垂暮之年，三個兒子都是聾啞殘疾人，其中只有一人娶親，兩個女兒已成家，生活的負擔讓她們難以承受為父聲援的重任。

當地村民告訴我，夏付年是個比較聰明的人，1980 年代在外做小生意，當時在村算是有錢的人，而且是個不怕事的人。也許就是這個不怕事，給他惹上了麻煩，最終被關進精神病院。

夏付年因與鄉政府某幹部產生摩擦，被鄉幹部打傷，公安局調解時，夏付年要求的賠償金額，鄉幹部不給，他覺得公安局刑偵大隊徇私枉法，調解時傾向了鄉幹部，因此開始上訪。從縣城、省城，最後一路到北京，每次被截訪後，政府會給他幾百到一千的路費讓他回去，並承諾給他解決上訪訴求問題，但每次到最後都敷衍了事。

2011 年，他帶著材料去北京上訪，被鄉政府截訪人員抓回來，並

蒐查了他的家，燒毀了身分證、戶口本及所有的上訪材料，還要抓捕他。此時正值秋收季節，村民們看不下去了，群起抗議，村民問鄉政府的人抓了他誰來幹家裡的農活？誰來養活他垂暮之年的妻子和殘障的兒子？政府迫於村民的壓力沒有動他，但就此威脅他不要上訪，否則就送精神病醫院。

上訪無果，又被威脅限制上訪，夏付年轉而在集市、大街上等人流較多的地方，以張貼控告書的形式揭露地方政府的黑暗以示抗議。其行為引起隆回縣政府的仇視。為了阻止他揭露官員的腐敗醜態，2011 年 12 月，隆回縣政府以帶他到醫院檢查為名，對他強制進行精神病檢查，最後政府如願以償地檢查出夏付年患有嚴重的「精神疾病」。

隨後，政府沒有給家屬任何法律文書，只是口頭通知了家屬，在沒有家屬授權下，夏付年被送進了隆回縣魏源精神病醫院進行關押。

村民向我介紹，夏付年在沒被關進精神病院之前，絕對是正常人，而且非常精明，年輕的時候經商，是村最早富裕起來的一批人。夏付年家族也沒有精神病史，夏付年也從來沒有出現過精神不正常的事。

隨著這幾年的關押，夏付年的身體越來越差，問題也越來越嚴重，關進去之前還是一個健康的正常人，現在卻變成一個植物人。關進去的時候孫女剛出生，現在已經五歲了。

看著夏付年的照片和視頻，我看到一個身體行動不便的老人，身穿破舊深色西服款式厚毛質外套，坐在一把木質椅子上，椅子的兩邊扶手中橫穿過來一條一寸五寬的藍色布帶子，布帶上有腰帶上那種孔洞，用一把鐵鎖扣住，把他整個人固定在了椅子上。帶子又在右手上繞了兩圈，把他的右手也很好地固定在椅子的扶手上。

他毛髮稀疏，抬頭望著前方，眼神呆滯，絕望、無助。

　　他還能在這個世界上生存多久？最後一點自由也被剝奪。家屬抱著很悲觀的態度。政府也擔心夏付年隨時會去世，就希望家屬把人接走，只給極少的一、二萬安置費。而夏付年的三個聾啞兒子自己都需要靠基本低保生活，根本無力照顧不省人事的父親，一兩萬根本不夠夏支付來醫治和善後最基本的費用，他們也承擔不起後續費用，所以不接受政府的條件。

　　夏付年的家屬無力接納他，政府想擺脫一切責任又不願意承擔過多費用。雙方就這麼耗著，耗著那個時日不多的老人，也許，再用不了多久，夏付年就會死在醫院裡。

　　而這個世界很快就會遺忘他。

第三章　黑手黨風格

　　因認為法院對丈夫財產被霸佔的判決不公，迫使李春華開始逐級上訪。8 年的上訪歷程中，她多次與死神擦肩而過，死裡逃生。山東龍口政府在處理訪民方面有很糟糕的前科，2009 年一位叫李淑蓮的訪民在北京上訪時被警察帶回龍口，沒多久死在旅館。加害她的基層官員，9年後遭到判刑。但龍口政府並未有所改善，反而變本加厲的迫害其他訪民。在李淑蓮死後，本案主角李春華又被勞教一次，關精神病院三次，丈夫喬瑞坤也被兩次關押到精神病院。龍口政府一批地方官員簡直是喪心病狂、窮兇惡極、喪盡天良的流氓惡棍。

李春華

　　李春華，山東省龍口市蘆頭鎮人，農民，接受我採訪時她 54 歲。因丈夫跟兄弟的財產分割出現糾紛，兩審終審均讓李春華認為沒有給她一個公道的判決。由於司法機關不能給她公道，她開始上訪。

2006 年 12 月 30 人，在京上訪的李春華被龍口市信訪人員以解決問題為由騙回，關押至 31 日下午 4 點才讓其回家，這成為以後隨意接回、關押、酷刑、被精神病的開始。

2007 年初，李春華又來到北京上訪，4 月 5 日，截訪人員再次將她帶回，並在未通知家人的情況下拘留 10 天。從拘留的第五天開始，龍口刑警大隊長張磊帶人將她從拘留所拉出來，綁在上訊問，捎帶威脅、謾罵和毆打她。

「大隊長張磊問我，我們公安機關以治安案件處理你不服，假如省廳也以這個理由處理你服不服？我說不服，立即遭到他們劈頭蓋臉的毒打，打得我當時就昏死過去，什麼都不知道了……過了不知多久才緩過來，他們還說自己是上級下派的。拘留的最後五天，我白天被拉出去坐老虎凳詢問，遭受毆打、不給吃飯、喝水的酷刑，晚上再把我送回拘留所。」她說。

2008 年 6 月 1 日，李春華在山東省政府信訪局信訪時，被鎮信訪辦主任戚本東帶派出所警員控制，將她拘押在迫害法輪功學員的 610 基地（編註：指由 610 辦公室管轄專門關押法輪功學員的場所，610 辦公室全名中央防範和處理邪教問題領導小組辦公，在 2018 年之前，屬正部級中共中央直屬機構，現已被裁併。），6 月 4 日晚，她被他們拖拉著塞進警車，套上黑頭套，帶進一個小屋，再用鐵鍊將她上身捆綁在鐵凳子上，兩條腿分別固定在鐵凳子的兩條腿上後，才將頭套扯掉，這時出現在她面前的是龍口市公安局李建豐、修先嵩兩位副局長和她轄區派出所所長薛治勳。

「他們先是侮辱、謾罵、威脅我，連我的父母扯在一起罵。還說：『我們公安機關就是暴力機關，是專門懲罰你這種人的，我們有的是辦法整你，中國就是這樣，就這麼個社會，你告也沒用。』」

「他們持續罵著並命令我抬頭挺胸向他們，我不抬頭不吭聲，這群

畜牲便將我的鞋及襪子全部拽下，用電線絲纏在我的十根腳趾上，接通電源電擊，同時用電警棍電擊我的手、面及頭部等，看到我痛苦的樣子，這群畜牲在幸災樂禍的哈哈大笑。龍口市公安局副局長李建豐還親自電擊我 ……」

「並說我：『叫你不抬頭！王守賢、姚素珍（兩人均係龍口上訪人員）都叫我們整熊了，就不信整不了你！』他們一直折磨我到凌晨 3 點多，才卸下刑具，戴上黑頭套將我送回 610 基地。」

2008 年 6 月 6 日早晨，李建豐又來到了 610 基地，對李春華說：「你不要仇視社會，仇視黨。」

過了約四五天，李建豐再次帶著人又對李春華重複了 6 月 4 日晚上的酷刑，一直折磨到凌晨 2 點多。

公安、政府的人來找李春華威脅、訓話、做工作，並逼著她寫「不再上訪保證書」，都被她拒絕。一直關押到 6 月 28 日，李春華實在扛不住了，她知道這幫人有可能真的打死她，她也經過他們口中得知讀高中的兒子及年邁的老父親正在找她，違心簽署了不再上訪保證書，政府又關押她一個禮拜，直到電擊的外傷口痊癒才放她回家。

這次酷刑後，跟踪、限制自由、截訪、威脅還一直陰魂不散的如影隨形。2009 年 3 月初，警察將她帶到鎮信訪書記孫學慶的辦公室，他說：「你再上訪，叫你在地球上消失。」這種口頭威脅後來差點真實 發生到她身上。

2009 年 6 月 27 日，山東龍口截訪人員帶著僱傭的十多名流氓惡棍，闖入李春華在北京租住的小旅店，不讓她穿衣服、穿鞋，光著身子把她拖出房間扔上麵包車，然後他們抬出另外一龍口上訪女士李淑蓮（李淑蓮 2009 年 9 月份上訪被抓回後，被上吊離奇死亡），也沒讓穿衣服扔上車，李春華向他們喊：「我要我的衣服和鞋子！」

「給你個雞巴吧！」鎮政府截訪人員戚本東惡狠狠道。

一路上她受到幾個大男人的暴打。回到鎮政府後，鎮信訪書記孫學慶命人將她從車裡光著身子拖出，拽著胳膊在砂石路面上拖了近 30 米遠，傾斜的左腿被磨擦得 血跡斑斑，身上唯一的內褲差點讓磨掉。被關到一個房間後，李春華奮力反抗，看押她的一對男女還麻木不仁泯滅人性地說：「你老實點，你要理解我們！」經歷一個禮拜裸體後，才給她買了衣服穿上。

失蹤近一個月，李春華讀高二的兒子及丈夫開始尋找她，並到北京公安局要求立案偵查，同時人權網站紛紛報導呼籲。

迫於壓力，政府在她外傷基本好了之後，2009 年 7 月 30 日將她釋放。看押她的人還諷刺說：「你真是大難不死呀！」

為了監控李春華，政府在她的門口安裝了監控裝置，她出去買菜，回家做飯，有誰來訪，政府都一清二楚。

2009 年 8 月 20 日，南方都市報專門派記者到山東採訪李春華門上被安裝攝影機一事，並在都市報版面報導了此事；9 月 11 日因李春華和李淑蓮的遭遇，全國各大網站均跟蹤報導，後遭到全國刪貼封殺；10 月 6 日上午 8 點，從外地趕來的 5 名記者預約，想對她和李淑蓮的遭遇進行專訪，她剛走出村口，就被鎮派出所所長帶人劫持，搶了手機及隨身攜帶的包等物品，限制她與媒體人見面，到晚上 9 點，才放她回家，類似於這樣的限制自由可以說成了家常便飯。

2010 年 7 月 15 日，李春華被龍口市截訪人員從北京抓住，塞進車裡連夜送回，路上李春華提出要到省高院申訴，隨即遭到看押人員的暴力毆打，衣服上下全部被撕破，這次押送毆打她，光看病的醫藥費就花了兩千多元。

　　實在受不了這種生活，她帶著滿身的傷跑進省政府，一個姓李的處長接待了她，並當面批評了龍口市的代表，要求他們妥善處理此案，龍口市代表也滿口答應。李春華高興的以為自己的上訪日子到頭了，誰知回去後，龍口市政府部門再無下文。

　　7月27日，身體稍微好轉的李春華在兒子的陪同下，前往龍口市政府，赴約跟市委書記的談話，剛走進市政府大院，就被七、八個人圍住亂打一頓，她還未成年的兒子眼鏡被打斷，頭部被打腫好幾個包，這些人給出的打人理由是「擅闖市政府，所以該打」。

　　2011年3月3日，李春華夫婦被以「尋釁滋事」的罪名帶到鎮派出所，當日夫妻倆均被送入萊陽精神病院，同時政府人員進入她家，像土匪掃蕩一樣搜走了所有告狀的證據原材料，他們把家裡的東西亂扔得到處都是。關押到4月29日才放出，但給的證明不是醫院住院證明，而是拘留證。在住院期間，該院神經科主任警告李春華多次：「**不要再上訪，沒用，否則你要家破人亡的。**」

　　最讓人氣憤的是，出院後，在村委會換屆選舉時，竟然剝奪了李春華一家四口的選舉和被選舉權。

　　「把我們抓走後，他們抄家，*所有有用的證據原材料全部被搜走*，隨後，政府人員夥同南山集團（龍口實力最雄厚的企業）保衛處人員將我幾個娘家人叫去開會，讓他們接管我無人的家，因為門鎖都被他們破壞了，如果他們不管的話，我九位在南山集團上班的親人將被開除，這種株連方式逼得我們兄弟沒辦法，去給我安了鎖，但是大門被砸壞，家裡電器、家具悉數被破壞，兩隻看院子的狗被餓死，四隻母雞不見了，看上去真是一片恐慌、淒涼！」

　　休養兩個月後，李春華再次進京上訪，又被抓回去拘留7日，拘留室裡在不足20平方米的屋子安裝了三個攝影機，其中廁所裡就有一個，上廁所、換衣服都暴露在監控者的眼皮底下。

2012 年 1 月 7 日下午，在北京上訪被抓回來還在拘留中的她，被警察叫到拘留室，告訴她有人來給她解決問題，她出來只有看到鎮政府及派出所的 8 個人，把她拉上車，開上高速路，送到山東萊州榮軍醫院（精神病院）關押，並向醫院謊稱是李春華的老父親委託他們將她關押到這裡的。

而她的老公和孩子忽然聯繫不上她，訪民李淑蓮死亡的陰影一直在家人腦海中盤旋，生怕出什麼事，急得像熱鍋上的螞蟻，經過多方打探，家人於除夕夜才在該院找到她，經過跟院方激烈的爭論，醫院才同意放人，回到家時已經大半夜。人家在高高興興迎春節，而他們的春節團聚日則是在悲喜交加中度過。

2012 年 6 月 5 日，李春華在北京上訪被截訪回來，緊接著被拘留十天，然後帶著手銬、腳鍊被送到四百公里外的山東省濟南市第一女子勞教所。勞教所環境很惡劣，寒冬臘月洗衣服都是用涼水，讓她的關節疼痛更加厲害，頭髮也幾乎全部熬白。最難讓她難以接受的是在勞教期間老母親去世，沒來得及見最後一面。

2013 年 9 月 1 日，李春華和她丈夫在中南海府右街派出所反映問題，被警方收走身分證送到馬家樓，交給山東龍口截訪人員，她丈夫被送上另外一輛車帶走，她於 2 日凌晨即被送回龍口市，下午被送到拘留所拘留七天。拘留期滿的當天早晨，鎮政府官員、派出所副所長王福良帶著人來給她戴上手銬，拖出拘留所，拉上警車，送到龍口市黃山館精神病院關押。

進入醫院後，李春華才知道，9 月 2 日跟她分開被帶走的丈夫就被關押到這裡。2013 年 9 月 12 日上午，三位醫生拿了一份關押她丈夫的授權委託書讓她簽字，遭到她的拒絕。

李春華告訴醫生，自己是被綁架來的，我連自己也保不住，做不了別人的監護人，誰送來的人，你們找誰簽字吧，醫生們表示：「*跟他們*

說這個沒有用，但是簽字了肯定有一個人能出來。因為不可能夫妻互相簽委託書送對方進去，那樣的話相當於兩個精神病人互相做監護人，並簽字送對方進精神病院。」

「為了兩個人能先出來一個，我違心地簽字了，出來後身上的1360元現金不翼而飛，多次找鎮信訪書記，他都說等調查調查，也多次去醫院要求釋放我丈夫，院方表示只有政府同意才能放人，鎮政府說需要市裡邊說了才算，當他找到市群工部長（編註：中共黨委組織書記轄下實際執行日常黨務工作的行政官員）呂鋒申訴時，此人居然說那是醫院的事情，他們說了算。幾個部門就這樣互相推託責任沒人管。後來再次找到市群工部長呂鋒時，他直接說：『不放，必須治療，以免危害社會。』」

這次關押沒有2012年那麼幸運在除夕夜還能放回來，一直到半年後的2014年4月16日，她的愛人喬瑞坤才走出精神病院。

財產糾紛告狀，法院判決不公，本來是訴訟裡的事情，可以具備對原判決不服的理由，在上訴中解決。然而就因為上訪者對地方政府造成的業績障礙，地方官則兇相畢露，以公安警察為犯罪代理人，限制平民人身自由，關押、毆打、電擊、辱罵、綁架、裸體囚禁、拘留、勞教、被精神病。簡直惡貫滿盈，罪不容誅。

李春華明白，地方官對自己造成的傷害，很難看到賠償的曙光。但是害死訪民李淑蓮的部分官員們受到司法判刑，留給她一丁點的希望。在這中國歷史上最黑暗的時代，一丁點的光，看上去卻無比明亮。

第四章　翻手為雲，覆手為雨

把人關入精神病院後，政府就會開始對這些維權人士污名化，到處鼓吹他們有精神病，讓普通人民遠離他們，當然也會用金錢和恐嚇解決

一些維權人士的訴求。我見到他們最荒唐卑鄙的手段是，為了制止被精神病的維權人士上訪，把他們招募進政府部門工作。

王忠營

2014 年 10 月 18 日，烏馬營鎮政府把王忠營綁架到滄州市安定醫院關押，31 日轉到北京回龍觀精神病院，直到 12 月 4 日，王忠營家人稱如不放人就進京上訪，鎮政府才把他從精神病院放出，這已經是他第二次被關押了。

王忠營，河北省滄州市南皮縣烏馬營鎮人，他本來是一個老實的農民，2010 年 10 月開工修建的邯黃鐵路（黃驊至邯鄲）經過馬寺村，由於土地價格的飛漲，致使當地腐敗官員對鐵路經過之地的虛報異常嚴重，一時之間，原來的荒地上，假山、假溝、假機井、假墳等等都出現了。正直的王忠營曾向河北省電視台農民頻道反映村里有人多佔宅基地和邯黃鐵路虛報的腐敗事情。

擋人財路猶如殺人父母，他斷了一些人的利益，終於為他日後的迫害種下了禍根。

王忠營是一個農民，本來沒有國家提供免費檢查身體的機會，2011 年 7 月 8 日，每年教師免費體檢的這天，王忠營在某校任教的哥哥有事去了北京，就把這個免費的體檢機會給了他，這一體檢就檢查出一個奇怪的結果⋯⋯。

醫生告訴他肝臟情況不好，體檢後他的體檢報告卻不翼而飛，為了獲得一個具體的結果，他來到南皮縣醫院檢查，報告顯示肝臟正常，醫生開出了兩盒「蓰蓉益腎顆粒」，王忠營覺得不妥當，因為電腦斷層掃描圖片顯示他的肝形狀與別人的有不同之處，他又先後到滄州市肝病醫院、天津市腫瘤醫院、滄州市中心醫院做掃描，檢查結果雖有不同，但是均大同小異。

2012 初年，王忠營到北京市振國醫院看病，該院才診斷他右肝有小腫瘤，並給開了治療腫瘤的藥物，他要求在振國醫院介入治療，然而該院齊副教授對他說：「你先回到縣裡，只要你縣領導和醫院說你有病，你再回來，我就給你治療，不然你也是白花錢。」

他回到縣裡後，南皮縣醫院的一醫生告訴王忠營，因你做了「壞事」，所以有領導打招呼不許給你看病。

王忠營聽到這話，當時就懵住了，自己老實巴交，不坑人不害人，能做什麼壞事？

他後來仔細思考，想來也是因為自己反映村幹部多佔宅基地和邯黃鐵路虛報的腐敗事情，他也為此事曾到鄉、縣、市、省及中央各級信訪部門申冤，一直沒有明確的答覆，他還拿著一張長 1.2 米寬 0.6 米的狀紙，寫著「救命啊」到中南海門前申冤，這也就是他們口中所說的「壞事」了。

「我們村反映邯黃鐵路虛報、亂報造假事情的村民不少，其中多人被報復，三位村民被人拿刀捅了，一位村民被人打折兒三根肋骨，三戶人家玻璃全被砸碎，還有兩次向村民家裡扔開天雷（爆炸品）的，今年 9 月 25 日，我還給中央第六巡視組打過電話，向他們反應我村在邯黃鐵路路基佔地上虛報、假機井、假灌木、假墳等。荒唐的是虛報的「枸杞樹」南皮縣根本沒有一棵。」

2012 年 5 月初，他來到北京上訪，跑完各部委信訪部門後，隨即去了美國駐中國大使館申請出國看病，被村書記王怡平接回，王怡平威脅王忠營的家人，如不把王忠營送進精神病院，就要被勞教，還要影響孩子上學及全家人的正常生活，被逼得沒辦法，王忠營不識字的愛人只能同意治療，5 月 18 日，他被強行送進黃驊市安定醫院（精神病院）治療。

　　王忠營的愛人也許不明白，但是醫院的醫生應該知道，沒有任何有資格的醫院給他做過精神病鑑定，就算家屬有授權，他們也應該仔細檢查後確認其無病，不應該關押治療的。

　　在醫院強行治療期間，他不吃藥就被綁在床上強行灌藥，他要求查看吃的是什麼藥，卻遭到醫生的拒絕，源於精神類藥物對人體腦部強大的傷害力，當他被關押到 7 月 2 日出院時，僅僅 40 多天的關押，就讓他記憶力嚴重減退，心跳次數下降。

　　「他們比日本 731 部隊還狠。」王忠營說。

　　精神病院出來，王忠營在家修養身體近半年時間，身體開始慢慢好轉，隨即他帶著心中的憤怒又踏上到北京的火車，馬營鎮派出所派人急匆匆趕到北京抓住他，帶回後關在南皮縣看守所拘留 4 天，在拘留期滿即將釋放之際，烏馬營鎮派出所又把他送到河北醫科大學第一醫院司法鑑定中心做精神病鑑定，鑑定書及鑑定的細則，則不給王忠營查看，經過他反覆申訴才給了一個沒有封面編號、沒有公章的鑑定書，上面赫然寫著，委託人：烏馬營鎮派出所。

　　王忠營感嘆的說：「很搞笑，沒有公章的精神病鑑定書是否具有法律效力！」

　　讓他沒想到的是，這次鑑定之後，第二次被精神病很快到來，2014年 9 月 26 日，王忠營再次去北京上訪，30 日即被鎮幹部抓住，以解決訴求問題帶回，鎮政府也沒放他回家，10 月 18 日，他們把王忠營綁架到滄州市安定醫院關押，31 日又強行拉到北京回龍觀精神病院關押，此時正是農活正忙的時候，激起王忠營家人強烈抗議，抓了他莊稼無人收拾，來年吃什麼呀！「你們吃什麼跟鎮政府有關係嗎？」鎮幹部回說。

　　一直到 12 月入冬，氣溫直轉直下，鎮政府才把他從精神病院放出。

「在滄州的安定醫院 不吃藥就被摁住往下灌，當絕食抗議時，他們就給我插胃管，回龍觀醫院也給我灌食，還給打針，我掙扎的時候就會被幾個人按著打。」

這次被釋放後，政府為了維穩王忠營，改變策略，既然對抗不解決問題，那就拉攏吧！

鎮黨委書記親自出馬，邀請王忠營做村里的民事協調員，這工作有工資，有名分，有威望，可以說真有不少人羨慕有一份這樣的美差。

這沒有誘惑到王忠營，他一口拒絕了。前腳還是政府維穩的「精神病人」，後腳就邀請成為政府僱員，這種荒唐的行為令人驚訝不已。只要是對政府有利的，翻手為雲覆手為雨，完全沒有道德底線。只要是政府的行為那就是合法的、正確的。不用在乎倫理，不用在乎道德，當然也不用在乎法律正義。

張柏岩

當然，不僅政府，小小如警察這樣的公僕，也說你是啥，你就是啥！

「他是個好人，在前郭縣石油化工煉油廠鍋爐班當班長，膽小怕事，有時候受委屈憋氣也不敢去找人家。人家罵他是精神病，但是我知道他不是精神病。在沒出事之前，我們是有口皆碑的老好人，出事後他開始上訪，在外面說的我就不知道了。他的事情我不敢參與，也不敢多說什麼，因為凶手還都在我們縣城生活呢！」王女士對我說。王女士是本案受害人張柏岩的妻子（以下簡稱王女士）。

　　1991 年的 2 月，位於東北的吉林省前郭縣正處在天寒地凍、北風呼嘯的月份，晚上 8 點半左右，在自家小賣部看門的張柏岩跟往常一樣靠著火爐而坐，等著客人的光顧。然而等來的卻是五名歹徒蒙著臉衝進了小賣部，張柏岩還沒來得及反應，鈍器已經重重的打在他的頭上，並遭到歹徒持續的暴打，隨即昏死過去。

　　警方在偵查此案時，居然敷衍了事，致使這起入室傷人搶劫案多年未破。張柏岩因此事上訪，也最終兩次被關進了精神病院。

　　張柏岩，家住吉林省松原市前郭縣郭鎮，前郭縣石油化工煉油廠職工，55 歲時退休，現常年在北京上訪。他身體微微痀僂，頭髮很短，全白，面容削瘦，經常穿著深色格子襯衫，黑色西裝褲，皮腰帶上掛著一個皮質黑色扣環小包，裏面是打火機和香菸，另一邊則掛著一圈指甲剪和鎖匙，就像很多東北老大爺那樣。

　　案發前，張柏岩有一個幸福的家庭，老婆賢慧持家，有退休金，外面還開了個小賣部做點小買賣。他有 1974 年、1978 年出生的兩個兒子，自己以前在煉油廠工作，雖然不是好的工作崗位，但生活比一般人還是強多了。案發後，他再也沒有快樂過，並因鈍器的砍傷造成了長久的頭痛及一輩子的傷疤。

　　據警方登記該案的資料記載：「案發的 2 月 7 日晚 ，王某、李某、趙某、吳某、玩撲克到晚間 8 點後，接著去張柏岩經營的副食店買煙，遇到高某，買完煙後 5 人一起到飯店吃飯，當晚都住在王某家。」記載中好像除了買菸，其餘什麼事都沒有發生過。

　　「案發時，我 老公自己在屋裡，歹徒拿走了我們一箱好煙，還有當天營業的全部現金，還把我老公腦袋上砍了幾刀。他現在右耳上邊都沒有骨頭，就是當時讓剁碎了的。」王女士介紹：「我們懷疑入室搶劫，殺人未遂的這幾個人是我們跟前的鄰居，因為我老公甦醒後喊出的第一個名字就是鄰居王某，而且這幾個人跟搶劫的人數相等 ，但是他的話

被時任公安局刑警隊指導員的劉新、轄區警官王峰齊打斷說：『不用說了。』」

張柏岩和家屬都以為公安局不讓說了是已經確定了嫌疑人身份，所以才不用再說什麼了，於是就每天等消息，後來實在沒消息就到公安局詢問案件進展，每次得到的答覆都是在家耐心等著，這一等就是三年，警方也沒個結果。實在無奈這才開始上訪。

進入 2001 年 5 月，張柏岩到前郭縣刑警隊要求複查當時的案犯嫌疑人情況，並說明當時就是王某對自己實施的搶劫，並先後兩次前往公安局，就以上問題進行反映，均被警方拒絕複查。

經過張柏岩向各部門的投遞訴狀，2002 年申訴告到公安部，終於等來一絲消息。公安部派員下來調查，前郭縣公安局不知道什麼時候已經把案件給撤了，張柏岩這邊根本不知道，也沒有家屬的簽字，後來迫於上級壓力又把案件給補上。可調查之後一切又恢復平靜，並未給他的案件帶來什麼實質性的進展，他只能再次踏入北京上訪。

這種麻煩終於惹起了某些地方領導的不快，這也決定了張柏岩以後的生活會更加不幸。

2003 年 8 月 10 日，時任前郭縣公安局局長許輝指派時任勝利派出所所長耿世英，帶人把張柏岩拉到吉林省公主嶺市公安廳安康醫院（精神病院）做鑑定，七、八個人圍著桌子坐下，問張柏岩案子的事情，又看了一遍他的上訪材料，對他說：「你不是精神病人，快回去吧。」

僥倖逃過一劫的張柏岩沒有動搖尋求公義的決心，繼續著他的申冤之路。很快第二次的迫害也臨近了。

2003 年 8 月 13 日，張柏岩上訪回家後，被片警（編註：轄區警察）叫到勝利派出所，讓他在派出所吃飯，等了一會後，派出所所長帶來 4

個警察，把他拉到四平腦神經醫院，醫院檢查後不予收留，並說張柏岩有其它病，不適合待在那裡。

然而，在權力橫行的中國，區區醫院怎麼能阻擋得了強權部門公安局的要求呢？果然，在公安局上級的疏通下，沒有再做檢查，就把他強制關進了精神病院整整4個月。

在精神病院裡面，張柏岩被強制吃藥，不吃藥就被四、五個精神病患者按住綁起來往下灌，當然也用此種方法強制打針。他每天要吃三次藥，每天被打一次針。在醫院裡幾乎沒有吃飽飯的時候。用完藥後就老是犯睏，躺倒就能睡著。因為醫院知道他不是精神病人，所以他在有人跟蹤的情況下可以在精神病院裡到處走動一下。

家屬知道張柏岩被關精神病院的事情後，他兒子找到精神病院要求放人，醫院表示：「這是公安局關的人，你們找公安局去。」

無奈，家屬就奔波於公安局和醫院之間，經過多次找相關負責人，公安局最後才允許放出，但是警告說：「以後若再上訪就再關精神病院。」

人放出來時已經是寒冬12月份。在家待了兩個月，身體恢復稍微好點，這位不服輸的東北大爺又坐上了開往北京上訪的火車，緊隨著第二次被關精神病院也如期而至。

2005年3月中國兩會期間，張柏岩在北京人大信訪接待室遞交材料時，被截訪人員帶到松源市駐京辦，第六天被送回老家，勝利派出所接到他後並沒有讓他回家，而是直接送往吉林最著名的精神疾病治療中心：洮南精神病院松源市分院，在沒檢查的情況下直接關了進去。由於是會議時期維穩的需要，所以沒有上次迫害得那麼嚴重，總共關押了20天，每天也就吃兩片的藥量。兩會結束後，家屬找到了醫院，他被放了出來。

經過這些年的迫害，張柏岩無奈的說：「兩次鑑定我不是精神病，鑑定書不給我，我告他們時就是精神病，我不告他們現在就不是精神病了。我是不是精神病醫院說了不算，而是公安局說了算。」

第五章　遇到良心醫生

如果說所有的醫生都配合政府迫害維權人士，那倒不是事實。雖然，醫生也一樣處於政治高壓之下，還是有少數醫生能頂住壓力，變相釋放或減輕對維權人士的迫害。只是令人失望的是，這樣的情況非常少。中國這樣的國度，有膽識、有良心的醫生，屈指可數。

葛洪貴

黑龍江雞西市東海礦退休工人葛洪貴是幸運的一位。生於 1947 年，葛洪貴因為給侄兒申冤，上訪近 18 年之久，遭遇多次毆打拘留，其中兩次被送入精神病院，均因思路清晰被有良心的醫生釋放。

兩次遭醫生釋放，這不得不說太幸運了。我在北京南站見到了這位健談的老者，言語之犀利也讓我感到詫異，說起話來條理清晰、環環相扣，把一個個小環節利溜地串成一個大故事，讓人聽著不累，還倍感親切，這或許也是為什麼能打動醫生的緣故吧！

原本生活穩定的他，像大多數人一樣準時趕著上下班點，努力生產建設，點燃青春奉獻工作。一向溫和的葛洪貴也不是爭強好勝之人，然而 1995 年的一件事情徹底顛覆了他生活處事的原則。

1995 年 7 月 5 日的星期三，雞西廣播電視報上刊登了葛洪貴的侄子葛福寧撰寫的《中華之劍》的觀感文》，並獲得了較高的評價。然而，此文被葛福寧所在時任雞西恆山鐵路勞動公司分公司經理兼卸車隊長張

文恆認為是藉古諷今，是針對他們的。

「張文恆的老婆 王淑豔看了雞西廣播電視報，對上面我侄兒寫的《中華之劍》的觀感文》，罵罵咧咧的說：『你寫我們家老頭子幹啥？』之後張文恆對我侄兒威脅說：『你以後少說點，別看著白天好好的，晚上下班誰給你一槍，你都不知道。』」

由於該文被當成諷刺領導不作為的素材，在以後的生活中葛福寧更是遭受多次騷擾。

「11 月下旬的一天 ，張文恆叼著煙走進油庫，而此時修車工正在給鏟車加油，我侄兒提醒他把煙滅了，張文恆卻答：『我這麼一個大經理用的著你這個狗崽子管？』說著揮拳就朝著他打過去，侄子猛跑才逃離了這次毆打。但第二天在公司裡被七、八個人圍住痛打一頓，現場至少四位職工看到了這個情況，還逼迫我侄子給他們磕了二三十個頭。」

因反覆受到騷擾及毆打，葛福寧出現了精神異常，導致本來就有輕微反應性精神病的他情況變得更加糟糕。同年 12 月 8 日晚上，在一幫年輕人近距離逼迫的喧鬧聲刺激下，他大叫一聲，昏倒休克。八、九個小時後才甦醒過來，但是神智錯亂，出現驚嚇、恐懼、焦慮、煩躁、失眠、口渴等精神問題，至此，葛福寧的反應性間歇精神病問題被刺激加重。

「葛福寧是反應性精神病 ，卻被私人精神病門診與雞東縣精神病院，診斷為精神分裂症，讓他一把一把的吃藥片。吃得數年口水直流。」

至此事件開始，葛福寧病情加重，也無法去上班，由於恐嚇毆打的行為是在單位發生的，但是單位的治療只是走了一下過程，根本沒有具體針對病況治療。葛洪貴鑑於侄兒的受害，被迫開始了漫長的上訪控告之路。

上訪並沒有解決他所提出的訴求，反而讓他自己也遭受迫害。持續多年的抗爭，他的不公遭遇越來越多、越來越深。來京、遞交材料、被接回、被毆打、被關押，在這十幾年中已形成套路。最後，把他關押到精神病院也進入政府考慮的範圍。

2008 年 8 月 22 日，正在北京上訪的葛洪貴，被所在礦信訪科長從北京接回，送入城子河精神病院，在醫生給他鑑定時，他遞交了自己的上訪材料，並說明自己的真實狀況，因為思路清晰，醫生在做完簡短的交流後，拒絕了礦信訪科長等人的要求，而直接將他釋放。

「當初信訪科是鐵定要把我送進去的，由於遇到好心的醫生才避免了這次關押，政府對百姓的迫害真是沒法說，當初鬼子來了，咱們可以跑上井岡山，這現在都沒地方可跑，警察哪兒都能找得到你！」葛洪貴回憶起這段經歷時很是感慨。

2012 年 3 月 2 日，全國兩會將召開之際，出於維穩的需要，葛洪貴被所在地的東海派出所、礦信訪科、勞保科三家單位聯合送到雞東縣精神病院，在做鑑定時，葛洪貴經過跟主治醫生的交流，述說了自己第一次被送到醫院的情況，這位醫生在經過跟其他領導協商後，決定不收留他。

但是迫於警方及外面其他單位的壓力，醫院出具了一份精神疾病鑑定書，鑑定結論為──精神分裂症（偏執型），建議在有人監護下生活及服用抗精神病藥物治療，終究免去了精神病院的摧殘。

但是這一紙鑑定，也徹底給他紮紮實實的扣了一頂精神病的帽子，為以後被精神病創造了一切可能性。

這個案例值得指出的是，相關機構在對葛洪貴進行人身侵犯時，醫院並沒有隨波逐流，而是守住了道德的底線，這在全國醫院配合相關機構迫害人權日益嚴重的情況下是少見的。尤其是在《精神衛生法》還未

實施的情況下，他們就能頂住壓力，更值得肯定他們的工作。在此，應表揚那些具有正義感的醫生和醫院，他們守住已經被糟蹋得面目全非的醫道。也讓其他醫生們看到，對相關機構說個「不」是沒有那麼難的，不是沒有人做得到的。

被精神病的受害者除了講理給醫生聽之外，還有以死威脅抗議的案例，最終，醫生怕出事，承擔不起責任而放人；這道理聽來沒什麼、很正常，不過仔細想想，如果維權人士遇到的是一些根本不管你死活的醫生，那麼，遇到害怕承擔責任的醫生是不是相對而言還算是幸運呢？

衛榮珍

衛榮珍，1944 年 2 月生，農民，住遼寧省大連瓦房店市趙屯鄉。

2008 年 9 月 24 日上午 9 點鐘，衛榮珍像往常一樣在北京北站坐車到全國人大信訪辦填表，11 點 20 分交完表後，人大信訪處用大客車把所有的上訪人全部送往久敬莊，當日下午 2 點左右，遼寧省截訪人員把屬於遼寧的上訪人全部接回。

25 日凌晨不到 1 點中，大連市接訪人員把衛榮珍等屬於大連戶籍的 9 個訪民連夜送回，衛榮珍在早上 6 點被關押到付泉莊。7 點時，趙屯鄉鄉長張敬親自帶兩人把衛榮珍強行押走，逕直送往屬於瓦房店市管轄的李店夾板溝精神病院關押。

她被分在 209 號病房，衛榮珍想給家人打電話，眼明手快的工作人員把她的手機搶走，並收走了其它隨身物品。衛榮珍是一個急性子，寧死不妥協，每天拒絕吃藥、打針、吃飯。四天後，因為滴水未進，終於休克。該院院長知道後，立即實施了搶救。為怕鬧出人命，就給張敬鄉長打電話讓他接人，表明這個老太太沒病，我們不收治這樣的病人。就這樣，經過搏命抗爭，關押四天後她被放了出來。

衛榮珍是一個典型的農村婦女，穿著隨意樸實、說話大大咧咧、舉

手投足都像在幹活。她有兩個兒子都已成家，家裡蓋有 8 間瓦房，還有一百多棵果樹，談不上是小康生活，至少也算是美滿幸福的家庭吧。誰知因為小兒子離婚的財產糾紛，導致她上訪十多年，再回到家時，房屋被砸，果樹死掉，斷了生活來源。今年已 19 歲的孫女也不知道飄落在何方為生，最關鍵的是自己為此事還被兩次行政拘留，一次刑事拘留，最後還被送到精神病院治療。

我看她的上訪材料，所要求賠償的金額並不高，她的說法是：「*從小矛盾上訪到現在的大問題，不單單是錢的事，最主要就兩個字：公道。*」

1999 年，衛榮珍的兒子和兒媳婦感情不合鬧離婚，因財產分配問題，導致雙方家長矛盾激化，衛榮珍說兒媳婦父親四次對她大打出手，第三次甚至當著鎮民事調解員打昏了她，而警方只關押了他們幾個小時就釋放了。

衛榮珍說親家第四次對她家入室打砸，共計毀壞財物近兩萬多，而法庭最後調查結論是共計砸壞的財產價值為 736.5 元，由於雙方認知差距巨大，衛榮珍認為賠償不公，成為她日後上訪的問題之一，而上訪的另一問題則是在親家砸家的時候，數十次報警，警方均置之不理，衛榮珍認為就是這種玩忽職守導致親家囂張的四次入室砸家。

由於此次家庭糾紛，衛榮珍在尋求鎮政府民事調解員幫助下均沒有取得很好的調解效果。她的冤屈除了是警方懶散不出警，更主要的是離婚糾紛鬧到法院後，簡單的民事案件法院拖了兩年半才宣判，導致衛榮珍這兩年不敢回家，家中 126 棵果樹無人照看、全部死亡。在對地方處理的徹底絕望後，她再也沒有了安全感，這才開始走上了十多年的上訪路。

家庭的巨變給剛上小學的孫女帶來了無盡的災難，父母的離婚讓他們的孩子也無人照顧，在中學未讀完的情況下被迫輟學。衛榮珍談起自己的孫女時忍不住哭了出來，她說：「*孩子從小學習特別好，就是因為*

家庭的變化，因為家被砸了沒法住，最後中學沒讀完就放棄繼續接受教育的機會，很小就出來打工掙錢，今年 19 歲的孫女也不知道在外幹啥，已經很久沒有聯繫了。」

衛榮珍在北京跟我交流結束後已是下午，她還要再趕赴火車站買票連夜回家。原來，她此次不遠千里來京，就是在我給她打電話瞭解情況後奔著這次採訪而來的，她說：「有希望就不放棄……。」

第六章　卑微到不能再卑微

一個人被關押在精神病院遭受一次摧殘，我們會覺得憤怒，可是如果一個人被關押摧殘十七次呢？這個小節裡收藏的個案都是極為弱勢的鄉下農民，都是弱女子、老年婦女，她們是社會的最底層。這些地方官這樣魚肉鄉里，我的憤怒已經不能表達我的感受。我從憤怒變成氣憤，氣憤變成失望，失望變成絕望。

辜湘紅

辜湘紅，湖南省湘鄉市龍洞鎮人，1966 出生。按照最早採訪她的記者紀錄，1991 年已經有兩個孩子（編註：作者不確定是否有結婚證）的辜湘紅再嫁到河南，可惜婚姻很不幸福，經常遭到丈夫家暴虐待。1995 年，辜湘紅瞅准機會逃回老家，和父母兄弟生活在一起。

回湖南後，辜湘紅又生了一個小孩（編註：作者無法確定生父），她報警希望懲罰人口販子，但反遭政府指控違反了計劃生育政策，遭到湘鄉當局的罰款懲處。辜湘紅自己沒有財產，沒辦法執行處罰，恰巧她兄弟家飼養了多頭豬，因此被政府強行牽走算作罰款。而辜湘紅母親徐美姣的房子也被政府無手續強拆。辜湘紅自此和母親開始上訪維權。

就是這麼一個卑微到不能再卑微的農村婦女，反反覆覆的被政府迫害。我在北京見過辜湘紅幾面，典型的農村婦女，說話快人快語，直爽俐落。頭髮簡單向後一紮，穿的衣服很簡單，甚至從都市人的標準看去有點髒，手提包包的提帶也磨損脫皮。運動鞋搭配西服在她看來沒什麼問題，事實上多數農村婦女也沒這個概念，只要衣服可以遮蔽身體，其他都不是問題。

以下是辜湘紅告訴我的。

1999 年，辜湘紅在北京上訪時被打得昏迷過去，然後被送到北京一個精神病院關了十天。當時傷重，重到她不記得該院的名稱，直到我不斷確認，她才回憶起來，是被關在北京市昌平區北郊醫院。隨後她被押往河南新鄉醫院，被該院鑑定為「偏執性精神病」。

這次關押後，就像打開水龍頭閘一樣，只要國家召開什麼會議，或者她去了敏感的地區上訪告狀，就會被關押到精神病院。

辜湘紅到底有沒有精神病呢？

2010 年 10 月 26 日上午，人權捍衛者及公民記者鄭創添和肖勇先生二人伴隨辜湘紅的母親徐美姣專程來到湖南省湘潭市第五醫院，看望正被關押於此的辜湘紅女士。

醫護人員叫出辜湘紅後，他們與辜湘紅進行了交談並開始錄影。此舉被時任精神病科主任劉長禮和護士長發現，即上前阻止。徐美姣質問：「辜湘紅什麼時候出院？」「辜湘紅沒精神病，是信訪局送來的，你們不能將她接走。」劉長禮說。

隨即，護士長將走廊的大門關上，將他們困在樓道內。

「你們要非法拘禁我們嗎？」鄭創添抗議。

「等保衛科來。」劉長禮態度蠻橫。「我又沒犯法，等你們保衛科幹嘛？」肖勇抗議。「去年婁底精神病院廖主任說：『你寫個保證永遠別告狀了，我們馬上就放你。』」辜湘紅道。

這時她發現劉長禮笑了。她看不出是輕蔑的笑還是用以笑來掩蓋什麼，心虛？

「我說辦不到，別說一個字，半個字我都不會寫。」辜湘紅堅定的說。「走！走！」劉長禮兇惡地吼叫，讓志願者們離開三樓精神科，將他們趕到三樓鐵柵欄外。

這時辜湘紅才明白，那抹笑只是個壞人，可悲的壞笑。

「其實，你們心理清楚，她有沒有精神病。」鄭創添抗議。「對，她不是精神病。但她是信訪局送來的，我剛和湘鄉市信訪局彭局長通了電話。」劉長禮威脅說。「她沒精神病的話我們就可以帶她走。這裡不是監獄。」鄭創添提高聲量。「但要通過信訪局，是信訪局送來的，要信訪局來接。信訪局送來的，我們沒辦法。」劉長禮推託。

他一個醫生，智商沒有問題，只是沒有法律知識，更可能是已經融入了這個大染缸，無法自拔了。「你們應該有鑑定報告才收吧，如果信訪局隨便送一個人來，你們就可以收嗎？」鄭創添故意問他，要他面對醫生的良心。

劉長禮把志願者推出後走進鐵門，大鐵門砰地一聲巨響隨即被關上。畫成兩個世界。

劉長禮堅持站在另一邊。簡直無可救藥了。當鄭創添等人剛走到馬路上時，他們發現醫院保安及不知來頭的人士共十餘人向他們衝了過來。

他們見狀立即拔腿就跑。幸虧跑得快，迅速跳上一輛駛過的出租車，才得以脫險。他們後來回想，那些人可能是信訪局的人。因為劉長禮當時說他剛聯繫了信訪局。信訪局的人不解決民眾問題，反而協助加害，還變成專門逮捕民眾的東廠鷹爪。

醫院強迫她吃藥打針，辛湘紅剛開始不從，被醫護人員強行戴上手銬腳鐐，雙手被銬得腫脹了好多天。後來實在受不了，答應醫生按時吃藥，才被去掉手銬。

十八大要召開，她應景的「被精神病」。但眼看會議結束了還遲遲不放她出去。她給湘鄉市龍洞鄉黨委書記打電話，問什麼時候能回家，這位黃姓書記說要她弟弟作保證。

辛湘紅對此表示不滿後，黃書記竟腦怒地說：「*就你這態度要關一輩子。*」後來她出來了。自由是在受到束縛後才會感知的，默不作聲等來的可能是持續的束縛。

屢被關押的辛湘紅在母親的陪伴下去找政府，希望對自己遭到的迫害討個說法。「討個說法」就是中國人的「抗爭」，就是爭取自由的形式。但就是這麼個廉價的形式政府官員都懶得應付一下，反而是赤裸裸地問她母親：「*你是不是也想要到精神病院去住兩天？*」

這種權力高壓也波及到了辛湘紅的弟弟及兒子，湘鄉市當局不斷給他們施加壓力，要求他們保證辛湘紅不再上訪，導致她兒子和兄弟壓力很大，不敢接近她，只有她的母親徐美姣四處為女兒奔波。

被強制吃藥和打針，已經成為常態，她對這種迫害已經習以為常。在醫院關押時稍微對醫護人員有意見，就會遭到劈頭蓋臉地毆打。

2013 年 9 月，被北京警察送到華一精神病醫院後，辛湘紅吵著要出去。

有一天她遇到一名男醫生，就問：「我還要多久才能出院？」男醫生答：「我不管。」「你不管誰管？」辜湘紅反問。

男醫生瞬間激怒，揪住辜湘紅的頭髮猛地往地上捧。辜湘紅當即被打倒在地，這名男醫生還不解恨，他用腳踩著辜湘紅的胸口連踹帶踢，給她一頓暴打。我都不敢相信我耳朵聽到的，這人還算是醫生嗎？是地獄裡的鬼吧。

因為女兒被精神病的事情，母親徐美姣也曾找過當地政府、婦聯等很多國家部門，希望他們本著人道精神不要這麼迫害辜湘紅，但是不僅沒起到作用，甚至導致她自己也被毆打。

辜湘紅和她媽媽是給我打電話最多的被採訪人之一，每次來北京她都會跟我聯繫，開口說話嗓門洪亮，不管和我談什麼事情，永遠直來直往，不拖泥帶水。

2018 年 10 月 12 日，我接到辜湘紅媽媽的電話，辜湘紅又被關在精神病院了。去年 2021 年我還接到辜媽媽好幾次電話。到 2022 年春節辜湘紅還在精神病院，沒有釋放出來。2022 年 4 月，我又接到辜媽媽的電話，說政府不願意放她，怕她再去上訪。

我不知道她現在是否已經獲得自由，但是據以往經驗，中共馬上召開 20 大會議，她應該還在被控制中。按照這個時間計算，辜湘紅已經被關押了 4 年左右。

辜湘紅本人打電話通話時間永遠不超過兩分鐘，而且開頭語永遠是：「記者你好，我是辜湘紅，」接著是：「我被抓了，現在在某某派出所，謝謝記者！」、「我被送回湖南了，他們說還要關我，謝謝記者！」、「記者你好，我想向你反應 ⋯⋯」

也許是遺傳吧，她的母親給我打電話時，多半就是辜湘紅又被關進

精神病院了，而且口氣乾淨俐落，就簡單介紹清楚關押醫院的情況和政府負責人的情況，不像其他訪民拖泥帶水給我講一大堆其他無關緊要的問題。

辜湘紅也多次向外界求助，《民生觀察網》曾經指派律師前往關押她的醫院交涉，精神病院主任告訴律師：「辜湘紅是政府的事，不是我們的事，釋放辜湘紅，得政府批條子。辜湘紅的事不是醫院和醫生能決定的。」

醫院多次無法釋放辜湘紅的藉口，就是必須要由當初送她進來的信訪局負責人簽字才能夠放人。這充分說明了辜香紅並不是精神病人，也不是一個對社會有任何危害的人，純粹是因為其上訪而被囚精神病院的受害人。同時也說明湖南湘鄉政府為了維穩，不擇手段、不遵法紀、不顧人權、罔顧人命的犯罪行為。這些迫害她的人，理應將來由人權組織起訴，並一個一個銘載史冊。

至 2017 年初，辜湘紅已經 17 次被關押精神病院。

附 1：辜湘紅歷次被迫害紀錄

第一次　1999 年在北京上訪時，辜湘紅被送到北京北郊醫院相關的一個精神病院關了 10 天，隨後被送到河南新鄉醫院，鑑定為「偏執性精神病」。

第二次　2006 年 7 月 12 日開始，辜湘紅被送到湖南省湘潭市精神病院關了 7 個多月。

第三次　2007 年 6 月 20 日開始，辜湘紅再次被送到湖南省湘潭市精神病院關了 7 個多月。

第四次　2008 年 8 月 13 日至 10 月 8 日，辜湘紅被關押在湘潭市精神病院，期間的 9 月 26 日她遭到電擊。

第五次　2009 年 6 月 3 日，辜湘紅在北京上訪時，被湘鄉市信訪局及公安局送到湖南省婁底市康復醫院，關押期間，除了吃藥外，還遭受了電擊治療，到 9 月低才被釋放回家。

第六次 2009 年 10 月 26 日至 11 月 10 日，辜湘紅被湘鄉市信訪辦等部
　　　門送到婁底市康復醫院。

第 七 次 2009 年 11 月 16 日，在上次關押釋放僅僅 5 天后，辜湘紅又
　　　被湘鄉市信訪辦等部門的人員送到了婁底市康復醫院。一直
　　　到 2010 年 2 月 9 日，辜湘紅的媽媽給政府部門寫了「請假
　　　條」，才被釋放回家。

第 八 次 2010 年 5 月，辜湘紅被從北京抓回湘鄉市後，再次被投入了
　　　婁底市康復醫院關到 7 月底才釋放。

第 九 次 2010 年 8 月 18 日，辜湘紅來到北京昌平區北郊醫院，試圖為
　　　她第一次被關在此處討個說法。醫院很快叫來警察，又被關
　　　在了這個醫院，至 8 月 31 日被釋放，隨即被政府部門送回湖
　　　南 湘鄉市。

第 十 次 2010 年 9 月 15 日，辜湘紅和母親前往市政府上訪維權，再被
　　　投入湖南省湘潭市第五醫院精神科；也就是在這一次關押中，
　　　醫院精神科主任承認辜湘紅沒病，是政府信訪局送來的。

第十一次 2012 年 7 月 26 日，辜湘紅在北京闖美國駐華大使館被抓，7
　　　月 27 日被押送回湘鄉市，隨即關入湘鄉市康寧精神病醫院，
　　　這次送她進入精神病的人員包括龍洞鄉政府的二名人員以及
　　　她的弟弟和兒子，辜湘紅說她的弟弟和兒子是不堪政府恐嚇
　　　騷擾才被迫這樣做的。

第十二次 2013 年 7 月 26 日，辜湘紅在北京京西賓館附近，希望遇到國
　　　家領導人伸冤，被北京羊坊店派出所抓獲，送入昌平區華一
　　　醫院關押，9 月 6 日獲釋。

第十三次 2014 年 3 月 3 日，中國政府兩會開幕的第一天，辜湘紅在北
　　　京被抓，隨後被送回湘鄉市，送入湘鄉市康寧精神病醫院，4
　　　月 8 日被釋放。

第十四次 2014 年 5 月 1 日，在北京上訪伸冤的辜湘紅，又被截訪人員
　　　攔截送回湖南，送進了湘鄉市康寧精神病醫院，她在醫院裡
　　　面不吃藥就被要求戴腳鐐手銬。律師在關押期間前往該院交
　　　涉，醫院仍不放人。一直到 2015 年 1 月 7 日才獲釋，被關押
　　　200 多天。

第十五次 2015 年 9 月 3 日，因北京舉辦大規模閱兵儀式，北京維穩升級，
在北京上訪的辜湘紅被抓回湖南，關押在湖南省婁底市康樂
醫院，該院是由婁底市紅十字會管轄的精神病醫院，屬於私
營性質，10 月 30 日獲釋。

第十六次 2016 年 3 月 9 日，中國政府每年固定的兩會召開時間內，辜
湘紅在北京被巡街警察遇到盤查，確認了她上訪人員身分後，
以協助調查名義帶走，交由湖南政府人員，投入了湖南省婁
底市康樂精神病院，3 月 26 日獲釋。

第十七次 2017 年 3 月 8 日，還是中國政府兩會召開期間，辜湘紅被從
北京強制抓回，送到婁星康樂醫院，一直到兩會結束，3 月
22 日醫院才把她送回家。

張治

她叫張治，是個苗族婦女，湖南省吉首市花垣縣團結鎮人。她生於
1972 年，沒有上過學，但她通過自學，使自己有了一定的書寫和閱讀
的能力。

2000 年 7 月 11 日，28 歲的張治因家庭分戶，向鎮政府辦理土地承
包經營權證及自家住房被鎮政府保護的礦主強佔等問題，張治和母親開
始上訪。持續的上訪，給地方政府的官員造成了很大的政績壓力。

糾紛纏訟 13 年，她仍沒放棄，要討回公道。但她也不是每天都在
上訪，日子還是要過。

2013 年 10 月 25 日上午 10 時許，弟弟種完菜回家，張治正給他做
午飯，鎮長麻清龍等人來找她，要帶她去選新房子的地址，張治以為自
己申訴多年的房屋被佔問題，終於獲得了政府的處理。

她不假思索就跟著鎮長等出了門，他們走到半路時突然有七、八個
人將她堵住，強行塞進一輛小汽車。就在這時，張治發現鎮黨委書記馬

繼國、副鎮長龍治剛等多名鎮幹部在場,其中還有二名自稱是派出所的警察。在車上,張治被戴上了手銬,在高速公路上走了一個多小時後,張治發現她被帶到一個很熟悉的地方——湘西自治州榮復精神病院,她以前曾多次被關押在這裡。

11月3日開始,張治被強迫吃一種叫氯丙嗪的藥,醫院的醫生護士都知道她沒病,所以看得比較鬆,許多情況下張治將藥吐掉了。臨出院的一個月前,張治沒再被強迫吃藥。

在精神病院的二個多月中,張治的父親、弟弟都未獲准看望過她一次。

2014年1月,天氣越來越冷,張治入院那套衣服已穿了二個多月了,她冷得受不了,要求送衣服來。同時也傳來張治的父親患上了肝癌,她弟弟實在照顧不了,在這種情況下,鎮政府同意張治回家。

張治出院後,得知她弟弟簽署了家屬授權書,政府才拿著所謂合法的手續關押了她。

面對張治的斥責,她弟弟哭著說:「妳被送入精神病院的五天後,副鎮長帶領許多人闖入家中,他們一再逼迫,實在抵抗不住這種壓力,我才被迫簽了字,將親姐姐送入了精神病院。」

為什麼被送入精神病院,張治一開始並不知道緣由,因為那段時間她一直老老實實的,沒做什麼「出格」的事,只是老老實實的生活。後來有一天,她看到媒體報導:2013年11月3日下午,中國國家主席習近平在湖南視察,並沿著狹窄山路輾轉到花垣縣十八洞村特困戶施齊文家慰問。而這個地方距離張治家不遠,地方政府怕她打擾「聖駕」視察,所以提前採取了維穩手段。

她把這事和她「被精神病」聯繫到了一起,一時頭皮發麻,氣憤不已,也才明白自己的價值在政府部門的眼中如此低賤。

那麼,張治到底有沒有精神病呢?

在這事發生的前一年，為了證明自己行為正常，也為了獲得一份鑑定，在 2012 年 9 月份，她藉著到北京上訪的機會，前往北京非常權威的安定醫院檢查過兩次，檢查結果均顯示她沒有精神病。

2013 年 2 月 3 日，公民記者江河曾前往關押張治的醫院對她進行採訪時，她說得最多的一句話就是：「我要回家。」

「我想回家，我要自由，我想生存！我在這裡已經三個多月，哪一個治療是沒有時間限制的治療？我媽媽不能自理，要靠我照顧，我想與家人團圓。我寫了一封求救信，但寄不出去，沒辦法。我的孩子不知道在哪裡，學習怎麼樣，他今年 14 歲了，上初中了！」

江河也到她家進行了實地探查，張治這個所謂的「家」。這與其稱之為家，不如說是傘蓋更合適。因為它連窩棚都不如，窩棚也要有堵牆的，要有燒菜做飯的家當什麼的。可這算怎樣的一個住所？

幾根低矮的木棍，支撐著幾張塑料布，算是擋雨，四處則裸露著。有一張破木床擺在那，人在塑料布下，要彎著腰才能進出。見不到廚房、見不到桌椅，整體看上去就是流浪漢的一個臨時居所。張治媽媽的住處緊挨著張治的住處，更低矮，志願者蹲著看了一下裡面，甚至連張床也沒有，也未見有被褥。

當江河去張治的村莊採訪時，村民們一見到攝影機，異常緊張，因為以前有記者來採訪張治，被鎮政府指使的黑社會人員把車都給砸了。鎮政府還威脅村民，以後誰再來看張治，都要到政府找負責人談，禁止村民們私下接受外來人員交談，否則沒有好果子吃。

附 2：張治歷次被迫害紀錄

第一次　2004 年 3 月 29 日，花垣縣公安局、團結鎮黨委書記石黎明等
　　　　部門和人員，把張治送到位於湖南省永順縣的湘西州精神病院，
　　　　進行所謂的精神病鑑定，結果張治被鑑定為偏執性精神障礙。

當天便被關進了這家醫院，4 月 13 日被釋放出來。

第二次　2005 年 1 月 9 日，正在北京上訪的張治被團結鎮政法委書記張遠軍等十餘人從國家信訪抓回吉首後，就將她關進了湘西州榮復精神病院，一直到 5 月 18 日，張治被轉到了長沙的腦科醫院，在這座醫院張治待了七天，才被釋放回家。

第三次　2005 年 11 月 21 日至 2007 年 2 月 6 日，張治第三次進了精神病院，地點是在湘西州榮復精神病院；此次強制關押時間長達一年零兩個月。

第四次　2010 年 9 月 18 日至 2010 年 11 月 11 日，張治第四次進了精神病院，地點仍是在湘西州榮復精神病院。

第五次　2012 年全國兩會期間，3 月 9 日，花垣縣政府將在北京上訪的張治再次截回後，送到湘西自治州永順縣精神病醫院強制治療了兩個月之久。5 月 4 日才獲釋回家。

第六次　2012 年 10 月 31 日，為了共產黨十八大維穩需要，花垣縣政府再次將張治接回後，又指使團結鎮政府將張治送進了榮復醫院接受強制治療，直到 2013 年 2 月 6 日下午兩點，在被強制三個月零六天後，張治被接出恢復自由。

第七次　2013 年 10 月 25 日，她被關押到湘西自治州榮復精神病院，11 月 3 日，中共總書記習近平到花垣縣十八洞村慰問特困戶，2014 年 1 月，因父親病重，她被釋放回家。

周素芳

「我是一個精神完全正常的人呀，新津縣政府的有關人員把我說成是精神病人，對我進行打罵、進行非人道折磨、我好冤枉啊！這麼十幾年弄得我四處流浪、上訪，並為此欠別人那麼多債，這些都是他們不負責任的語言和野蠻的行為造成的。　」周素芳一見我就喋喋不休地說起她的受迫害史。

周素芳是四川省新津縣人，這是離成都十幾公里的一個地方。1952年 3 月出生的她，是一個地地道道的農村婦女。1987 年，35 歲的她剛

離異，獨立生活，5 月 15 日這一天她從雙流縣到新津縣辦事，兩邊距離 25 公里，她徒步行走，在新津縣興樂鄉關家林地段一場突如其來的嚴重車禍傷及到她，現場一死一傷。她活了下來，但被撞致右眼球脫落，面部和鎖骨損傷，盆骨粉碎性骨折。

肇事司機石章信把周素芳送到新津西藏川辦醫院，車禍發生後兩個多小時交警才到現場，司機把她交給當事交警陳元明就不管了。在身受重傷的情況下，她一個人在醫院治療，沒有人給她找陪護人員，導致她身上長滿褥瘡、跳蚤。她受傷眼睛被縫合，在傷口還沒好的情況下，主辦此案的交警李德君就督促周素芳出院。出院後他們把她拉到一家賓館住下，說是等候處理。至此以後卻無人再過問，沒人出住宿費，最後她被旅店老闆趕出了房間。

「由於離婚不久，傷病纏身 ，無錢醫治，又無勞動能力，交警拖著不給辦理事故認定，我就到交警隊找負責人解決。我這是交通事故造成的生活困難問題，理應不難辦理，只要找到肇事者石章信，讓他負責此事便好。但晚上我卻被交警李德君用車拉出城扔到城外丟棄在荒野，我走了一晚上才回家。第二天我再去交警隊，跟他們據理力爭，他們說我是個沒戶口的人，沒法處理。當我拿出離婚證證明自己的身份，他們連我的離婚證都拿走了。」周素芳說。

事情發展地非常不合情理。警方為什麼平白無故對一個交通意外受害人如此殘害？

周素芳接著說：「過了幾天交警隊又通知我，車主又發生車禍死了，沒法處理了，同時他們拿走了我的醫院住院病歷等證明。」

周素芳執著地回交警隊要結果，當交警們看到她後「認定」她是精神病人，1987 年 9 月開始，就被時任交警隊負責人劉代文、李芋祥強制送到了新津縣精神衛生保健院（精神病醫院）。這僅僅是她發生車禍後的 4 個月。

剛關進去，周素芳不配合他們的治療，為了防止她亂動，醫院院長謝應華找人把周素芳經常綁在床上，又綁在床上灌藥。時間長了她實在受不了這種折磨，慢慢的服軟了，她在精神病院被關押了整整兩年。把她關進去的警方，連錢也不願交。由於兩年沒人給醫院交錢，1989 年 12 月，醫院把她送回到交警隊。

以為已經獲得自由的周素芳看到交警後，就再次跟他們要車禍事故認定書及被抓精神病院的住院手續，負責人劉代文說馬上叫車主來給她處理，她就安心的等著。一心等待的結果沒有看見車主出現，卻又把她強制送往敬老院關押一年。

事情並沒有畫上句號。一年後獲得自由出來後，她找當時主管民政的副縣長唐秋華訴冤，結果莫名其妙挨了一頓暴打，並限制她以後不許再進入縣政府。

倔強的周素芳開始走上了省一級的行政機關上訪，可是權力的繩索編織了一張巨大的網，不管走到哪裡，截訪人員都能準確的找到她，每次抓住之後，她都免不了挨一次暴打，並伴隨著多次被關押精神病院。

附 3：周素芳歷次被迫害紀錄
第一次：1987 年 9 月至 1989 年 12 月
第二次：1993 年 1 月至 1993 年 12 月
第三次：1994 年 5 月至 1994 年 12 月
第四次：1995 年 1 月至 1995 年 12 月
第五次：1997 年 9 月至 1998 年 11 月
第六次：1999 年 12 月至 2003 年 4 月
第七次：2006 年 3 月 1 日至 2006 年 3 月 31 日

把這些時間加總，我發現她被關押的總時間，近乎 10 載。

2006 年 3 月 1 日，周素芳最後一次被關精神病期間，被鑑定為「偏

執型精神病障礙」，醫生在治療經過一欄裡寫著：「精神異常 28 年，四處告狀，毀物 14 年，加重一年入院。」

「醫護人員明確的告訴我：『飯可以不吃，但是藥必須吃。』」她說。

「主任張文亮、醫師唐永華只管在我身上用藥，從來不過問我的身體和性命，每次強行把我關進精神病院，都要把我折騰成全身浮腫、發黑才肯放我出院。並且給我用藥這麼多年，從來不給我住院病歷和用藥處方。」

我看著周素芳，聽著她告訴我的事情，心裡浮想聯翩，總覺得哪裡不對勁。交警沒理由放走肇事司機，對她這個受害人也沒理由如此殘暴，甚至她去找福縣長都挨了揍，如果她沒權沒勢，那司機也應當沒權沒勢力，為何公權力者要如此？她到底有沒有精神病呢？

我翻看她給我的資料，讀到最後一次送她到精神病院的新平鎮中共幹部胡誌中在病歷部分加文陳訴：「14 年前，她在川藏路新津縣路段『流浪』時，被汽車撞倒，交警隊一次性賠款，錢用完後就反覆找交警隊、縣政府解決生活費用，後被政府送到太平敬老院，8 年前，在縣政府門口靜坐，擾亂辦公、毀壞公物、大罵工作人員，糾纏領導，故被民政局送入精神病院治療。」

這真奇怪，她被汽車撞，為什麼是交警隊賠錢，不是肇事車輛賠？是交警撞到她？還是交警的過失導致意外？

為了證明自己不是精神病人，周素芳找了一個好心人借錢，到華西醫科大學進行了神經功能檢查，結果鑑定為：交感神經功能紊亂。據醫生說：「這根本不是什麼精神病，而是神經官能症或更年期反應的症狀。」

周素芳說：「2005 年 6 月 8 日，交警李德君通知新津縣各部門，把檔案室有我周素芳的所有證據全部拿出來燒掉，不讓律師、法官找到

一點線索，20 年過去了，我到現在都不知道他們怎麼處理這起交通事故的，也許這輩子我也看不到那事故處理書了。」

周素芳向鎮府提出要求一、要求新津縣交警車禍事故認定書一份；二、要求政府在車禍後關她精神病的住院證明、出院證明全本都還給她；三、附上精神病院的醫生張文亮、唐永華給開的藥單原始單據。她要知道她被強迫吃了什麼藥物。

這些是她的基本權利，卻折騰了周素芳二十多年的青春歲月。

「我不是精神病人，我是向他們反映解決問題的，他們把我關進精神病院後，從來沒有給我做過任何檢查確診，精神病醫院的病歷記錄，都是醫生根據送我進來的人胡亂說所記的，20 多年的傷害，身體、身心、精神均受到嚴重損害，這麼多年的經濟損失太大，我要求一次性依法全部賠償。如不能依法解決我的問題，我會繼續上訪，一直到我得到合理的賠償為止。」

第七章 仁心喪失：醫院變成黑牢

2015 年 5 月 6 日，在精神病院被關押 68 天後，岳麗娜回到了家中，這已經是她第三次被關押到精神病院了。出來後，她去法院起訴送她到精神病的郭建國鄉長等領導，法院答覆不受理，理由是縣裡有主要領導打了招呼，不讓受理她的案子。寄希望於立案登記制改革後必須受理的原則泡湯了，申冤的路只能跟以往一樣煎熬在遙遙無期中……。

岳麗娜

岳麗娜，36 歲，基督徒，家住河南省濮陽市南樂縣，單親母親帶著一個上初中的孩子，和年邁的父母及殘疾的哥哥生活。因家中四畝土

地被無端搶走，父親更遭受村長帶人暴力毆打，退伍傷殘軍人哥哥的補助未能執行到位，她於 2007 年開始上訪，也正因為此，到目前遭受了勞教一年，拘留所關押九個月，被精神病三次（共計 233 天）的噩運。

岳麗娜就像一個戰士一樣。2015 年 2 月 27 日兩會前夕，她明知是萬丈深淵也不能後退，帶著這種決心進京上訪。可此時的地方截訪部門也像進入一場戰鬥一樣嚴防死守在各個國家機關的上訪單位大門前。這是一場足球賽，上訪者就像足球，信訪局就是球門，截訪員就是守門員，足球被踢來踢去，就是不讓進球。

僅僅到北京一天，2015 年 2 月 28 日岳麗娜即被戶籍所在地政府截住，強行帶回，回來後副鄉長郭建國、民政所所長徐在省、信訪辦副主任郭慶勳等人把她強行抬進了河南濮陽市第六人民醫院（精神病院）四樓。

進入精神病院後，院方並沒有給她鑑定，而是直接把她投入精神病房，一個狹小的房間本來只能容納四個病人居住，可是醫院為了節省開支，在一個房間又多加了兩張床。院方知道她是上訪人員，起初並沒有給她吃藥、打針。關押到半個月後，不知因何故，莫名的要給她吃藥，遭到她強烈抗爭反對，院方最終出動多人強行對她實施捆綁，才順利的完成打針、吃藥過程，而這種強制連續三天，一直到 3 月 19 日中午才停止。

「跟精神病人吃的是一個鍋裡的飯，早上有鹹菜、有饅頭，做飯的告訴我生活費一天是 13 塊錢，我就跟精神病人住一個屋子，有時候半夜三更他們唱歌跳舞的，根本沒法休息好，一個房間我們住 6 個人，很小的房子。平時，別的病人都能下去樓下曬太陽，他們就不讓我下去，68 天沒讓我曬過太陽，只能在走廊裡走動。」

5 月 6 日，在被關押了 68 天後，她被鄉政府工作人員、村主任和村婦女主任接了出來，並告訴她上級讓來接你出去。這次關押醫院沒有

經過任何手續，但是醫院的負責人說岳麗娜的鑑定結果就是精神病。岳麗娜索要鑑定結果，遭到院方拒絕。而最讓她難受的是，父母去看她時遭到院方的搜身，這種赤裸裸的侵權行為，完全把醫院當成了看守所。

「我在裡面的時候，我父母去見我給我送衣服，他們就不讓進，我父母就每次都堅持去，後來他們允許我父母進去了，可是還對他們搜身，說怕他們帶什麼東西，就全身搜，這不是完全把我父母當犯人嗎！？我出院後找縣委書記黃守璽訴冤，他見我時說，我反映的問題上兩屆書記都不給你處理，我也不給你處理。」

這已經是因兩會維穩她第二次被關精神病了。2014 年 2 月 25 日同樣是兩會期間，岳麗娜去北京反映問題，遭到了駐京辦工作人員的強行攔截，把她強制帶到一個招待所，2 月 27 日被鄉政府人大主任劉建波、副鄉長郭建國、民政所長徐在省、鄉信訪辦副主任郭慶勳等人強行拉回南樂縣城，直接拉到南樂縣精神病院，搶走了她隨身攜帶的手機、身分證、錢財、資料等一切私人物品，讓她自己走上樓去，她不肯配合，隨即遭到輪番毆打，最後被幾個大漢強行抬上二樓，抬到二樓的岳麗娜繼續掙扎，直至被親自出手的鄉人大主任劉建波掐住脖子掐暈在床上。

3 月 1 日，岳麗娜借用其他病人家屬的手機打電話讓父母給送些日用品，等父母來看她時，就用他們的手機給南樂縣基督教會的張少傑牧師（現在服刑中）打了一個電話，卻給她父母帶來了災難。

「當天晚上鄉人大主任劉建波、副鄉長郭建國、副書記王彥強等十幾人強行闖入我家。王彥強用腳踩斷了我家的門閂破門而入，王彥強打著我媽的臉問我媽：『我打你了嗎？我打你了嗎？』並搶走我家 5 部手機、戶口本、我上訪反映問題的相關手續、省領導給的手機號、電話本，及電話本裡的幾百元錢。」

這還不是地痞流氓的行徑嗎？鄉的副書記都是黨幹部，鄉的黨幹部都是這種素質，這還是一個泱泱大國，光榮、偉大、正確嗎？

「劉建波和王彥強跟我父親要身分證，我父親不給，他們就打，然後就擰住我父親的胳膊強行塞到車裡　，拉到鄉政府大門外，停了一小會兒又往西走了大概有 30 多分鐘，車開到僻靜的荒郊野外，他們從車裡面把我父親拖出來又是一頓拳打腳踢，之後讓我父親跪著給他們磕著頭繼續打。」

「劉建波還威脅說，要把我父親綁起來扔到河裡。　打完之後他們又把我父親塞到車裡，開到南樂縣拘留所門口。又過了約五六分鐘時間，村支書和另外一個人開著車來了，他們再次強行把我父親抬到村支書段相安的車上，將我父親拉到村委會門口，然後村支書步行把我父親送到家。」

而在醫院關押的岳麗娜日子也同樣難熬，3 月 5 日下午，一個叫崔振平的主任說要給她打針，岳麗娜說不打，隨即該醫生上前就扒她的衣服，岳麗娜就吐了該醫生一臉唾沫，他很生氣的走了，一會後來了 4 個人擰住岳麗娜的胳膊按倒在床上強行給她打了一針，隨即昏昏沉沉的沒了知覺。當她醒來時已經是第二天早晨了。這種煎熬的日子這次共計度過了 135 天，直到 7 月 10 日才出來。

為何每次關押她都不用鑑定呢？原來早在第一次關押她到精神病院時已經給她做過了所謂的鑑定，這還得從她上訪和第一次被關精神病院說起。

岳麗娜的上訪資料記載，2007 年 10 月 10 日，以村長段平軍為首的一幫匪徒，以土地調整為名強行將她家的 4 畝耕地搶走。報警後得不到妥善處理，對方的行為更加肆無忌憚。岳麗娜的哥哥岳忠偉是四級傷殘軍人，並無兒女，按國家政策退伍傷殘軍人待遇未能依法依規落實，也成為她上訪的一條主要原由。

2012 年 6 月 13 日，岳麗娜去北京上訪，被駐京辦截訪人員攔截，於當天連夜送回南樂縣，14 日，她被強行捆綁拉到河南新鄉第二附屬

精神病院。第二日上午,副鄉長郭建國、民政所長徐在省、鄉紀檢委副書記聚倉及鄉領導孫曉蕾、趙護軍、艷紅、第二人民醫院院長王俊成、派出所民警郭獻鵬一起來到她的面前。副鄉長郭建國說要給她做「精神病鑑定」,如果不配合就弄死她。

當日下午鑑定完畢後回南樂縣城,直接把她關進拘留所。在拘留所內她遭到了毆打、辱罵、威脅等非人道的虐待。這還沒完,2012 年 7 月 2 日才是噩夢的正式開始,那天副鄉長郭建國、鄉黨委副書記王彥強、民政所長徐在省及派出所民警郭獻鵬、侯東亮,從拘留所把她抬到南樂縣精神病醫院。

在把她送入精神病院後,醫院剛開始並沒有把她當精神病人對待,但是好景不長,2012 年 7 月 31 日在南樂縣精神病院副院長趙現民的指使下,一幫人強行捆綁給她注射不知名的藥物。

岳麗娜形容打針後渾身不舒服,睡不能安睡、坐立不安、心煩易怒、流口水、說話吐字不清、眼睛發直、眼酸眼累視物不清、吃飯嘔吐,8 月 1 日在南樂縣基督教會張少傑牧師等人的強烈要求下才把她送回家。

而這一次關押精神病院的不止岳麗娜自己,還有她年邁的父親岳懷民,當她去北京後,她父母及有病的哥哥怕她出事也去了北京,鄉政府強行把他們截回後,將她父親強行帶到新鄉第二附屬精神病院。

「開始他們把我父親 帶到住院部讓他觀看精神病人行為進行恐嚇,回家後因為我父親沒有按照他們的意思辦,就把我父親拳打腳踢一頓,又一次強行帶到新鄉第二附屬精神病院進行所謂的『精神病鑑定』,然後在鄉政府大院一間小房子裡關了一個多月。」

「7 月 29 日,我父親被從鄉政府帶到南樂精神病院 ,一個叫李向的副院長夥同一幫人強行給我父親電擊、輸液,輸液後我父親除與我的症狀都一樣外,可能是年老體弱的原因,增加了手顫抖、走不成路的症狀。」

「我們父女二人回家　後多次找鄉黨委書記郭振鵬索要我們的『精神病鑑定結果』。他不但不給還恐嚇說：『你小心點兒，不然把你們全家都關進精神病院，會有你好果子吃的』等威脅性語言，後來又說是新鄉精神病院不讓給我鑑定結果。我多次找人找資料，才找到我們的鑑定書，我被鑑定為所謂的『偏執型精神障礙』，無責任能力，我父親被鑑定為『精神分裂症，無責任能力』。」

生活在沒有法制的國度，只要你不符合某些官員的利益，這種噩夢不僅會影響年邁的父親，未成年的孩子也難以逃脫被施壓的命運。岳麗娜的孩子考入縣實驗中學就讀，遠離家鄉有 10 公里左右，但是出於縣內某些官員給學校領導施加壓力不讓她的孩子住校，現在孩子被逼無奈成了離家最遠的跑堂生。

這真是太黑暗、太荒唐了。

第三部分　司法的歸精神病院

第一章　土地開發巨輪下：被毀的工廠

2014 年 6 月 28 日，我在北京見到了正在上訪的朱明霞。她講起警方對她家的迫害時，顯得焦慮、恐慌、不平靜。她說，之所以這樣，是源於遭受的一切給心裡留下無法抹去的陰影，自己很不想再回到那樣的環境當中。

朱明霞

說來也奇怪，一個政府要開發一個地方，一定會按整體都市計畫或是農村開發計畫進行，不會說幹就幹，毫無計畫，除非是一個落後社會。土地徵收，理所當然要給居民、廠商合理的搬遷時間和拆遷補助金。因此事先要先評估、測量，對徵收的土地、建築物進行登記，公告徵收辦法，並給予土地所有權人對公告、評估及各項補償費提出異議的申覆時間，若有不服也可依法提起訴訟。土地承租人應該獲得土地所有權人各種補償費用的合理分成。這應是任何土地開發案的基礎，我怎麼都想不通，怎麼會搞成這樣？

2012 年 12 月 30 日之前的朱明霞一家，可以說過得幸福美滿，女兒已經成家，兒子也成年懂事。1969 年生的朱明霞，山東省臨沂市河東區人，自家開的小服裝加工廠，在姐姐、妹妹的幫襯下，談不上生意如日中天，也算紅紅火火。但就是這年末一天的下午，家裡的房子被政府強拆，不幸的厄運從此開始。因為政府開發河東新區的需求，她 6 畝地的廠房面積，還有 15 年租約租期完全沒用，所有一切悉數被毀。朱明霞近二百萬資產化為烏有。

為此，朱明霞多次進京上訪告狀，得到得結果是屢遭迫害。

2014 年 2 月 28 日，朱明霞居住所在的鎮人民政府官員張洪波、石蘭坤以房屋強拆問題解決為由，騙朱明霞到政府去，因賠償標準雙方爭執不下，鎮黨委動用桃源路派出所把朱明霞控制了起來，家屬聽聞去談判的她被送到了看守所，就過來要人。警方調集及 20 餘社會閒雜人員對朱明霞及過來要人的姐姐、妹妹、女婿、兒子群毆，姐姐被帶到分局去問話，朱明霞被打至嘴唇大面積破裂，致使她當場昏迷，其他家屬也被圍毆超過 1 小時，遍體鱗傷。

我真的不太明白，這怎麼能夠發生？她跟土地所有權人的租約合同理應能保障她的權益，政府土地開發難道沒有給她補償，所有權人難道沒有給她補償費？是法律不夠健全還是沒有按照法律執行，還是地方官貪污了補償費？就算是這樣，最低限度政府也不能明目張膽的調集社會閒雜人等毆打當事人啊？這樣政府跟黑手黨有什麼差別？

「為了把我送入拘留所，桃源路派出所帶我到河東區人民醫院檢查身體時，心電圖醫生檢查心電圖確認我有冠心病。然而，他們強行改成了胃病診斷證明，以此來達到拘留的身體合格標準。」朱明霞憤憤地說。

2014 年 3 月 1 日，拿著胃病證明，朱明霞被強制送入了河東拘留所，等她清醒過來後才知道，自己的姐姐也因為此事被拘留 6 天關在這裡。

2014 年 3 月 3 日，送到拘留所關押兩天後，朱明霞出現頭暈、昏迷現象，被拘留所緊急送往臨沂市人民醫院搶救室，並通知了桃源路派出所。等朱明霞清醒後，派出所仍不放過她，為了繼續控制她，強行從醫院把她押出來，送往羅莊區中心醫院特服科（羅莊礦務局精神病院），並強按著她打針。現場，全副武裝拿著警棍的人站著，看著她吃藥，稍有不從，就會遭到警棍伺候。

我聽了她的敘述，覺得簡直像是魔幻寫實的故事。21 世紀了，還能發生這樣的事？

　　朱明霞滿腹委屈道：「剛開始每天打針，逼著吃藥，幾天服藥下去，思維就開始模糊起來，後來好心人看我癡癡呆呆的，提醒我不要吃藥了，再暈也要忍著。從他們那裡我才知道這裡是羅莊礦務局中心醫院還有其他上訪的人也被關在這裡。這棟樓是全封閉的，要通過五六道門才能到裡面。服務我們的都是中心醫院的護士，但是他們都偷偷摸摸的，看見我們就跑，這個樓上沒有掛牌子，就是典型意義上的黑醫院了。」這醫院也就是他們內部人所說的羅莊礦務局精神病醫院。

　　朱明霞這個山東大妞，身體結實，一看就是那種實幹、能幹的女人。她穿著一身黑色的衣服，五分褲，黑色 T 恤在胸前英文是反著印的白色黑體字，寫的什麼我完全看不出來。她斜挎著黃色小包，人看上去很堅強不屈。我仔細看了她的面容，未施脂粉，是那種實心實力幹實事的老實人，難怪能做小服裝廠的老闆。

　　羅莊醫院給她開的診斷是「癔症」。電腦斷層檢查完後醫生說她沒病，但是朱明霞卻一直頭暈嘔吐，出院後她自己到上海市普陀區中心醫院做檢測，診斷結果顯示腦外傷加「中毒性腦梗」。但是並沒有檢查出所謂的「癔症」狀態。這就說明該院給朱明霞強加了癔症的病症，而且刻意隱藏了腦梗的病症。

　　癔症是什麼？百度百科對癔症的介紹是：癔症（分離轉換性障礙）是由精神因素，如生活事件、內心衝突、暗示或自我暗示，作用於癔病個體引起的精神障礙。癔病的主要表現有分離症狀和轉換症狀兩種。癔症的症狀是功能性的，因此心理治療佔有重要的地位。該病治療後一般較好，60% ～ 80% 的患者可在一年內自行緩解。」（編註：即「歇斯底里」）

　　以前所見到的或多或少都是具有資質、掛著正規醫院牌匾的精神病院，而朱明霞這次被關押的羅莊中心醫院，只不過是一個鄉鎮醫院罷了，就是在這樣的醫院後面，加蓋了一棟連接樓，瞎起名為「羅莊醫院特護科」，內部人統稱為「羅莊礦務局精神病院」，具體有沒有診治精

神病的資格,現在還不得而知。

經過這些事情的折磨,朱明霞說:「**我不得不相信,被精神病與腦梗的幕後,其實就是一種變相謀殺。**」

她站在信訪局的鐵欄牆邊,手裡拿著投訴材料,一臉委屈。這個地方非常危險,很多人在遞交材料後,就被趕來的政府人員截走、毒打一頓或是送到久敬莊。我採訪完也趕緊離開,免得出什麼意外。我走的時候,她還在那邊徘徊。我回頭看了她一眼,為她感到無比悲哀。

第二章 土地開發巨輪下:殺人不償命

有人說,家就是一個窩,哪怕四壁皆空,但只要有個窩,就可以擋風遮雨。對於孩子來說,家無疑是一個溫暖的港灣,是安全感的來源;對於一位母親來說,家是一個歸宿,因為這裡寄存著她的愛情和親情。但是有一天當一切都化為烏有時,人要去哪安身,靈魂要去哪裡立命?

尤寶芬

現在想起尤寶芬的遭遇,還是令我揪心。

尤寶芬,江蘇無錫市人,1964 年 5 月生,住在無錫市錫山區東北塘,同父親和妹妹住。從 1999 年開始,因為拆遷問題進京上訪,她被三次關入精神病院強制治療,而且因拆遷方僱傭黑社會人士砸窗戶,導致她母親驚嚇過度不久離世。2011 年警察從學校帶走了她正在上學的兒子,十幾天後,兒子被發現死於郊外,丈夫也迫於壓力跟她離婚。是的,因為她上訪,她的親生兒子被警察弄死了。

人民警察的素質,曾在中國生活過的人都心知肚明,不用我大聲吶

喊,是不是有可能發生這樣的事。

無錫這個被譽為「太湖明珠」的城市,地處長江三角洲平原腹地,位於江蘇南部,是太湖流域的交通中樞,京杭大運河從中穿過。無錫北倚長江,南瀕太湖,東接蘇州,西連常州,構成「蘇無常都市圈」。也許正是這樣得天獨厚的環境,頤養出了富裕的無錫。中國加入 WTO 後,無錫也是最早發展起來的城市之一,正是在這樣的環境中,尤寶芬的命運也開始改變了。

她家本來住在城中村附近,市人民政府為了搞開發,一整個城中村都在搞拆遷。尤寶芬一家是最後談協議的,補償沒談攏,他們沒有簽字,政府還是強拆了她的家。她就開始上訪,持續 6 年的上訪終於惹怒了人民政府相關單位。

我透過關係人取得尤寶芬的聯繫方式,用手機進行幾次的視頻談話進行採訪。電話那頭,尤寶芬靜靜地告訴我她的遭遇。

2005 年 2 月,尤寶芬因房屋拆遷問題去北京上訪,被無錫市崇安公安從北京押回,交給通江街道辦押送到無錫市第七人民醫院(精神衛生中心)即無錫同仁國際康復醫院,關押三個月,後由其居委會的人去接她回來。

關進去後,醫生要求她吃藥,她開始還抵抗,但是遭到的對待就是被五花大綁的摁住綁在床上灌藥。經過幾次的抵抗,她實在吃不消,選擇了妥協。只有按時一天三頓的吃藥,才不會被綁在床上灌藥。

自己的拆遷問題還沒有辦妥,新的威脅又來了,尤寶芬父母家的房子也開始被強拆,2006 年 4 月份的一天,拆遷隊的流氓用石頭砸尤寶芬母親家的窗戶,她的母親受驚嚇病倒,然後腎衰竭沒搶救過來,不久後過世了。

有誰能想到這並不是噩耗的終結。由於她一直上訪,不肯按照政府

188 | 第三部分 司法的歸精神病院

的意思達成協議，2011 年 2 月份兩會前夕，她唯一的兒子在學校讀書期間被警方的人帶出去，從此失蹤，十幾天後在一個河道裡有人發現了她兒子的屍體。

後來我打電話給尤寶芬的前夫，他證實：「我能肯定的說，我兒子是在學校裡被警察帶出去的，然後我兒子就死了，死的很慘。我認為他是被人害死的，要給他討個公道，遺體現在還存在殯儀館。」

尤寶芬則告訴我：「他們沒有對我兒子做屍檢，就是寫了個鑑定，身體上還有刀傷，他們就不肯做屍體檢驗鑑定。」

我聽了不寒而慄。警察殺人？還是警察勾結拆遷方，最後給拆遷方弄死，然後包庇？我覺得很悲哀，這件命案也許永遠不會真相大白。共和國也許有神探，但神探也一定綁在腐敗的系統裡無法自拔。這事可能永遠不會有水落石出的一天。

電話那頭的女人太可憐了，我有滿腔熱血，一直想能幫她什麼？自知無法對抗這邪惡的體制，深知他們只要一發狠，分分鐘就能收拾我。我只是一名記者，對付不了他們這些帶槍的。我唯一能做的就是把她的故事紀錄下來，並盡可能讓世界知道。如果有幸，還能讓這些壞蛋接受制裁，甚至遺臭萬年。

家庭遭遇這種變故，讓尤寶芬痛不欲生，但也更強化她討回公道的決心。尤寶芬一直瞇著眼，她說剛從精神病院被放出來，在精神病院打針吃藥後受到影響，視力不太清楚。視頻中她妹妹的家非常俐落，除了必要的餐桌、板凳、窗簾，幾乎沒有多餘的陳設，倒是非常乾淨。她娓娓道來她的故事，我只是不停地嘆氣，非常同情她的遭遇。

我知道老百姓跟政府鬥的結果，在中國，多半悲慘。可如果我是尤寶芬，受到這種對待，我知道沒有後退的空間，只能上訪。即使上訪獲得公道的機會只有那麼一點點，我也只能勇往直前。

　　果不其然，第二次被精神病迫害就降臨到她身上了。2013 年 3 月 6 日，尤寶芬從北京上訪回來，在無錫火車站剛下車，就被無錫東北塘派出所的警察和社區民警丁蘇婉等其他六、七人抓走關在派出所裡，到第二天接近中午的時間。他們先通知尤的父親和妹妹到派出所，並讓她父親簽字，再把她送到無錫市第七人民醫院關押，第二次被關押 20 天。

　　「我父親說要見我，他們就要我父親簽字。說不簽字就不准見，我父親說他也不知道簽的啥字，我父親為了見我，只好簽了字。見完後他們就把我拉到一輛黑色的車子裡，直接送到第七醫院關押。」尤寶芬說。

　　她被安排住在 3 樓 13 病區，那裡有八、九十個人。每天掛一瓶鹽水，持續了 6 天，每天吃 3 次藥，吃了 15 天。吃了藥後整個人沒有精神，腦子也不靈活了，反應遲鈍，渾身沒有力氣，就想睡覺。因為乖乖配合吃藥，她沒有遭到毆打。

　　「15 天以後，醫生說要給我做鑑定 。醫生問我為什麼事情上訪，我說是為了拆遷的事情上訪，為了我兒子被死亡上訪。醫生又問：『你的脾氣怎麼樣？』我說我的脾氣就是堅持原則。然後醫生給派出所開了個證明，說我是『偏執型精神病』，但是沒給鑑定書。」

　　「我妹妹到醫院找醫生，要求放我出院 。醫生說：『你姐姐是警察送進來的，出去還是要警察同意，才能辦出院手續。』3 月 25 號上午，派出所的社區民警丁蘇婉到醫院辦了出院手續我才離開。」

　　這種低成本持續的迫害，政府操作得得心應手。遇到不斷糾纏的民眾，政府的絕招就是讓警察當鷹爪，將之丟入精神病院關押。由於沒有監督力量，警察最後涉嫌殺人棄屍也就不足為奇。人民政府輕易將人丟入精神病院，是紅色專政最便利的統治工具，這種現象已經在全國範圍泛濫，實為世界人權的大災難。

　　所以過了一年，尤寶芬第三次被精神病也隨之而來。2014 年，青奧會在南京召開，8 月 19 日，尤寶芬因去看青奧會，被東北塘派出所

民警從南京押回，8 月 20 日就關押到精神病醫院，這次被關押了五個月之久，照樣的每天吃藥，一天三頓不能少，出來還給她拿了藥。

少了親人，沒了那份情感的寄託，還得遭受政府的迫害，甚至給兒子做屍體檢驗鑑定的要求也遙遙無期。「我是老百姓沒有任何辦法，我現在活得就像個行屍走肉。」尤寶芬說。

第三章 土地開發巨輪下：壓榨山林水土

在北京寫文章，送入精神病院；對生活絕望，到北京自殺被送入精神病院；拿著「誰來為民做主」的牌子跪在天安門前，也送進精神病院；上訪途中走投無路跳河自盡，還是送進精神病院。這個國家真的有精神病。

許大金

主席啊！這就是您所說的「中國夢」嗎？

這是許大金經歷過坎坷的上訪之路後發出的感慨。經過多年上訪及被迫害的經歷後，他終於明白，人就應該有尊嚴的活著。許大金，1972年生，江西弋陽縣人。

我在信訪局附近陶然亭公園一塊鮮綠的草皮上跟他聊天。旁邊有一棟中式建築，長長的灰色瓦簷、白色長牆，看上去我們像是在一座寺廟外席地而坐野餐一樣。南二環的車陣呼嘯，透露出一些孤寂感。但在陶然亭公園裡，幾塊綠色的區域就隔絕了那些無情的機械聲響，顯得悠然而閒適。

許大金的小平頭白裡滲黑，他穿的白襯衫也變得灰灰的，透露出他一路上吃過不少風塵。

他說自己從 16 歲懂事開始，就夢想著為祖國的繁榮昌盛貢獻自己的力量。人生不如意的他，依然是一個奮鬥的青年。在 1990 年代，他就承包長途客車做生意，後來因為事故放棄了這個行當，靠老家僅有的一個茶子山生活。

茶子山上茶樹成熟的時候可以摘回來曬出油來，可以吃也可以賣，許大金家的茶樹有碗口那麼粗，正是茶樹的黃金年齡段，靠著這個山頭，他家一年能多收入近兩萬元。

2004 年，許大金擁有的茶樹地下被勘查出螢石礦，時任鎮黨委書記吳昇林命令開發，造成許大金賴以為生的茶子山地下水源乾枯，茶山被毀，許大金找政府訴說情況。然而政府的答覆是：「山是國家的，村民無權干涉。」許大金只能到山上找開礦負責人，讓他減少損失，負責人不想聽他嘮叨，竟還動手打人。

許大金的朋友聽說後異常氣憤，找了幾個人上山把那個人揍了一頓，結果導致對方帶著四、五十人拿著刀棍等器械衝入許大金家報復。沒有找到人，就把家裡砸了個稀巴爛。作為派出所所長的胡偉，沒有制止這種行為的發生，還跟這些人一起尋找許大金的下落，後來許大金家屬賠了一萬塊錢，才算了事。而砸了他家的事主，一點事也沒有。至此，他開始在外漂泊闖蕩。

其實許大金長得一臉福氣，寬闊的額頭，厚厚的鼻頭，長長的耳垂，即使皮膚黝黑，也是一派福大命大的樣子。可是偏偏他一直眉頭深鎖。

2008 年，國務院在兩會時，號召農民要「敢想敢做」，並提出了很多惠農政策、很多項目來扶持創業人。許大金充滿信心的回家，撰寫了一份關於鄉村專門養牛的農牧項目申請報告遞交給當地政府。申請報告特別提到，養牛到一定規模，計劃兩年內辦一個瘦肉加工廠，專門暢銷國外，為國家創造一定的財富。

　　但是當地政府根本不管這些事情，許大金於是跑到北京，在清華大學寫了幾篇文章，文章中提到，地方政府把國家扶農的錢騙下來不辦實事，人才無法施展，有志之人無法報效國家等話題。

　　「不是說我非要做項目什麼的，而是作為人來講，首先得有人的尊嚴和人格，總想奮發圖強，人沒有奮鬥是不完整的。」許大金說。

　　2010 年 6 月 7 日，許大金徹底絕望了。作為農民，他無田、無地，僅有可以打二三百斤茶油的茶子山，最後也給毀了，連基本的生活也失去保障。

　　許大金認為作為人，應該有志向、有理想、有人格，一個人連家裡的東西都保護不了，政府又剝奪了生存發展的權利，他真的很絕望。事業和理想的絕望下，他來到北京天安門前服毒自殺，被北京警方帶走救活。當地政府人員和派出所接到通知後，派出汪百福、謝建平、應建軍、謝志斌、黃姓警官把他從北京醫院接回，直接以聚眾鬧事的理由送入拘留所，關押了 8 天，後來又被送往橫鋒縣蓮荷鄉所在的上饒市第三人民醫院精神康復中心，關押了 5 個多月。

　　被他們關在精神病院出來後在家修養了大半年，來恢復藥力對身體、大腦造成的傷害。

　　「因為關押時間長，藥物副作用大，具體哪天放出來的我都不記得了，只記得大致的日期。」許大金回憶。

　　身體稍微好轉後，2011 年 10 月 28 日，許大金拿著一幅「誰來為民做主」的牌子跪在天安門前，跪下沒多久就被保安及武警圍住，並把他的東西全部搶走，然後送到馬家樓。當地政府又派出吳得勝、劉長富、楊習文和派出所所長胡偉等人把他接回去，送往精神病又被關了整整一個月。許大金說因為這次的關押時間短，所以還能清楚記得關押的時間。

　　許大金並不是一個輕易放棄的人。2012 年 6 月，他通過其他途徑來到北京，本來想到北京找記者的，記者還沒找到，當地政府就知道他來到北京，也派人來北京尋找他的下落。在北京西站附近的一座橋上，北京公安和當地政府前後包抄，擋住他去路，他躍身跳了下去。幸虧橋下河裡的水位只能到脖子跟前，沒有生命危險，被警察打撈了上來，又被地方政府接回，關押在精神病院一個月。

　　2013 年 4 月，因渴望獲得公道，他再次來到北京。在網上寫了幾篇文章，引起了某些高層領導的注意。7 月 11 日，他被帶到久敬莊，北京市公安局派比較高級別的官員來調查他的事情。他把前因後果介紹了一遍，他們為了證明許大金是一個很正常的人，就提出帶他到北京一所精神病醫院做精神鑑定，鑑定結果完全正常。他要求大夫開出一個「沒有精神病」的說明，大夫表示這個不好操作。鑑定回來後，北京警方一個高級官員表示讓他在家等著，這事情一定給解決。要相信他們。

　　「北京警察對我們老家接我的 6 個警察說，人家挨了打，還被關在精神病院，發句牢騷很正常的嘛，你們要這樣搞的話，那又不多了個冤案嘛！」

　　當日晚上，他還是被地方政府接回了老家。

　　在家等了多日，也沒有見到處理結果，許大金覺得被他們耍了。無奈的許大金再次來到北京，又撰寫了兩篇文章，分別是《誰來挽救人類》、《反腐動態》。

　　「因為我那幾篇文章影響比較大，同年 11 月 9 日時，老家來了十多個人來抓我。其中五六個人強行把我按上車，還把我衣服給撕破了。被羈押回家的路上民警謝奔用手胳膊死死卡住我的喉嚨，用腿跪在背上。派出所副所長葉徐峰和楊席文及另一名不知名的民警押送下，我被再次關入精神病院一個月。」許大金說。

「第一次被關押5個多月，一個 房間五、六個人，每天吃兩頓的藥，一頓有五到七片，若不吃藥就強迫打針，打針完就糊里糊塗了，給什麼都吃，就是給你屎你也就那樣吃著，」許大金接著說。「從精神病院放出來後，我家人跟醫院要了一個鑑定，但是在家裡丟了，具體的鑑定結果，當時出來的時候，頭腦不清醒，所以沒有記清楚，但應該是精神分裂。」

許大金說：「裡面的伙食很差，跟豬食差不多。吃的就是稀飯饅頭，有些精神病人拉屎拉到手上也不洗，就過去拿碗筷，洗碗的人拿水一沖，下次就用，有的根本沖不乾淨。我們跟畜生過得一樣的，菜裡面一點油都沒有的。」

第二次關押時的主治醫師很惡毒，他開的藥很猛，因為許大金感覺到第一次吃的藥是緩慢的過程，第二次這個醫生開的藥吃下去立馬上頭，副作用更大。

因為快過年了，他父親來找政府部門，所以才被放了出來。許大金四次全部被關押到上饒市第三人民醫院精神康復中心，裡面的護士從來不問他來龍去脈，都聽醫生的，醫生開藥護士就讓他吃，如果不吃他就會被綁起來餵。而主任醫生更狠，許大金進去的時候對徐水平主任說：「我沒有精神病。」結果徐主任說：「我說你有你就有，到這裡來你就安心治病。」

從精神病院出來後，一直在北京漂泊告狀的許大金，經歷過如此多的坎坷，更懂得了人權的重要性。他說現在就是想為社會、為後代樹立起一個公道，如果社會這樣爛下去的話，這個國家還是人類的國家嗎？

「這是畜生的國家嘛！作為我們能為這個國家付出、挽救這個國家，那麼是值得的，後代支持不支持我們的所作所為，那是他們的事情。我就是用自己的生命創造一些有意義的事情，我不能讓這些畜生就這樣糟蹋這個國家。如果我認命了、我死了，那這個國家沒有什麼改變的話，

那些腐敗分子還是會把災難帶到社會的。」

在我最後需要許大金錄一個簡短的視頻時，他考慮了好久，他說要錄就得錄讓人看了有收穫的視頻，所以以「少談自己，多談社會」成為他的主題，他在視頻中說：「他們用各種手段折磨和侮辱我，但我絕不會屈服在那些畜生手裡，因為我是人，我所維護的是一個國家、一個民族，更是在維護人類的人格和尊嚴！我希望大家都能知道什麼才叫人，謝謝！」

這次採訪結束，原以為他的故事該結束了。但事情的發展總是不在人的預期之內！許大金在北京上訪期間，2015 年 3 月 1 日在京被截訪人員綁架，3 月 2 日截回到原籍後被鎮政府和派出所送到江西省上饒市精神病院關押，直到 4 月 8 日讓他出院。關押的目的很簡單，就是為了「兩會」維穩的需要。這次被關只是控制，緊接著他又面臨一次迫害。

5 月 15 日，許大金在北京八角遊樂場地鐵站出站時被查出沒買車票，遭到扣押，隨後交通運輸隊把他送到久敬莊。當晚，江西截訪人員強行把他帶到位於豐台區吳家場路的駐京辦。第二天被被五、六個人拖上車帶走，6 月 16 日家屬才知道他被關在江西弋陽精神病院。在關押近半年後才被釋放獲得了自由，而這已經是他第六次被關進精神病院了。

「我先去理了個髮，這樣顯得有精神，然後才回家，今日上午 11 點被放出了精神病院，現在身體很差，估計要在家休養一兩個月吧！」這個剛從精神病院被放出來的人，第一時間打電話給我時，真的有點不敢相信，受了那麼多摧殘的人說話會那麼爽朗，於是我們聊了聊裡面的生活情況。

「身體如何 ？在裡面過得怎麼樣？」

許大金大大咧咧爽朗地說道：「呵呵，關在裡面，跟真精神病人生活在一起，要很小心，還不能跟人發脾氣，有一次就是我把門關得重了

點，他們就拿鐵鍊子把我鎖起來，飯做得跟豬吃的一樣，白菜跟木瓜、南瓜這些東西，最多就是放在鍋裡煮熟了。」

這麼簡短的回答，真顯得他沒啥事一樣，當我問到打針導致的眼睛近乎看不清時，他開朗的笑聲收住，沉默片刻接著說：「在 8 月份的時候，不想忍受他們的凌辱，不吃飯。醫院通知政府後來了很多人，政府人員就打電話給我姐姐過來勸我吃飯，我也沒聽他們。從這個時候開始他們給我打毒針，打完毒針開始沒反應，第二天就全身發麻，然後僵硬，我就拼命喝水排泄，希望喝開水排泄來減少對身體的傷害，走路都感覺要倒下去，眼睛睜不開，現在走路都不穩，昏昏沉沉的。」

許大金在精神病院裡遭受迫害，而在外面的親屬為了營救他出來，也在四處為他尋求司法救助。6 月 16 日，在獲悉許大金被關在宜陽精神病院後，他的女友李莉和他姐姐、媽媽一起到精神病院要人未果，李莉等一行人譴責醫院不當收治與醫生發生爭執，幾位醫生一起出手把李莉和許大金的姐姐推進進精神病院的一間房子裡關押起來。

李莉即時報警，警方來人把李莉和許大金的姐姐帶進了縣公安局，結果李莉被拘留 5 天，其姐被拘留 8 天，李莉隨身攜帶相機的記憶卡也被警方拿走。許大金的母親也被聞訊趕到的鎮政府工作人員打傷。

血濃於水的親情，外面的人沒有放棄營救許大金，在他 70 多歲父母多次到鄉政府找領導哭鬧的情況下，政府官員才決定放人。

但許大金的父母還是覺得許被關押丟人，丟了許家的臉，這讓許大金感受到很大的壓力。

「我們作為人 ，為維護尊嚴有什麼可丟人的？難道我委曲求全他們就會收手嗎？他們不明白也許有一天這種迫害就會落到他們頭上！」許大金說：「一個人他不受到傷害，體會不到這種感覺。但是當受害的人多了，這個國家就完蛋 了！就像我這樣的被關在精神病院的人，高

層又有誰會在意？這個國家還能讓我們感受到一點溫暖嗎？難了！」
「我對這個國家徹底絕望了！作為人來講的話，我需要的是尊嚴、人格、
原則，可現在我能得到尊嚴嗎？很難、很難！」許大金感嘆。

第四章　一紙房屋合同

多年個體經營戶的經歷，使她說話，思維、性格更加幹練、敏捷。
用農民的土話說：「她是那種很能幹的女人。」可這樣的女子，怎敵得
過兵強馬壯的政府？一切努力的成果沒有法律的保護，總歸會化為強權
者的戰利品。

王群鳳

13 年前她做夢也沒想到，一紙房屋租憑合同糾紛，會讓他兩次勞
教、四次被送入精神病院、一次判刑。13 年來，拘留、關押的迫害如
影隨行的伴隨著她。看不見昭雪，她長期憂慮，4 次自殺。

王群鳳，1963 年生於河南省三門峽市，家住盧氏縣城關鎮，原是
盧氏縣醫藥公司的一名下崗女工。1999 年，三門峽市跟盧氏縣兩級法
院審理王群鳳、房管所及王某之間房屋租憑合同糾紛，她對判決不服，
而且政府非法先予執行，程序違法，導致她賴以生存的「乾菜副食調味
品和中藥材銷售批發部」產品發生霉變，致使財產嚴重損失。然而長期
以來法院拒不糾正判決結果，省高級法院（編註：中國人民法院設置採
4 級 2 審制：基層、中級、高級、和最高人民法院）也不給立案再審，
於是 2000 年 9 月開始，她開始長達 13 年上訪路。

王群鳳原本在醫藥公司上班。做中藥材購銷期間，承包了公司的店
面自己經營中藥材批發生意。當時經濟不景氣，而且門面比較偏僻，生
意一直平平淡淡，王群鳳還是堅持做了 8 年，日子還算過得去。隨著改

革開放推進，經濟逐漸好轉，本來偏僻的這條街受到政府市場化規劃，很快就發展起來，人流增大，夜市都非常火爆，她的生意自然也跟著好轉起來。

正所謂無利不起早，市場好自然有人眼紅。這個門面被公司的經理盯上了，就託人跟王群鳳交涉，希望她轉手出來。眼看剛好起來的生意，她當然不願意轉讓。等再跟公司簽租賃協議的時候，只簽了一年，交了半年的錢繼續營業著，在房屋租約還沒到期的時候，經理的親家母在房管所上班，在王群鳳根本不知情的情況下，竟然把她的房屋合同改成了她家姑娘的名字。

具有優先承包權的王群鳳在沒有接到通知的情況下，房屋被簽約給別人，她在找房管局時，他們則表示無能為力，雙方因為這個合同問題矛盾激化。

「經理及他們家屬 20 多人闖進我店裡，拿著刀向我哥砍去，我看見我哥滿身是血，就趕緊跑過去擋，經理小舅子的刀朝著我的頭砍下來，有一刀砍中，他再想砍時被跟前的人給架住了，我的頭部縫了很大一個口子，我哥哥則被砍成骨折。」王鳳群說。

在這次砍人事件後，雙方鬧上了法庭，法院的判決是讓王群鳳這邊再賠償那邊五萬塊錢，原因是她鎖住了有爭議的房屋門，這五萬就是因鎖門造成對方損失的賠償。

「我們找房管局，他們說處理不了就鎖一年，那麼這一年我也沒營業，我藥材全部被損壞，我的損失找誰賠？公平嗎？結果法院就這麼判了。二審的時候，法院說五萬塊應該由房管局、砍我們的人和我三家均分，其實這樣判我是很吃虧的，因為我本來就吃虧，老百姓打不起官司，我能在店裡賺點錢，把損失補回來就行了，跟他們耗不起。」

「對方跟房管局上訴到中院，中院的判決又回到了一審的時候，維

持我賠償五萬的標準,我有優先承租權,哪怕你想租給誰,你也得先跟我說,就算是在我合同滿期的時候,同等條件,只要我願意也應該優先我經營,其實就這麼簡單的事情,搞得現在如此復雜,而且還遭受如此多的遭遇。」

終審判決下達後,王群鳳關閉店門,真正踏進了上訪的大軍中。2005年5月,因持續到北京中南海附近上訪,她被盧氏縣信訪部門接回,被政府部門送入洛陽市精神病院(洛陽精神病鑑定中心),醫生觀察幾天沒有收治她,正當她高興擺脫被精神病的迫害能回家之餘,盧氏縣勞教委裁定她擾亂國家機關工作秩序,決定給予她勞教一年半,同時被送往鄭州女子勞教所勞教。

擺脫了第一次被精神病院後,這只魔爪並沒有遠離她。在送入女子勞教所僅僅三個月,因生活環境惡劣、勞動量大、以及看守所人為的欺辱,導致王群鳳精神出現不穩定症狀,不適合再在勞教所從事高強度勞動,她被轉移到鄭州八院(精神病醫院)治療一個多月。好轉後再次轉入勞教所勞動,直至勞教期滿。

出來後的她,並未停止對自己冤屈的申訴,2007年6月11日,王群鳳跟其他訪民在北京三里屯使館區、聯合國開發署等機構門前曬材料,被信訪人員截回,7月21日當地警方將她送入洛陽精神病院做醫學鑑定,結論為:1、偏執性人格障礙;2、具完全責任能力;由於院方提出其具有完全民事能力,警方不適合再送精神病院,故將她轉入警方自己內部的監獄「勞教所」。勞教理由是在使館區及聯合國開發署門前「告洋狀」,嚴重擾亂上述國家重點地區的正常秩序,決定對她勞教兩年。

這個倔強的女人,在遭受三年半勞教、三次精神病院非法檢查這些酷刑後,並未屈服,繼續奔波在北京與河南之間。

跟大多上訪的公民一樣,他們都希望獲得高層領導的關注及親自過

問自己的案子，所以中南海就是必去的地方。王群鳳也抱著這種希望，2011 年 8 月 25 日，在中南海周邊溜達，被以「在禁區非法上訪」的名義拘留十天，當然這對於她來說已經算不上什麼傷害了。

2011 年 12 月 14 日，在北京上訪的王群鳳被直接拉到洛陽精神病院秘密關押。家屬聯繫不上她，多方打探，先後到縣政法委、信訪局等尋找，他們給出的答覆均是不知道。20 多天家屬找到了該醫院，然而院方給出的答覆也是沒有此人。經過家屬繼續逼問，並證實人在該院 10 病區，醫院才承認警方確實將她送來關在這裡。經過家屬努力，被非法關押 28 天她獲得了自由。

2012 年 11 月 9 日，王群鳳及親屬一行五人，前往北京辦事，被盧氏縣截訪部門跟蹤到北京一家酒店，並安排他們住下，半夜時分一下子來了 20 多人闖進房間，連衣服都不讓他們穿，強行將五人全抬上一輛麵包車連夜送回老家。路上，他們手腳被膠帶綁著、嘴也被封住、蒙著眼睛，他們像是被恐怖份子綁架。

一天一夜他們沒有吃東西、不讓上廁所、隨身物品全部被洗劫，更動用鐵棍等對他們五人輪番毆打，其中王群鳳手指韌帶被打斷，被打成腦震盪。就是在這樣傷勢下，還被直接送到盧氏縣靈寶拘留所拘留 10 天。盧氏縣公安局派出 10 多名警察輪流看管。王群鳳提出要看傷病，遭到公安拒絕。拘留期滿，她前往縣公安局討要拘留時扣押的身分證、電話簿等物品，該局政委避而不見。

在一個法律意識欠缺的國家，生活在底層的百姓如果處在無法申冤、走投無路、還受到這樣的對待時，很多人會走向極端。若不是抗暴，便是自我毀滅。一盤散沙、毫無反抗能力的中國百姓傾向選擇後者。比如當年被強拆逼死的唐福珍。（編註：唐福珍，女，成都市金牛區天回鄉金華村人。2009 年 11 月 13 日為了抗拒暴力拆遷保護自家三層樓房，唐福珍在樓頂天台自焚，送醫後死亡。）

　　然而現實就在跟前，王群鳳因上訪無法獲得公正的判決，曾在北京、盧氏縣法院門口、三門峽市委三次自殺，而最近一次是 2013 年 8 月 3 日在北京金水橋自焚未遂。因此次自焚事件，她被關在北京東城看守所，還被北京法院判決有期徒刑 11 個月。關押期間她被管教要求帶狗鍊子，這種酷刑給她手腕上留下的深印，時隔幾年後還能看得出來。

　　要把人逼到何等地步，人才會以這種方式結束自己的生命，而他們結束生命又能換來什麼？

　　地方政府有何反應呢？他們鐵石心腸。為了限制王群鳳到北京上訪，他們先後搶走了她三個身分證。我在北京採訪她時，她還猶如難民一樣，沒有國籍證明文件：公民身分證。但是這個中國公民身分，除了沉重的包袱外，又給了她什麼？

　　盧氏縣曾經獲得過國家公務員先進集體的稱號，獲得過信訪工作先進縣的稱號，也不知道這兩個稱號怎麼得到的？給縣裡的領導們又帶來了什麼樣的發展憧憬。

　　2014 年 9 月 2 日，王群鳳又因在中南海周邊非法上訪被拘留十天。國家換主席了，提倡依法治國了，抓了多少貪官了，但對於她來說，冤屈照舊、迫害照舊。

第五章　家被拆

　　常年在外打工的朱雲，回到老家看望親人，發現昔日自家的三間瓦房變成廢墟，地上一片狼藉，八十多歲的父母蜷縮在大哥家的廚房裡度日，自己回家連睡覺的地方都沒有了，她被眼前的一切驚得目瞪口呆。

朱雲

朱雲事後才知道，原來安徽省阜陽市潁川區袁集鎮某村幹部打著招商引資幫助農民快速致富的幌子，在不與村民平等協商，不給任何補償的情況下，強行將規劃區內的村民房屋拆除，拆除的包括她老家的老屋，現地由開發商出資修建養牛場。此事也曾有村民聯名簽字抗議。

（編註：《中華人民共和國土地管理法》第二條規定：「中華人民共和國實行土地的社會主義公有制，即全民所有制和勞動群眾集體所有制。任何單位和個人不得侵佔、買賣或者以其他形式非法轉讓土地。土地使用權可以依法轉讓。」第十一條規定：「農民集體所有的土地以法屬於農村集體所有的，由村集體經濟組織或者村民委員會經營、管理。」）

朱雲多次找村幹部協商，反映自己沒有睡覺的地方，時任村長楊亞答覆：「*你是女孩沒有宅基地，如果你是男孩，就可以安排宅基地。*」（編註：根據中國土地管理制度，農村宅基地是不能被單獨繼承。但是雖然宅基地不能被單獨繼承，基地上的房屋可以依據繼承法和物權法的相關規定合法繼承。在中國農村的女兒，戶籍未轉移，年滿 20 歲，缺宅基地，因結婚（男方到女方村住）可以申請宅基地。本案中，朱雲未出嫁，未另立門戶，但原基地已轉讓使用權，她沒有住處，如原農戶也未有其他宅基地，村民委員會理應接受她的宅基地申請。）

朱雲幾個大哥都成家立業，只有未成家的她生活在父母身邊，她又不好跟著父母去哥哥家住宿，在寒冬來臨時，她搭建了一個簡陋的草棚安身，並多次到區、市兩級政府反映，均遭互相推諉。出生於 1971 年的她怎麼也沒想到在生活 30 多年的老家，最後竟然沒有自己一個安息之所。

2008 年 8 月 6 日，她找到阜陽市婦聯尋求幫助，婦聯主任聞聽後，立即指令鎮官員解決她家問題，然而並不具實際行政權的婦聯命令也只

是被政府笑著敷衍掉了，沒有給予任何實質性的幫助。

2009 年元旦，朱雲在親朋好友的幫助下，花 30,000 元在原宅基地上建起兩間房屋，就是這個舉動，給她日後惹來了太多麻煩，也成為她日後遭受迫害的開始。

因為私自在已經批給開發商的土地上修建房屋，惹得村委和養牛場都相當不滿。2009 年 6 月 28 日，養牛場看門的李某，故意不給房屋修建在開發區大廠院內的朱雲開門，引起雙方爭吵，李某撲上來就將朱雲打倒在地，報警後，轄區派出所不予立案處理，還把已休克的朱雲扔在袁集鎮醫院的長椅上兩天兩夜，無人過問。

「至此後，看門人李某更加囂張，仗著有人暗地撐腰，夏天穿著三角褲在我家門口晃來晃去，來羞辱我這個未嫁女。」朱雲說。

2010 年 6 月，鑑於地方官員對她反映的問題置之不理，她像大多數人一樣，走上了進京上訪的道路，到國家信訪局、中南海等地遞交材料。經過這幾年的折騰，她心力交碎、疲憊不堪，偶然一次檢查時，發現自己兩個腎積水嚴重，該如何治療成了壓在她心裡的難題。

此時的政府官員異常熱情要幫她做手術，但是提出一個條件，就是不許她再進京反映幹部貪污腐敗問題，這個交換條件遭到朱雲的斷然拒絕。

2012 年 5 月 8 日，在京上訪的她來到位於北京三里屯的大使館區尋求國際救助，被北京警方送到久敬莊關押，後被地方 5 名截訪人員接出，朱雲激烈反抗抗拒他們截訪，這 5 人在地上拖著她走了 500 米，全身多處被水泥路磨爛，背部最大一塊傷痕長達 24 厘米，朱雲當時大喊救命，可近在咫尺的北京久敬莊警察充耳不聞、視而不見。被押回老家後，朱雲找照相館拍照留證，但是後來照相館卻拒絕提供血淋淋的相片證據。

　　至我採訪之際，此事已過去兩年多，我看得清清楚楚她身上的傷痕，大碗公一樣的疤痕，可見當時的嚴重程度。為了解決這個上訪麻煩，政府終於出手了。2012 年 5 月 10 日，在袁集鎮代表常珍、信訪主任李磊、村委劉光明、張金安四人押送，將朱雲送到阜陽市第三精神病院，並脅迫朱雲的大哥朱金海至精神病院簽字，醫院也未作任何檢查就收治了她。

　　精神病院內，她每天要按時按點吃三次藥，總量達四十多片，每個禮拜一還要按時打電針（電擊治療），朱雲回憶：「*打過電針後腦子轟的一下就什麼都不知道了。*」這種折磨的生活一直到中國共產黨十八大會議後才結束。

　　2012 年 11 月 22 日，相關人員通知他哥哥接她出來，至此共計被精神病院酷刑 192 天。出院時，醫院拒絕提供任何住院手續。而接她出來的哥哥，見她的第一句話就說：「*你不要再告他們了。*」

　　本來身體就不好的她，被關押後身體更加脆弱，走路都非常吃力，記憶力也明顯減退，頭髮落掉近三分之二。現在的她一直要靠「複方石淋通」及「口服葡萄糖」來維持生命。

　　從瓦房被拆到維權抗議，朱雲已經走過 6 年多時間，這個倔強的女人始終不肯低頭，一點小事的上訪，毀了一個女人 6 年的青春年華。6 年時間，讓她滄桑了很多，身分證上那張亮麗的頭像怎麼都跟她聯想不到是同一個人。現在北京生活的她，手機還處於時開、時關的狀態，關著——為了防止截訪人員找到她；開著——為了等待那可能永遠沒有希望的上級督察電話⋯⋯

第六章　還我莊稼地

　　你們的權利意識太差。天下沒有白吃的午餐。天上不會掉下餡餅。

就算天上掉下餡餅，也將會是餿的。一切的艱難，都要靠奮鬥去克服。抗爭後，白玉芝獲得了比較滿意的判決。

白玉芝

白玉芝，高中畢業，內蒙古赤峰市紅山區農民，生有兩女一男三個孩子，現在離異獨自生活。上訪十年的時間，六次被拘留，六次被關精神病院。我在北京見到她時，她戴著墨鏡。在關押精神病院期間被強迫吃藥、打針，後遺症導致一隻眼睛近乎失明。然而她的思路卻異常清晰，所以交流也順暢。

北京已經是大雪紛飛的深冬，氣溫已經降到零下 10 度，她穿著典型紅通通的西北大棉襖，裹著毛茸茸的灰色圍巾，頭髮隨意的往後一紮，露出參差不齊的瀏海。也許是因為趕路走得急、氣血上升，也許是每日奔波在外被太陽曬得發黑，在她走進餐館時，烏黑的頭髮和大紅的棉襖襯托的臉部又紅又黑，特別顯眼。

「坐這裡吧，要喝點什麼？」我問她。「不用不用，咱們坐坐就行，」她禮貌的回覆。

大雪紛飛或是北風呼嘯的季節，只要是被採訪人穿著整齊乾淨，我都會邀請他們到北京南站地下一層的餐廳吃個便飯或喝杯豆漿，如若不消費的話，餐廳是很排斥我們長時間佔著位置聊天的。

「來杯豆漿吧， 喝完暖和。」我替她做主。

落地玻璃窗外，夜幕低垂。南站附近比較空曠，多條線的鐵路通過這站，每年旅客吞吐量高達 2,000 萬人，我們就像流沙河中的兩粒沙子，

在激流中擦身而過。

白玉芝本來有一個幸福的家庭，結婚後孕有兩女一子，自家搞得小作坊也生意興隆，在改革開放的初期也算是較早有致富意識的一部分人，這一切都因後來的婚變而徹底被摧毀了，丈夫跟別的女人過到了一起，小作坊沒法繼續經營只能關閉，最難的是還要撫養三個未成年的孩子。

1994 年雙方離婚時約定，家庭財產歸白玉芝所有，可是在 2001 年村里簽訂土地承包合同時，把本屬於前夫 1985 年就擁有的幾十畝耕地土地承包經營權證劃給別人耕種。為此，白玉芝開始奔波於各政府部門，開始了她十多年上訪路。

白玉芝因上訪遭受了不少折磨，被公安局送到拘留所，在拘留所內被看押人員變著法用手銬銬住 9 天，還銬在老虎凳上用辣椒麵（編註：就是辣椒粉）嗆，一直折磨到她昏迷才打開手銬，最後連拘留證也沒有給她，還被看押人員威脅：「你敢再告，就送你到精神病院。」沒想到後來真的成了事實。

2009 年 4 月 14 日，白玉芝因上訪被拘留期滿後沒有釋放回家，而是又被拘留 10 天。4 月 24 日早晨 9 點，時任紅山區文鐘鎮派出所所長霍俊超帶四個警察來到看守所，告訴她沒事了。「我們來的目的就是接你出去。」白玉芝便跟隨他們坐上警車準備回家，讓她沒想到的是，警察直接把她拉到赤峰市安定醫院（也稱赤峰市復原軍人精神病醫院）關押。所長霍俊超在未經得白玉芝及家屬同意下，以監護人身份，強行將她關進赤峰市安定醫院。

「為了證明我不是精神病，當時就告訴醫生自己有三個子女，最小的都三十多歲了，是上訪討公道才被警方送進來的，可醫院根本不聽我這些解釋，他們向殺豬一樣把我五花大綁地捆在床上，強制打毒針、灌藥，由於我不配合，他們天天給我打針，持續了一個星期，後來我實在

堅持不住服軟，他們才停止給我打針。」

「吃藥每天都有，一天三次，每次三到五顆不等，是和真精神病人關在一起的，他們都不知道收拾衛生，很噁心。護士給換了床單啥的還行，不給換的話房間裡就是臭氣熏天，一個房間住十來個人，如果有哪個人不聽話，護士就指使精神病人打他。」

白玉芝的子女多次到醫院聲明母親根本沒病，更不會患精神病，要求放人。但均遭到派出所和醫院的拒絕，醫院則公開說政府和公安是監護人，必須徵得他們的同意才能放人。

採訪追蹤被精神病的個案到現在，我對於醫生這個社會角色有了更全面的了解。在中國，很多醫生都利慾薰心，這是整個大環境對所有人一起塑造的，關於這一點，我不敢獨怪他們。但身為醫生，應該有基本的職業道德，他們不把病人當人看，對人命也沒有基本的尊重，這我很難接受。就算是中國古代的醫生，也不會這樣反著幹的。許多中國醫生根本缺乏醫者良心，更別說具備法律和人權意識了。

白玉芝的大女兒從工作地杭州回來，她算是見過世面，明確告訴醫院：「我媽我們不要了，就交給你們安排吧，我回家在網上聲明她被你們收了就行，出了事你們自己負責。」

醫院聽她這麼一說，怕影響大，在關押了 91 天後，白玉芝終於被醫院釋放出來。有時遇到壞人，你必須比他更狠才行。

白玉芝被釋放之後，她的大女兒要回杭州，順便帶她去杭州調養一下身體，再檢查一下，看看是否有精神病這方面的問題。現在白玉芝已經不記得是哪家醫院做的鑑定了，不過當時的鑑定結果卻記得很清楚，因為一次檢查給了三次結果。檢查完醫院說正常，沒有精神病；但是醫院不知出於什麼原因，受到什麼壓力，後來又追給鑑定說有「偏執型精神病」；第三次通知改成了「妄想性精神病」。

　　我聽過這種怪事不止一次，見怪不怪。

　　「女婿心疼我，讓我別回去了，在杭州生活吧 ，我告訴他們，官司打到現在，不單單是錢的問題，還有一口氣在，我告訴女婿：『你們權利意識太差了。』」白玉芝說到這裡時，透露出一種很堅毅的眼神。

　　「你女婿對你挺好的哈。」我開了個輕鬆的話題。「嗯，挺好的，他們是怕我回去繼續受傷害，才想把我留下來。」談到女兒幸福的家庭時，她眼神瞬間流露出一種幸福的感覺。

　　「喝口豆漿，我們慢慢聊。」

　　就是抱著這種「爭口氣」的態度，她回到赤峰市，又開始了自己的維權生涯，緊接著第二、三、四次被精神病也來了。

　　2009 年 9 月 14 日，白玉芝到紅山區法院要求立案，跟前夫追加撫養費。本來和警方沒關係，但是權力這只魔爪還是伸向了她，派出所所長霍俊超經過法院工作人員將她騙到法院調解中心，很順利就把她送到赤峰市安定醫院，還動手和醫生一起把她綁在床上，一直到打完針、灌完藥才離開。由於外面家屬鬧得厲害，這次只關押了她 2 天，於 15 號晚上被放回家。

　　半個月後的 2009 年 10 月初，又回北京公安部信訪處上訪的白玉芝，再度被截訪人員抓住帶回赤峰市，10 月 9 日，為了不讓家人找到她，被所長霍俊超等人送往較遠的赤峰市寧城縣中蒙醫藥（又稱赤峰市精神病防治院），折磨整整兩個月，一直到 11 月 31 日，才被釋放出來。

　　2010 年 8 月 9 日，白玉芝在北京最高檢信訪部上訪，霍俊超又去抓她，她當即撥打北京市 110 報警電話求救，當然，人民警察沆瀣一氣，都是一丘之貉，不僅沒有解救她，反而給白玉芝開出了一張訓誡書，偽造事實說她在天安門廣場鬧事，擾亂天安門秩序，最終她於 2010 年 8

月 10 日，又被送進寧城縣中蒙醫院，2010 年 10 月 4 日才給放出來。

「這個醫院下手真黑，進去第一天他們扒光我的衣服，捆在床上給我超量打針、吃藥，大拇指粗一巴掌長的針管，就是平時獸醫用的那種。吃藥時拿著水杯排隊領藥，吃完還得伸出舌頭給他們檢查，一直到放出來的時候才停止用藥，這個醫院兩次四個月的關押，受盡了折磨，要不是孩子們在外面折騰，他們絕不會放我回家。」

時間到了 2013 年 3 月 1 日，白玉芝在北京最高人民檢察院信訪部門填表反映訴求，表剛交上去，霍俊超又出現在她眼前，這次不同的是還有刑警隊隊長等人，他們邊拖邊拽強拉她上車，還說回去就給解決問題，帶上車直奔赤峰安定醫院。

「等我被他們抓回去時，醫院的接待等事務已經全部安排妥當，還有不少政府官員已經在醫院等候。這次關押到 3 月 28 日才給我辦理了出院手續釋放，而此前的四次關押每次出來都是以請假的形式出來的。出院監護人一欄寫的是蘇立志等人。這些不認識的監護人，我到現在都不知道他們是幹嘛的！」

2014 年 11 月 7 日，白玉芝在北京呂村出租屋睡覺，半夜 11 點多被叫起來去登記，然後送到久敬莊，沒過了多久，赤峰市派了八個人來接她，其中兩人是精神病院的醫生，其餘 6 人是政府官員和警察，她被直接拉回送到安定醫院，不讓聯繫家人，並搶走了隨身所有的東西，這次的監護人又是以前簽署的蘇立志等人。2014 年 12 月 10 日白玉芝被釋放回家。

由於這些年的持續用藥，白玉芝的一雙眼睛看東西開始變得模糊，特別是左眼，處於失明的狀態，牙齒也一塊一塊的脫落。她也找過律師去調取鑑定書，醫院不給，態度還特別不好，並說她要是再上訪被關進來就別打算出去了。

「你能摘下眼鏡讓我看看嗎?」我試著提出請求。「可以的,只是摘了的話,會感覺很不自在。」她還是摘下了眼鏡。「我只是想拍一張相片,拍完您戴上,咱們接著聊。」我安慰道。

這麼多次的關押,除了杭州一番三次的所謂鑑定外,赤峰市關押她這兩家醫院沒有出具過任何一份鑑定書,也沒有給她做過細緻的鑑定。在她的被迫害歷程中,最應該記住的就是霍俊超所長,他真是「功不可沒」,白玉芝六次被關精神病院,前五次都是由他送進去的。

人權組織應該將此人列入名單,將來有一天環境允許了,起訴他「反人類罪」,就像二戰結束後追究納粹一樣,不能讓他逃過罪行的責罰。

接下來政府發的一封裁定書,足讓全中國 95% 以上的上訪維權人士感到羨慕。或許在外界看來付出和收穫不成正比,但對仍然相信體制的人而言,那就是他們上訪維權多年的原始動力和希望獲得的結果。

2015 年 11 月 6 日,內蒙古赤峰市紅山區人民政府辦公室,下發了赤紅政決字(2015)156 號關於確定白玉芝與徐某爭議土地使用權的決定,歸還了白玉芝 36.3 畝的土地使用權。

官司糾紛十多年後,她頂著妄想性精神病的帽子被關精神病院 6 次,終於獲得了政府一紙裁定書。這簡短的裁定書,反應出幾個極其重要的意義。

第一個意義,從裁定書字面意思看,政府認同了白玉芝的起始訴求,就是土地使用權歸白玉芝,並歸還土地給她,這相當於她達到了最初的上訪訴求。這也是她這些年上訪的動力,訴求解決,上訪也會隨即消失。每一個維權者都有這樣的渴望。

第二個意義,政府短短 20 個字的證明,也間接證明了政府認可白玉芝是一個具有正常人格的公民,而非精神病人。如果是精神病人,政

府會以無民事行為能力為由取消她一切民事權利，這也就包括土地使用權歸還接收人可能是她的兒子或其他監護人，甚至她的上訴都是不具民事行為能力的。

第三個意義，在我看來是最難的一個，那就是這張裁定書反應出來的政府認錯行為。裁定書的出現，相當於政府承認在白玉芝事件上，此前的做法是錯誤的，從而引起白玉芝上訪的前因是某些底層政府人員處置不當造成的。

這在中國非常少見。一個維權人士如果權利受到某地方政府官員侵害，往往會出現整個地方政府對抗這一個維權人士的情況，因為該維權人士上訪造成的維穩壓力是針對這整個基層政府單位的，所以得罪一個政府官員，事實上如同得罪了整個政府，然後上訪被攔截，越上訪越冤枉，越上訪也就得罪的官越大、人越多。

很多上訪事件，就是在這個邏輯下，從小事上訪成大事。「地方父母官」這一個概念造就了「地方霸權」。官員只是「公僕」的概念在紅色專政之下，蕩然無存。

在獨裁體制下，有一種深入骨髓的理念——政府永遠都是對的，那些代表政府的人也是對的，權力體現出的傲慢就是：小事情的時候不賠你，上訪變成大事情維穩你。政府官員不怕給維權人賠錢，因為賠的錢都是國家公庫買單。他們怕的是上訪造成的政績障礙，而受到上級責罰和阻斷自己的仕途。

任何時候政府可以給一個受害者私底下賠錢，或者變相給一些其他補助，但是絕不會公開說政府是錯誤的，所以，白玉芝能獲得這張裁定書實在是非常有難得的。

相比於那些沒有獲得政府認可依然走在維權路上的維權人士，白玉芝是比較成功的，為了這一點本來就屬於她的財產，白玉芝付出了慘重

的代價，為了維權眼睛都失明了，值不值呢？也許白玉芝給她女婿的話是對的——「*你們的權利意識太差了。*」

第七章 替「毛家後人」作證

替人作證受牽連被關瘋人院，並因此作證連累三個兒子、一個兒媳悉數獲罪。這是我記憶當中第一次遇到因如此理由而被迫害的個案。

金秀珍

說起金秀珍全家遭受迫害的過程，真是像拍電影一樣。金秀珍在上訪受迫害前已經退休，有四個兒子的陪伴，過著悠閒的退休生活。

忽然有一天，她的養子陸柏權從上海趕來，希望金秀珍做他的身世證明人之一，既證明陸柏權的生父陸進發，就是當年毛澤東和楊開慧所生的第三個兒子毛岸龍，是毛岸英和毛岸青的弟弟，是毛澤東走失的後代，希望認祖歸宗。

由於陸柏權長相酷似毛澤東，身世等巧合點又和毛澤東遺失的兒子相似，所以金秀珍動身前往上海陪同陸柏權奔走於上海各單位和國家相關部門，希望就身世之謎作證。

讓金秀珍始料未及的是，他們到北京各部委後，不僅沒有成功驗證陸柏權的身世，反而被上海警方抓走，隨後陸柏權被關在精神病院，整整 10 年。

同時，警察突襲搜查了金秀珍的住所。據她的資料記載，被警方查獲拿走的物品包括 2 個金條、6 塊洋錢、孫中山蔣介石圖像各 3 塊、康熙玉石像 1 個、7 塊銅塊、窯眼錢 1 小袋、轉業證、立功獎章、戶口本

和身分證等。

後來這些財物警方一直拒絕退還，她就一邊寫信給時任上海市委書記俞正聲等領導要求釋放陸柏權，一邊到北京上訪討要這些財物。

金秀珍出生於 1938 年 12 月，家住湖北省房縣城關鎮，是一名老幹部。按說她這個年紀，應該不是證明陸進發就是毛岸龍的最佳人選，甚至連資格都有疑問。但是金秀珍為養子付出的真心，情義還是讓我動容。

2005 年冬季，金秀珍在北京自謀生路，同時向各信訪部門遞交材料上訪。國家相關單位通知房縣有關部門前來處理，房縣城關鎮時任黨委副書記金興武接到政府命令後，帶領工作人員以解決問題為誘餌，連哄帶騙把金秀珍送上火車，可當她在十堰市下火車後，政府部門強行把她送入十堰市精神病院。精神病院醫生詢問誰是家屬？副書記金興武回答：「我是他大兒子。」就這樣冒充她的兒子簽字，神不知鬼不覺的把她關進精神病院強迫治療。

送入精神病院後，政府方面一直不通知金秀珍的家人。然而，紙是包不住火的，隱藏關押 94 天，她的兒子們經過多方打探，終於知道老太太被政府秘密關押在精神病院後。他們特別著急，四個兒子輪流找負責信訪工作的鎮黨委副書記金興武，表示已經過完傳統春節，政府教育金秀珍的目的也已經達到，現在可以放人了，可金興武一直不給答覆，並消極對待。

2006 年 2 月 15 日，金秀珍的四個兒子兒媳孫女等親戚前往政府找領導交涉，希望能給一個明確的放人期限，沒想到此行為激怒了金興武，他打電話調來大批警力威懾雷氏兄弟，警察介入後更是矛盾激化，便衣打人，最終導致局面混亂，金秀珍的家人四人以擾亂公務為由受到法律處罰。而金秀珍最終也在精神病醫院關押了 4 年之久才被釋放。

金秀珍的三兒媳陳如梅回憶這此衝突表示：「得知母親已經被非法

關押 94 天，兒女們心裡非常著急，輪流去找政府要求將人接回家，可是金興武對待事情非常消極一直不給答覆，並通知警方出動，現場大吼導致局面混亂。」

「下午 4 點，城關派出所副所長李世軍穿著便服進來說要撸人，我們說現在是上班時間，而且這裡是信訪辦，你們警方沒權管。這時城關所指導員孫輝身著便衣從外面進來，他伸手就去抓我丈夫雷航久上警車，我連忙過去勸阻，這人根本不聽，把我朝一邊掀開，同時大喊一聲：『上人！』，民警張勇就伸出手拉住我的胳膊朝外猛拽。」

「正當他們把我甩上車時，雷航久看見這麼多警察拉我就去攔住，張勇把我放開轉身打向雷航久，雷航久三兄弟分別被幾個警察押著站在一邊，幾個警察把雷航久按倒在地，一個警察雙腿跪上他的小腿上，派出所指導員付偉雙手把他的雙手死死按到雷的小腹下，民警張勇雙腿跪在雷的胸旁，雙手強烈拳擊雷航久的胸和臉。」

「我這時再三向副所長李世軍要求救人，可他不但不救人，反而威脅我說：『警察打死人不定罪，你敢摸警察一指頭犯法。』這時我看見雷航久緊閉雙眼、鼻子和口裡都流著鮮血，頭慢慢的擺動著，可張勇還是不罷休地打著，一直打到不敢再下手為止。才把雷航久翻個身面朝地，這時的他已經昏迷過去了。」

事後，警方以妨礙公務、故意傷害為由，對金秀珍的大兒子雷新久判處拘留 15 天、小兒子雷合久拘役 6 個月、三兒子雷航久有期徒刑一年半、三兒媳陳如梅一年的處罰。

金秀珍已經 79 歲高齡，給我提供信息的知情人士多次跟她溝通，可記憶力開始減退的老太太已經回想不起當時受迫害的具體情節，但對作證一事她還是有點印像，還特別說明上海有關部門要抓陸柏權時，自己試圖為他證明，只說了一句陸柏權是毛澤東的後代，就被強制送到精神病院。

　　我在網上也蒐集了一下此案的始末，網友及其它媒體提出的幾點意見很有意思。如，陸柏權是陸進發的兒子，陸進發是被他人收養的，陸進發的年齡、經歷和毛岸龍一致，長相和毛岸青晚年非常相像；陸柏權外表和毛澤東非常像等等。

　　但中國 13 億人長得像的人可多著，同時代背景的兩代人遭遇相像的也不少，如果每個長得像的都說自己是毛岸龍，也要求鑑定，那一定大排長龍。這是毛家私領域的事，做不做 DNA 鑑定，要毛家自己決定，跟政府關係少。

　　黨如果覺得偉大領袖的事就是黨的事，毛澤東的地位身分特殊，進而演變升高到國家門面的高度，要介入，那也要文明按照程序做個 DNA，一驗證就明了，何必出動國家機器來打壓證明人。

　　毛岸龍從沒有出現在公共視野，也跟公眾沒有關係，從法律的角度看，這只是一個家庭鑑定血緣關係的普通民事案件罷了。

第八章　司法哪敵官員

　　「被精神病」的公民在放出來後，大部分人選擇了沉默，小部分人選擇了上訪，只有極少部分人選擇走法律程序維護自己的公民權利。在這極少人中能堅持下來的更是少之又少。

　　他們要面對法律的「不作為」甚至「亂作為」；要面對從起訴受理案件開始的刁難；要面對在審判中顛倒黑白、推卸責任、沒有程序正義的司法流程；要面對審判結束後的不宣判、亂判的司法亂象；還要面對無法執行的一紙判決書。可就是在這樣的惡劣法制環境中，還有受害公民堅持走司法途徑。

廖梅枝

2013 年 9 月 10 日，湖北省人民醫院司法鑑定所終於在廖梅枝離開精神病院近二年後，發出《鄂人醫精鑑所（2010）精鑑字第 33 號》做出撤銷原鑑定書診斷的決定。但廖在精神病院期間被強迫服用藥物，致使部分器官紊亂，兩年多來身體難以恢復的損失卻不知該如何彌補。

「這種違背法治的可恥行徑，嚴重違反了《司法鑑定管理條例》，造成了嚴重後果。根據《刑法》229 條，嚴重不負責任，出具的證明文件有重大失實，造成嚴重後果的，處三年以下有期徒刑或者拘役，並處或者單處罰金。根據《國家信訪條例》第 3 條任何組織和個人不得打擊報復信訪人；第 7 條各級人民政府應當建立健全信訪工作責任制，對信訪工作中的失職、瀆職行為，嚴格依照有關法律、行政法規和本條例的規定，追究有關責任人員的責任。我認為法官、檢察官應照相關法律相關條款，理應追究這件『莫須有』事件始作俑者，讓他們接受法律的公正判決。」

廖梅枝雖然有理提出賠償損失、恢復名譽、處罰相關責任人的訴求，然而現實是廖梅枝及家屬的合法權益沒有任何彌補及賠償，對她造成傷害的相關責任人不僅未受處理，反而「官運亨通」。

時任湖北省潛江市衛生局原局長朱方平，曾親自在其辦公室控制廖的老伴，強迫寫下「指證」廖梅枝有精神問題的書面材料，事後不久調任湖北省衛生廳；時任潛江市老新鎮衛生院院長陳聖堂，曾指揮多人非法控制廖梅枝送精神病院，事後不久調入潛江市區中醫院任副院長。

廖梅枝生於 1953 年 12 月，現住潛江市東風路。屬老新衛生院技術退休幹部。年輕時做過演員，也唱過歌，性格開朗活潑，後來才進入衛生院工作。

自從被關押精神病院非自願治療後，廖梅枝的頭腦經常處於呆木狀

態。她的老公楊春光說：「他們對她像對待犯人一樣。」其實，對待犯人也不能這樣。

廖梅枝家庭環境不錯，退休後自己開了一家醫療證所，經營得很好，生活也算過得美滿，後來因父親生前的退休工資被扣押及兒子退伍安置問題，她開始跟行政機關打交道，十多年的時間讓她一步步走到今天被迫害的漩渦中。

2003 年 1 月 13 日，潛江市法院和江漢中院審理認定其父是一名老中醫、國家技術幹部，應該享有退休工資等待遇。原以為判決一下，一切都會迎刃而解，可國家行政機關的辦事效率及手段讓天真的她大開眼界，斷斷續續要求履行判決，卻在五年後還未執行。廖梅枝覺得在潛江市實在看不到希望，決定去北京向國家相關部委投訴。

在越訪越冤的中國社會，廖梅枝並沒有成為一個幸運兒，幾年下來期望的曙光漸行漸遠。她在被截訪人員接回來後，主管單位衛生局把她關在了學習班，並用武力脅迫她承認非正常上訪，不寫就被暴力虐待。而從此時也開始宣傳她有精神病。

由於對北京環境不熟悉，她忙活了幾天有些程序也沒有跑完，此時的北京，正值奧運會的前期，維穩力度空前之大，2008 年 7 月 13 日晚上，她不敢去住酒店，怕身分證登記洩漏位置，正好也是夏天，就在北京南站露天夜宿，約晚上 12 點左右，被治安巡邏人員抓獲送往馬家樓。第二天上午，潛江市駐京辦的張主任把她接到駐京辦關押了一天，隨後被潛江市衛生局監督辦李元林局長（女）等人截回潛江市，直接關入為她一個人辦的學習班，並說她在奧運期間到禁區上訪。

「我聲辯根本沒去過，他們根本不聽，強行要我寫下自己是奧運會期間到禁區上訪的，不寫就打罵。最難受的是有個傢伙打了我，還問我知道他是哪個？問我被打了沒有，我不吭聲他就又開始打，直到要我說沒挨打他才住手，還威脅說不能跟任何人講，否則對我不利，不要害了

兒子和家人，在這裡被關押 34 天。」

　　遭到這些迫害後她並沒有被釋放回家，而是被轉到了離潛江市不遠的楊市精神病院，又關押一個禮拜，才被釋放了出來。

　　這次簡短的關押給廖梅枝扣了一頂踏踏實實的精神病帽子，這為以後的打壓拉開了序幕。也許她自己也意識到了一隻魔爪正在伸向她，未雨綢繆的廖梅枝於 2009 年 9 月 29 日專程到北京安定醫院做精神病鑑定和全面檢查，鑑定結果顯示一切正常。

　　可這一切顯得那麼徒勞！2010 年 2 月 11 日是農曆臘月 28 日，當天上午 11 點左右，廖梅枝在潛江市政府門口向有關領導反應完情況，正準備搭公交離開時，來了一幫人，將她拉上一輛車牌用泥糊上的麵包車，強行綁走送往潛江市精神病醫院，也沒有通知她的家屬。廖梅枝這次在精神病院被關了 352 天。

　　為了實現關押、控制廖的合法性，2010 年 3 月 6 日，潛江市衛生局等政府機關委託湖北省人民醫院司法鑑定所做了一份鑑定，一名醫生給廖梅枝做出臨床診斷：「妄想症」。

　　住院書上寫的入院理由是：「有受迫害的幻覺，證據是廖梅枝認為自己受到攻擊，且上訪多年。」最終該司法鑑定所出具了《鄂人醫精鑑所（2010）精鑑字第 33 號》鑑定書，鑑定結果為「偏執性精神障礙」。

　　「我在被關進去的時候身體還有傷，他們不給我吃治療的藥，卻強迫我吃精神病的藥，每天要吃三次，而且還把我雙手綁起來打針，導致身體多處器官紊亂，眼睛模糊不清，我們家開門診的，我深深知道這種藥不對症給人帶來的後遺症，可是沒辦法，不吃就會被暴力餵藥。而且我放風的時間特別少，很少見到陽光，所以眼睛出現了短暫性失明，家人接我的時候是要扶著我的，根本站不穩，眼睛養了很長時間才慢慢復明。」

廖梅枝的愛人楊春光知道妻子被關在精神病院後找到醫院問詢，醫院矢口否認。楊春光前後去了 6 次，一直沒有能見到妻子。英國衛報得知此事後前往潛江採訪，在媒體報導引起社會關注之後，政府才迫於無奈告知廖梅枝就關在醫院內。

楊春光當時就報警求救，可是潛江市公安、檢察院答覆：「我們幫不了！因為市政府來了東西。」也就是說官方已經有了指示。

無奈之下，楊春光赴京控告。在國家信訪局發函、湖北省信訪局等領導過問下，楊春光才被允許到精神病院會見她失蹤好幾個月的妻子，而且只准許見 15 分鐘。

廖梅枝的身體越來越差，且家人再也無法忍受這種迫害，所以廖的家屬及諸多親朋好友在市政府大門前拉起橫幅、掛牌子抗議，影響越來越擴大，政府最終在脅迫家屬簽下了不合理的協議書後，於 2011 年 1 月 28 日把她放了出來，而此時已經到了第二年的臘月。

廖梅枝及家屬近二年來多次到湖北省及潛江市各相關部門求證，期望洗清污名。也由於英國衛報報導及在社會輿論關注下，2013 年 9 月 10 日湖北省人民醫院司法鑑定所終於做出撤銷《鄂人醫精鑑所（2010）精鑑字第 33 號》鑑定書的決定。

《關於撤銷（鄂人醫精鑑所【2010】精鑑字第 33 號）鑑定的通知》

湖北省潛江市人民調解中心：

2010 年 3 月 11 日，我所接受貴調節中心的委託，為潛江市民廖梅枝進行司法精神病鑑定。根據貴調節中心陪同人員你程勝華在場情況下共同調查的結果，我所於 2010 年 4 月 6 日作出廖梅枝鑑定意見書（鄂人醫精鑑所【2010】精鑑字第 33 號）。

2013 年 6 月 3 日起，被鑑定人廖梅枝及其家屬多次來我所表達「該鑑定依據的材料系偽造，且貴中心否認有工作人員叫程勝華。」

由此其家屬認為該鑑定書也為虛假偽造，並要求我們提供相關在場人的身分證明。經解答、溝通、引導及多部門工作人員調解後均不能消除被鑑定人及家屬的疑慮。

為答覆被鑑定人及其親屬的質疑，我所於 2013 年 8 月 8 日書面函件通知貴調解中心，向我所補充提交經過被鑑定人廖梅枝或其直系親屬認同的「廖梅枝同志精神疾病司法鑑定專項材料」，及鑑定在場人的身分證明材料，並要求在 15 個工作日內把材料送達我所，如逾期未收到相關證明材料，我所將依據有關爭議處理流程作出撤銷（鄂人醫精鑑所【2010】精鑑字第 33 號）鑑定書，由此引起的法律及其他一切後果均由貴中心承擔。

由於貴調解中心未能如期在 15 個工作日內向我所補充遞交經過被鑑定人廖梅枝或其直系親屬認同的廖梅枝同志精神疾病司法鑑定專項材料，及鑑定在場人的身份證明材料，根據有關信訪接待規定和有關爭議處理流程，我所書面函件通知貴調解中心：我所作出撤銷（鄂人醫精鑑所【2010】精鑑字第 33 號）鑑定書的決定。

特此通知。

湖北省人民醫院法醫精神病司法鑑定所

2013 年 9 月 10 日

精神病的鑑定撤銷了，可是，相關賠償、問責追刑又在何處？社會主義法治又在哪裡？這成了廖梅枝遙遙無期的夢！而迫害則如影隨形。

就在 2015 年 10 月 12 日上午 8 點，他們夫妻去潛江市政府反映問題時，還被趕來攔阻的潛江市衛計委截訪人員陳某打傷。我在電話採訪時，廖梅枝還躺在醫院的病床上！

　　推翻了被精神病的醫學鑑定，受害者卻沒辦法獲得應有的賠償，甚至施行迫害的官員，也沒有受到法律制裁，還不降反升，繼續官運亨通。這或許也能從側面反應出中國法律針對官員時就是一紙空文的現狀。

第九章　丈夫的撫卹金

　　這 8 年來，我的身體和精神遭受了巨大破壞，他們監控、竊聽我的通話自由，限制我的人身自由；對我使用各種酷刑，已經到了無所不用其極的地步。

陳菊

陳菊

　　陳菊（又名：陳傳菊），女，初中學歷，漢族，1972 年出生，湖北省房縣紅塔鎮人。

　　我見到她的時候，她穿著一身黑，黑色有圍領的毛衣，貼身黑色長褲，腳踝處有灰色翻毛的黑色短靴。她留著短髮，厚厚的嘴唇緊閉，唇上因為乾燥顯出白色皺紋。從她臉上比較粗黑的皮膚就知道她作為農村人生活的艱辛與不易。

　　2015 年 12 月 13 日，陳菊去法院索要判決書，走到縣人民醫院附近，被 5 個人強行拉上車。跟她同行的姐姐陳雲大聲斥責：「你們這是土匪嗎？」這夥人迫於無奈才亮出警官證，然後把陳菊帶到紅塔鎮派出所，一番虐待、逼迫、簽字的把戲把她折騰了 4 個小時。

　　這次與以往威逼利誘不同的是，簽字完畢沒有釋放她回家，而是把她送到十堰精神病醫院關押。等她到醫院後，發覺紅塔派出所和其他部門領導早就等候在那裡，並為她辦好了所有的「住院治療手續」。關進去時，醫院給了個住院證明，在精神病院被打針、吃藥、捆綁折磨了 14

天。釋放時則不給出院證明。不知道這種沒有出院證明的做法是否會為陳菊留下再次被迫害的破口。

「從派出所被押上車，雙手銬在後面，頭上戴著重犯的那種黑帽子，腳上戴著腳鍊，到十堰精神病醫院後，他們把車停在院內，沒讓我下車，拿去帽子用強光輻射我的雙眼。我被折騰得口吐白沫，這才把我弄到醫院病房內。然後強脫我的衣服，我一直解釋我沒有精神病，無德醫生根本不聽我辯解，還說整的就是你。他們強行綁住我的雙手和雙腳，最後在我後腦打了一針，打完針都快凌晨兩點鐘了，他們才去休息。」陳菊說。

「第二天開始，一直給我打針，持續了好幾天。飯前吃藥是每天必須的。被他們折騰了 14 天，12 月 27 日晚上，親人知道後才接我出來。在精神病院內，他們強迫我吃藥後，把我弄去檢查，兩個護士從床上抬著我，做 CR 檢查時不用名字，給我一個編號叫做 CR146400，還讓我脫褲子，拿掉我脖子上的金佛，後來我就什麼都不知道了，等我醒來後已經在床上，金佛墜至今沒有還給我。」

我採訪多年，這種事見怪不怪，這些機構的人員，趁人之危，奪取財物，可以說是人權屠夫、竊賊、強盜。當自由可以隨意任人被擺佈，財物和生命就是下一個被剝奪的東西。

遭受酷刑折磨後，身體軟弱的陳菊回到家裡，連說話都顯得困難，精神和身體受到很大傷害，還要照顧年僅 14 歲的女兒，這已經是丈夫在 2012 年去世後她獨立照顧女兒的第四個年頭。

陳菊告訴我，她和丈夫陳克春結婚後生育有一女兒。2003 年 8 月 27 日，丈夫到廣州誠信公路建設監理諮詢有限公司入職，做橋樑工程監理。他與公司簽訂了無限期勞動合同，公司並為他辦理了養老保險和人身意外保險。

　　2007 年 10 月 16 日，公司派他從德慶去增城給某工程簽字時，於次日下午發生意外。現場的工作人員並未及時將他送到醫院救治，在陳菊主動給丈夫打電話時才知道丈夫發生事故。隨即她多次通知丈夫單位的領導，到第二天凌晨一點左右才由當地派出所將傷患送往德慶人民醫院。

　　丈夫於 2012 年 3 月 9 日治療無效去世，留下年僅 10 歲的女兒和愛人陳菊。陳菊認為丈夫的去世，就是因為他們延誤病情，弄虛作假，導致錯過最佳救治時間而去世的。

　　丈夫去世後，人身意外保險早就應該賠了，但是丈夫單位那邊除了給過 2,300 元慰問金，並以單位某個人的名義借給陳菊一萬塊外（欠條寫的是公司名稱），再沒給過一分錢。陳菊按程序反反覆覆找相關單位，要求按工傷死亡和人身意外依法追責，按標準進行賠償。沒想到跟十堰市房縣政府、公安局根本不沾邊的事情，卻遭到他們無情的打擊、鎮壓。

　　2014 年 3 月 17 日，陳菊到房縣信訪局討要被他們騙去的丈夫在德慶住院的 32 份病歷資料，接待處回答：「誰拿的找誰要。」她就來到二樓找時任局長王東東。王局長拒不承認，並說：「**你無證據，找我就是找事。**」話還未說完，突然進來幾個人把她從樓上拖到樓下，信訪局報警後來了四個警察，他們二話不說就把陳菊拖出去扔進車內，帶到城關派出所。

　　城關派出所不管，又把她拖上車送到紅塔鎮政府，拖進後鎮政府也不管，又把她拖上車甩在紅塔派出所外。從上午 8 點開始到下午 4 點一直在拖來拖去，弄得她遍體鱗傷，傷痕累累。而這樣的迫害事件才剛剛開始。

　　2014 年 4 月 14 日，陳菊到紅塔鎮找負責人拿資料受到百般推托，在她選擇報警交涉的情況下才拿到資料，沒想到剛走出不遠，村長王從海的車忽然停在她身邊，下來四個人把她拖上車，綁住手腳，直接拉到

十堰市精神病院停車場。他們聯繫來一位醫生，在觀察了陳菊後認為她沒有精神病，這才躲過一劫。隨後又被村長拉回房縣，從這裡可以看出政府想關押她到精神病院是早有預謀的。

迫害一波接著一波，2014 年 5 月 25 日，陳菊到最高檢、最高法院上訪，被警察帶到馬家樓，半夜被一個警察接出來扔在大街上，迫於無奈她 6 次報警，卻無人管。她沒地方可去，也沒有錢住旅店，她只好在馬家樓外的街邊坐了一夜。後來兩天房縣駐京辦的工作人員告訴她沒事去天安門逛逛散散心，她還真去散心了，結果被政府構陷在天安門非法上訪。

29 日上午 9 點被遣返回紅塔派出所。4 個人在綁她時，把她的左胳膊擰斷造成終生殘疾；然後她被拖著頭髮擰倒在地上，一直打罵兩小時。一天之內滴水未進的情況下，她被警察用私家車送到十堰市看守所，看守所看到她重傷拒絕收留，要求先到醫院去檢查。檢查時她還戴著背銬。她想坐在凳子上時，被跟前的警察一腳踢倒在地，雙手戴著背銬無法起來，在跟前人員的攙扶下才站起來。

「公安局往死裡整我，當時看守所的人說，我們是看到你可憐才收下你，不然的話還會要了你的命。當時看到我的耳朵流黃水，遍體鱗傷，看守所的領導打了個電話，讓他們給我檢查身體。最後他們為了不給我治療，又把我送回房縣拘留所，被他們拘留十天後釋放出來。」

2014 年 7 月 8 日，陳菊去公安局走行政覆議程序，負責人收了事實經過材料後，告訴陳菊因她在北京鬧訪、非法上訪，她的上訪訴求在十五天內如果法院不受理，就強制執行十萬元私了。一個月後的 10 月 12 日，法院確認不受理。她又找公安局，被警察拖到信訪局，一直拖到她昏迷，醒來後一看，鞋子都拖爛了！

這種毫無人性的死拖爛打從未在陳菊身上停止過，2015 年 7 月 16 日下午 6 時，她到縣政府反映縣法院一年不給判決書，被政府門口的協

警踢傷，最後查實胸骨骨折。

2015 年 9 月 15 日早上 9 點左右，陳菊在北京南站突然被 5 個人綁架到車上，蒙住雙眼拉到湖北省丹江市一個偏遠的小山村。身分證、手機記憶卡和所有資料都被搶走，綁架的人說：「等你回去後和你們政府要。」9 月 28 日，她在政法委樓下被抓送到公安局進行了 7 個多小時的逼供，並強行要求簽 10 萬元的全額補償字據。

陳菊說：「他們誹謗我做雞、誹謗我孩子是私生子，我真的沒有，我的冤屈不止來自於生活，更來自於精神的迫害，他們沒有幫我，反而一盆一盆的污水潑給我，我們國家沒有給我任何幫助，我討不到說法，討不到公道，感覺不到國家的存在。」

第四部分 人權屠宰場

第一章 華一精神病醫院：踐踏人權的集中營

坐落於北京市昌平區地鐵 8 號線平西府站以北約一公里的「華一醫院精神病分院」，很可能是北京唯一以治療精神病為由強行將訪民、流浪人員集中關押的黑牢。

如果在網絡上搜索關鍵詞「華一醫院」地圖上會出現 A 與 B 兩個位標，其中坐標 A 指示的是華一醫院（總院）位於地鐵 8 號線霍營站東北方向約 500 米遠。它是附近居民眾所周知的原北京北郊醫院，建院於 1974 年的二甲綜合醫院。

而坐標 B 指示的即是上述「華一醫院精神病分院」，2012 年 11 月北京市昌平區衛生局批覆更名為「北京市昌平區中西醫結合醫院」。至於它的地理位置和實際作用，醫院附近居民鮮有人知。我實地探察發現，此地點沒有高樓大廈，民房廠房混雜，所以非常隱秘。

1995 年華一醫院被衛生部，聯合國兒童基金會，世界衛生組織授予「愛嬰醫院」，2001 年成為北京市首批醫保定點單位，2001 年被「市殘聯」指定為北京市精神病人康復基地，2003 年被市政府定為收治救助精神病人的定點醫院。醫院分為綜合和精神病兩個部分，醫院佔地總面積約 10.2 萬平方米。其中精神病分院下屬精神科 12 個。

據華一醫院副院長歐陽秀革介紹：「華一精神分院有床位 1500 餘張，其中 1000 張用於救助流浪精神病人，救治流浪精神病人的費用由市財政撥款，由市民政局與定點醫院定期結算。」據歐陽秀革介紹：「目前全北京 90% 以上的精神病人救助工作，都由華一精神分院承擔。」

　　與著名的接收、救助上訪維權人士的「馬家樓」和「久敬莊」不同，這兩個地方訪民可以自由離開或是被接訪截訪人員帶離的機構，並為訪民提供免費的住宿和飲食。據我了解，華一醫院精神病分院並未有明確釋放在押人員的時間，也並無公開的法律文件說明關押時長。這使分院中的被押人員的行動自由和人身自由受到長期有組織性的侵害。

　　與全國各地其他關押訪民的精神病院不同，華一醫院精神病分院中關押著來自全國各地在京上訪人員，而非特定某個地方的人士，在收容訪民方面它與馬家樓和久敬莊類似，但不同的是，被押人員並無自由離開的權利，並在其中遭遇肉體與精神的虐待。

　　華一醫院精神病分院在管理上未必與華一醫院屬於同一系統。我以被關押者家屬的身分曾撥通了華一精神病醫院在網路上公開的電話，對方接到電話在未問明來電者身分的情況下回應道：「你是找警察送來的人吧？你打01058596500。」並且否認兩個電話同屬一個機構。當我撥打後者提供的電話時，接聽者又向我提供另一個被稱為是「救助辦公室」的電話。我隨即撥打該電話，但一直處於無人接聽的狀態。據我接觸到的案例了解，如果沒有地方政府或家屬前來接走被關押者，被關押者無權自由離開醫院，並將遭受不同程度的虐待。

　　據山東省海陽市留格鎮張家莊的張玲玲介紹，在2002年至2003年之間，她們村被納入海洋核電站的籌建範圍，這就涉及了農民土地佔用、拆遷房屋及搬遷問題。只要不是拆遷房屋的補貼錢，其餘類似於佔地的錢全部讓核電站書記和張家莊書記等官員貪污了。

　　張玲玲因此來北京反映情況，結果被送入了北京昌平華一精神病院，遭受了「瘋人」的待遇。

　　「我被關在昌平區華一醫院精神一科，我剛進去的時候要求回家，他們把我四肢捆綁起來，讓我吃藥的時候，我說了一句：『能不能不吃藥啊？』他們就來罵我：『你媽個逼的，你吃不吃？』說著就撕著我的頭髮，把我的頭都磕破出血了，還往我臉上倒水，太可怕了！」

　　我在電話採訪她時，由於她精神不佳，還沒從恐懼中走出來，所以不願過多回憶當時的情況，並說明自己今年才 30 歲，不願意以後的日子活在這難忘的噩夢裡，同時懇求我不要再給她打電話，如果媒體真的想幫他們受害者，就幫他們向國家反映，不要再抓老百姓了，趕快廢除這個醫院。

　　於此同時，她給我提供了一份從醫院帶出來的，正被關押中的維權人士家屬聯繫電話。我隨後對該名單電話進行逐一訪談，結果發覺大多數人還在關押當中。其中包括黑龍江黑河公民石井之、廣東韶關公民蘭絲青、廣西周道芝等。

　　如此集中的迫害，從側面證明了華一精神病院對公民非法關押迫害已經不是短期的問題了，而警方能輕易把一個正常維權公民送進去，也從側面反映出警方跟醫院存在某種契約性的約定。至於醫院裡面對公民的迫害有多麼慘烈，我採訪的幾位從華一精神病院出來的人也許能說明這個問題。

　　我的調查如下：

　　華一醫院精神病分院是在北京的維權人士被精神病的「大本營」，除了張玲玲外，我多次採訪來自全國各地在北京被精神病的維權人士，他們被關的醫院幾乎都是這座華一醫院精神病分院。

案例 1
洪玲玲

　　女，上海人，60 多歲，上海前進服裝廠職工，原住在上海的雲南中路（編註：上海市市中心的精華地段），2015 年 2 月 5 日來京反映房屋被拆事由，遭到主管單位推諉。氣憤之下於 6 日早晨，在天安門廣

場觀看升國旗儀式時，大聲呼喊：「打倒共產黨！」被現場兩個警察控制，隨後即被送入北京昌平區華一精神病院關押，至 3 月 3 日出來，共計關押 25 天。

洪玲玲的女兒張文雯專程從上海趕來北京接她的母親。

「你好，我找洪玲玲。」「哦知道，知道。她好像搞得很厲害，還說要打倒共產黨呢。」門口的保安聽到這個名字後不禁嘆息。

說著保安手指向了關押精神病的 1、2 號病區。

張文雯向我回憶前一天發生的事。

此時，距她母親被關在該院已經 25 天了，談起這次被關的原因，張文雯說：「從 2012 年到現在 50 多次在北京天安門喊打倒共產黨，所以估計北京警方也挺恨她的。來到醫院 1 號和 2 號病區後，我才知道這兩個病區都是公安局送來的人。」

3 月 4 日，我獲知洪玲玲已從精神病院出來，並要回上海養病，我聯繫了她的女兒張文雯，在北京南站面對面對他們母女做了這次訪談。初次見洪玲玲給人的感覺，彬彬有禮，和藹可親。交談之下才發覺，她說話有些結巴，咬字不清。張文雯介紹說這是關押精神病院強迫吃藥造成的。

「您在裡面這 25 天怎麼過的？」我問。「我媽說最嚇人的是，衣服褲子全部扒光，扒光後開始攝像，這一個月在裡面很苦的。」張文雯替她媽回答。她穿著一件白色套頭外衣，看上去可能不到三十，又或者三十出頭，化著上海姑娘都會感的妝容，皮膚顯得白皙。

說起被這樣迫害，洪玲玲試著擺脫藥物影響，努力讓自己的口齒清晰：「他們這是在侮辱我的人格，我自己會脫衣服。脫外套，裡面的衣

服我不脫，他們很多人就把我的內衣內褲全部扒掉，跟前的男警察、男醫生、男護士、都看著給我攝像，我說你們這樣的行為是侮辱我人格，他們還說我是重症精神病分裂患者。」

重症精神病患還能清晰表達，能這麼在意被幾個大男人扒光？我懷疑如果是重症，可能自己就把衣服都給扒光了。

「裡面的生活怎麼樣？」我問。

「在裡面我 想過一個正常人的生活，我跟他們說要刷牙，我有自己的牙刷，但他們卻拿公用的牙刷給我，我說這用了是要細菌感染的，實在沒辦法，只得跟他們吵，他們就要打我。所以我只有 2 月 8 號刷了一次牙，閨女接我出來後才又刷牙。在裡面都沒洗過澡。」

洪玲玲就是個上海人，燙捲的短髮，描 畫的細眉毛。她穿著深紫色的羽絨外套，裏面是件黑色的圍領毛衣。雖然口齒有些含糊，但思維清晰。我越發覺得她根本沒病。

「他們還打人。我肚子餓了要吃飯 ，還要讓我先罰站一個小時才能吃。那些放飯的人說，醫生護士交代，最後一個才給我飯。而且，他們把年紀比我小的都分到老年組，把飯放在他們面前，我也應該有這個待遇啊！因此我就抗議，他們卻 打我耳光。吃飯頓頓是大白菜饅頭，連米飯糧食也沒有。」

「那您有被他們 強迫吃藥打針的情況嗎？」

女兒張文雯這時又為媽媽報不平：「別的病人，剛進來就 9 顆 10 顆的，刻意不給我媽吃藥，因為他們知道她以前的病症，平時睡眠不好，這些年都靠藥物來協助睡眠，我媽年輕時就這樣，以前就是不能睡覺，檢查的結果是睡眠神經壞掉了，需要藥物輔助才能入睡，如果兩天不吃藥，就會病情復發，難以控制。他們知道她的病情，刻意不給她吃藥，

專門折磨她，在裡面這麼長時間，她就沒好好睡過一晚覺。」

「剛開始他們不給我吃藥　，後來給我早上兩顆、中午兩顆、晚上一顆三頓都吃了，別的病人一天要吃十幾顆，就是讓人麻木、安定的藥，類似於安眠藥吧。若不是治療我病的藥，我不吃，絕食四天抗議，那個男護士說：『你絕食是想給我顏色看是嗎？』說著一拳打到我臉上，就讓我吃藥。」洪玲玲說。

「真夠狠的，您現在思維還　沒有完全反應過來吧？」我很同情老太太。「昨天剛出來的時候太嚇人了　，神情恍惚，腦袋反應異常遲鈍，我在看公交站牌，一下沒看住她，她就採空從樓梯上摔了下來，我帶著她常吃的藥，昨天晚上給她馬上吃藥，睡了十多個小時，今天早上起來，我問她腦子清楚嗎，她說好多了，思維意識恢復了一點點。」張文雯眼神中都是氣。

「我採訪過不少被精神病的人，都是關押在這個地方。」我指著地圖上的華一醫院精神分院。

「我昨天去接她，他們兩個護士　正好看到我，說哎你怎麼在這裡，我就跟她們說，我媽媽進來的時候不是這樣的，她們反駁道：『她進來的時候就是這樣的。』這個醫院可嚇人了，我媽媽曾在上海喊『打倒陳良宇』，被上海政府關了7年精神病院，可從某種程度上說，7年裡面也沒有這個地方關押一個月迫害得厲害。這個地方就像法西斯一樣，跟集中營似的。」張文雯忿忿不平。

「我不知道自己在幾區　，但是我在的這個大廳就有100多人被關著，當我要出來時，醫生還威脅我：『你敢來北京一次就關你一次，可以關你20年！』而且我被定性為重度精神病患者，一旦上訪，女兒作為監護人要負法律責任。我們沒看到鑑定報告，連出院小結病例也沒有！」洪玲玲的委屈溢於言表。

　　這下我明白張文雯臉上的憤怒從何而來。一來為母親的上訪感到無奈，一來憤恨這些迫害者的殘酷手段。

　　洪玲玲從年輕時起就有抑鬱症，從那時起睡覺就要用藥物輔助才能入睡，她家原住上海雲南中路，此地毗鄰「中華一條街」南京路，是上海最繁華的中心地段。2002 年 5 月，上海市黃浦區人民政府借「舊區改造」之名，將洪玲玲家庭居住的地塊無償劃撥給房地產開發商，並以行政手段逼迫該區域原住戶接受開發商單方面制定的霸王條款。

　　由於她和丈夫堅持「原地回搬」，拒絕簽訂不平等的安置和補償協議，2002 年 8 月 13 日黃浦區房屋土地管理局官員向他們下達了《房屋拆遷裁決書》。9 月 6 日上午，在家中無人之際，黃浦區人民政府、公安局等單位對他們的房子實施強制拆遷，用斧頭將她家房門劈開，將財產洗劫一空。

　　2005 年 9 月，洪玲玲上訪了三年都沒處理結果，就在時任上海市委書記陳良宇主政期間，高喊「打倒陳良宇」，招致上海市人民政府仇視，為了解決這個不斷上訪的包袱，上海市人民政府以洪玲玲以前曾得過「抑鬱症」之名，將她送進黃浦區精神衛生中心，美其名曰治療，實則變相實施長期關押。在新的精神衛生法出台前，洪玲玲才終於被釋放出來。但這時，她已經被關押了長達七年多之久。

　　當年上海關押的時候，上海黃浦區精神衛生中心為了撇清責任，在醫院住院病歷上寫道：「意識是清楚的，衣服整齊，還有其它方面也正常，具有民事行為能力，是因為公安局送進來的，不能定精神分裂症。」

　　面對這次北京之行，張文雯憤怒的說：「當時上海公安局還給了個告知書 ，現在北京這次什麼法律憑證都沒有，我在上海去看媽媽，上海的醫護人員還說：『我們會照顧你媽媽的，她蠻可憐的。』北京這個就不同了，太嚇人了，我看完母親去辦手續，他們還告訴我媽媽說：『哎呀，這是你女兒啊，我們以為也是個神經病呢。』」

案例 2
方道明

男，安徽省黃山市歙縣霞坑鎮人，從 1974 年開始，方道明在教育部門從教學崗位到駕駛員工作經歷時，長達 13 年 7 個月之久，符合國家對於教職工享受基本待遇的勞動法相關條款。但是現實生活中國家並沒有履行法律的承諾，給他應有的待遇，他這才開始上訪。

2013 年 10 月，在北京上訪的方道明為了生存，應聘到北京國泰保安公司做保安，公司發現方道明是上訪人員，便予以辭退，並剋扣了勞動合同法規定的 500 多元工資，他就跟公司相關負責人理論，被公司趙副經理和劉姓員工按倒在地打傷。

此時正值中國共產黨三中全會前夕，北京處於重點維穩時期，海淀區萬壽路派出所隨後趕到現場，未懲罰企業的暴力行為，反而將方道明反銬至萬壽路派出所，並送往久敬莊信訪接待中心，因此次事件與信訪無關，完全是工資糾紛問題，接待中心的工作人員拒絕派出所的關押收留請求。第二天晚上萬壽路派出所再次送方道明到久敬莊，因為派出所製作的詢問筆錄上，沒有方道明承認的上訪情況，久敬莊再次拒收。

萬壽路派出所劉濤警官問方道明：「你以後打算怎麼樣？」「還要繼續上訪。」方道明說。隨後他被送到了北京昌平區華一中西結合醫院精神病四科。

華一精神病醫院精神四科的醫生，用繩子把方道明捆綁在病床上灌藥，他拒不配合，當天晚上方道明被精神四科的啞巴護士毆打，導致胸部受傷，右肋骨疼痛吃不下飯。由於方道明一直抗爭，兩日後被再次拿繩子捆綁，直到血液流通不暢，兩手兩腳發紫、發黑，院方才將繩索略鬆一點。

2013 年 11 月 14 日中午，解除繩索捆綁的方道明鬆了一口氣，唱起了自己譜曲改編的《萬歲中國夢》等歌曲，感慨自己的人生。傍晚時分他遭到了最嚴厲的懲罰——電擊酷刑迫害。醫護人員在給方道明實施電擊時，邊電擊邊問他：「你還敢來北京上訪嗎？」

實在受不了這種折磨，方道明只能求饒：「再也不敢了。」但苦苦哀求也未能喚醒醫護人員的人性，他們繼續電擊，直到方道明幾乎昏死過去。

「吃藥時間為每天三次共八片，早上兩大兩小的四片精神病人專服用藥，晚上中午各兩片。」方道明曾兩次向主治醫生和王主任提出，吃了這種藥物後，晚上口腔非常乾燥，經常喝水而小便多，睡不好，於是請求停藥。醫生拒絕請求，回答道：「吃藥總比捆綁好受些吧？」

這裡的醫生完全成了公安的工具。

2013 年 11 月 10 日進去，12 月 1 日方道明被安徽救助站接出，帶回安徽，終於獲得了自由，華一醫院沒有給精神病鑑定，院方給的理由是：「你只是借住在我們這裡。」

借住？電擊、逼他吃藥，不是醫療行為？院方這種對法律、對人權的無知令人憤怒、痛恨。

而這已經是方道明第二次被關在精神病院裡了。

跟方道明聊天，我才知道他常常幫助維權農民反映一些侵權問題。這為他帶來了很多不必要的麻煩，也為自己的第一次被關精神病院埋下了伏筆。

他介紹說，2001 年，國家建設徽杭高速公路，時任歙縣霞坑鎮黨委書記等官員貪污農民的拆遷安置補償款上百萬元，其中有自己的補償

款八萬之多被貪污，他就帶領村民積極舉報。2009 年歙縣霞坑鎮和隔壁鄉鎮政府非法強行徵用非公益建設用地 2,000 餘畝，他和隔壁富場鎮近千名農民聯名舉報，省國土廳查處違法用地 1,500 畝，但是具體涉案的人員並沒有遭到法律制裁。

由於受千位當地農民聯名推介，方道明開始到北京上訪。2011 年 6 月 10 日，歙縣杞梓里鎮派出所指導員方志勇、霞坑鎮警務室方某等四人，將方道明拉上警車帶走時，遭到霞坑鎮當地群眾的集體抗議，民眾自發到公路邊等待警車通過。警察害怕民眾阻擋，繞道徽杭高速三陽壇段，直接將其送到黃山市第二人民醫院關押 193 天，並四次捆綁四肢，歷時 93 個小時，經歷打針、人工餵藥的迫害。

2011 年 12 月 20 日，方道明的女兒方婷從杭州請假找政府領導，希望他們放了父親。政府領導不同意，方婷態度堅定道：「**再不放人我就到北京上訪告狀。**」他們才迫不得已放他出來。黃山市第二人民醫院精神病給方道明的鑑定結果為「輕微人格障礙」。

這次關押，給方道明留下了嚴重的後遺症，精神病院出來後他於 2012 年兩次到縣人民醫院搶救、輸血治療，2012 年 9 月 23 日他到歙縣人民醫院急診治療，醫生的診斷說明是：頭昏、冷汗、皮膚蒼白、考慮患者消化道出血量大，病情危重。在 2012 年 10 月 1 日出院時，醫院檢查後認為，方道明仍有乏力，重度貧血貌，精神萎靡，身體沒有痊癒。在 2012 年 11 月 10 日，病情惡化，方道明再次入院治療，至 12 月 2 日才出來。

「**誰不想好好治病？可是家裡本來就困難，住院已經花了好幾千塊了，根本承擔不起，所以迫不得已才出院的。**」

本來就嚴重困難的家庭，生活更加艱難，為了維護自己的合法權益，身體稍有好轉，方道明就再次來北京上訪申訴，這才有了開頭的故事。

案例 3
唐學成

男，1964 年生，湖南郴州市北湖區芙蓉鄉人，曾任龍帽嶺鉛鋅錫多金屬礦礦長、法人代表。唐學成開採的有證礦山龍冒嶺有豐富的鉛、鋅、錫多金屬礦，資產在千萬之上。因礦產資源被詐騙販賣來到北京上訪。

一眼看去唐學成穿著全身黑。但仔細看，其實並不是全黑的。他的球鞋是深色的，牛仔褲是深藍色的，上衣是一件灰色的套領毛衣，只有羽絨外套是黑色的。他背了一個灰不溜秋的側背包，手提一個深褐色的提袋。他留了一頭短髮，髮色有些灰白。看上去整個人幹練、健壯、精神抖擻。

2006 年 9 月至 11 月初，唐學成兩次到北京外交部立法司、行政司和新聞司討伐副部長張業遂，討伐的理由是張業遂於 2003 年 12 月 21 日，在《聯合國反腐敗公約》上代表中國政府簽字，簽署了又不負責，整個中國遍地腥羶，貪腐橫行。湖南郴州市北湖區芙蓉鄉鄉長曾祥峰從北京將唐學成強行押回郴州，隨即將他行政拘留十天。

在拘留結束前，拘留所的幹警（編註：即有中共黨籍的「幹部警察」）問唐學成解除拘留後有什麼打算。唐學成拿筆寫下：「*只要我還有一口氣，誰也不能剝奪公民的訴訟權。*」

就是這一句話，沒有讓他獲得本來應有的自由。2006 年 11 月 16 日早上 7 點半鐘，北湖區芙蓉鄉幹部李鵬飛和曹新將等五人將唐學成從拘留所強行送入湖南省郴州市精神病醫院。在剛進去的四天裡，唐學成拒絕吃藥。可他勢單力薄，哪裡是醫護人員的對手？幾個回合下來，他已經堅持不住了。但是有警覺性的唐學成有機會的時候就把一天兩頓的藥都壓到舌頭底下躲避護士的檢查，避免強迫灌藥給自己造成的副作用。

238 | 第四部分 人權屠宰場

然而這就好比西天取經九九八十一難，過了一個坎還有一個在前面等著你。由於知道唐學成的上訪情況，主治醫師對他很不客氣。

唐學成回憶，主治醫師是個女的，叫馮曉蓉，她對他說，她的丈夫是在檢察院工作，她和他的丈夫都知道，如果唐學成出了郴州精神病醫院的大門，會給郴州市給郴州市紀委書記曾錦春、市長周政坤等人帶來什麼後果。

「因此，馮曉蓉就叫了十多個醫師和護士把我用繩子捆綁在床上，然後用高強度的電針深扎我身體上的八個穴位，並威脅我不准喊出院，不准上訪、上訴、告狀。她說：『否則天天給你扎電針，直到扎死你為止，看你到哪裡去告狀。』」

居然有這麼狠的醫生，我瞠目結舌。這一天，北京霧霾很嚴重，整個天空灰灰的。我聽著他的故事，感覺到自己逐漸情緒低落，心情不太好。

隨著時間的推移，唐學成積極照顧其他病人，多數護士對他抱有好感。2008 年 3 月 1 日，他到護士辦公室詢問本人每月體檢一次的報告是否正常。護士正在忙著辦理剛來的病人的入院手續，忙不過來。徵得護士的允許，他就自己去拿病歷檔案看。

唐學成在病歷檔案後面發現夾著湖南省郴州市中級人民法院的《行政裁定書》（2007）郴行監字第 3 號的《再審通知書》。印章上的打印時間是 2007 年 6 月 20 日。這就說明郴州精神病醫院控制唐學成，直接幫助了非法佔有自己財產的貪官，還剝奪了他出庭上訴申冤的機會。

尤其可笑的是在進院檢查的時候檢查結果是精神分裂症，入院的時候診斷為偏執性精神障礙，出院的時候診斷為偏執性人格障礙。不知道在主任一欄簽字的醫師要何等的精神分裂才能診斷出如此出神入化的病情變化。

「我偷偷拿出法院的裁定書 ，拿給我的病友李勁松看，他是中國航空大學畢業的本科生，也是被精神病醫院行政腐敗和職業道德敗壞迫害的。李勁松看了我的《再審通知書》後，說快過期了，我們立即策劃逃生。」

「我們知道住在這郴州精神病醫院 是非整死我們不可。我就親眼看見一個 16 歲的男中學生叫鄧文濤，因服藥劑量過大導致休克死亡的醫療事故，郴州市精神病醫院卻曚騙其家屬，說鄧文濤是上吊『自殺』身亡的悲劇。這是多麼黑暗，多麼令人恐怖的社會。」

就像演電影一樣，2008 年 3 月 7 日晚上 11:05 時，唐學成和李勁松從湖南省郴州市全封閉式的精神病醫院四病區四樓的衛生間裡，他們擰開防護窗網逃生，結束了 480 多天的瘋人院生活。但是「勝利大逃亡」不是沒有代價的。由於下至二樓時滑落，兩人不幸墜樓致殘。經郴州市旺昇司法鑑定所鑑定結果顯示，唐學成跳樓導致左橈骨骨折、右肱骨骨折。

後來，唐學成在一次身體檢察時發覺，因在精神病院裡面和其它問題的病人一起生活，醫院又沒有相關隔離防護，他染上了乙肝這個一輩子都消除不了的病症。

2013 年 8 月 8 日早上，唐學成像平常給各機關部委寄信一樣，準備好材料，為了安全，坐車離開自己住處，跑到較遠的地方找郵局。可在北京這個無縫監控的城市，就是你入地三尺，只要政府想找，就沒有你的藏身之地。

當他自認為安全的找到郵局剛踏入大門時，三位穿著制服的警察就出現在他面前，他被帶到北京市豐台區洋橋派出所，下午由該所警官石志凱等三人押送至北京市昌平區華一精神病醫院。

從 8 月 8 日開始，唐學成一直被關押到 9 月 5 日，期間沒有給予任

何書面檢查報告或法律依據，只有一張出院時的物品扣押清單。出院的唐學成並沒有被釋放，而是被湖南長沙市救助站接走，連夜送回湖南老家。9月6日早上，長沙市雨花區救助站又將唐學成送到長沙市精神病醫院強制關押。

他有住院經驗，知道如何應對醫護人員，在吃藥配合的時候受到的傷害就減小了很多，並且把一天兩頓的藥全部偷偷保留下來作為將來審判的證據。

這次跟以前被精神病鑑定診斷的結果差不多，都是遇到了有「精神障礙」的醫生，因為在入院診斷一欄明確的寫著精神障礙待查，而在治療結果一欄卻赫然寫著「好轉」，既然是待查，又何來好轉一說？

案例4
王運華

1971年生，河南省橫川縣白店鄉人，曾從事美髮行業。因離婚後，前夫周某剝奪了王運華合理探視子女的權利，雙方對簿公堂。

2006年，王運華夫婦雙方經河南省橫川縣人民法院判決離婚，確定孩子與前夫共同生活，王運華不承擔扶養費。可是孩子還小並體弱多病，離婚後孩子實質上一直跟王運華共同生活兩年多。2008年8月3日上午，前夫帶5人強制將孩子接走，並拒絕了王運華探視孩子的權利，這對她造成嚴重的精神傷害。

為了爭取到孩子的合法探視權，王運華把前夫訴至北京豐台區法院，被法院以她「精神有問題，無民事行為能力」為由駁回訴訟請求。

2010年5月20日，六安高城司法鑑定所給王運華做了「有無精神疾病，行為能力如何」的鑑定，該院作過檢查後認定為因離婚導致的「心

因性抑鬱症」。這些鑑定結論都為當地維穩機構進一步迫害王運華提供了側面依據。

2010 年 7 月 21 日，由村支書李發新簽字把她送入了商城縣精神病院，該院的初步診斷赫然寫著「王運華因離婚導致精神異常，並以此為由到處上訪告狀，多次由鄉政府押回，屢禁不止，初步斷定——偏執型精神病。」到 2011 年 1 月 7 日放出來的時候，該院確診她為「精神分裂症」。這成為維穩機構進一步迫害王運華的直接依據。

2012 年 8 月，王運華因患病到救助站求助，被北京朝陽區救助站派人強制送往北京昌平區華一精神病院治療，被關押兩個月。出院後找救助站理論，又被北京東壩派出所送入華一精神病醫院關押 20 天。

被釋放出來後，她沒有像往常一樣去找相關單位申訴，而是在朝陽區金盞鄉皮村（編註：皮村距離北京首都機場 5 公里）開了個小理髮店，一邊賺點生活費，一邊休養身體。然而生活總是不像她想的那麼安靜，因為一點小事跟房東吵了起來，當樓梓莊派出所張警官到場後，不但沒有化解矛盾，對方反而當著警察的面對王運華大打出手。警察對此卻視而不見，還以無理取鬧為由再次把她送到北京昌平區華一精神病院院一科關押，又是關押 20 多天才被釋放。

王運華進醫院後，因為反抗，遭到了醫院工作人員的捆綁、抽打、強迫灌藥，這四次被精神病，沒有一次不是捆綁起來強制灌藥的。

2015 年 2 月 17 日上午 10 點，在北京法院起訴探視權的王運華遭到多名法警的毆打，回來後她給院長寫了一封信，其中這樣寫道：「孩子是我唯一的希望，因為孩子我被拘留過，也被河南省商城精神病院關過半年；也因不服判決被河南省鄭州女子勞教所勞教一年；也曾被北京救助站、派出所強行三次送入北京昌平區華一精神病院關押。作為一個普通母親，含辛茹苦的把孩子養大，卻被莫名搶走並且拒絕我探視，但是孩子是我的命啊！我把所有的希望都寄託給了法院，可從案件的審

理程序和法官的態度及讓法警毆打我的情況來看，我感覺到的只有失望了！」

　　2015 年 5 月 28 日，河南省橫川縣人民法院因為審理案子的需要，委託武漢市精神病醫院司法鑑定所給王運華做精神病鑑定，鑑定結論認為王運華的表現符合「無精神病」的診斷標準，其孩子探視權的訴求具有現實性，其辨認能力及行為控制能力存在，結論為王運華無精神病，具有完全民事行為能力。

　　以上這些只是我親自採訪到的案例，如果查閱網絡消息，則會發現遭此醫院關押的受害者非常之多。

　　一位網名為「愛心天使點點」的博主在博客（編註：現帳戶已被刪除）中提到：「*剛去的幾天，我在監護室裡，一日三餐有人送來，很難吃可是又不得不吃。我們最關心的還是何時出院的問題，醫生非常沒有耐心，一次我就問了一下出院的問題，他居然說：『再說我把你給捆起來。』*」

　　關於院中的飲食及日常生活情況，「愛心天使點點」提到：「*早上六點就得起床，到餐廳，一上午得排七八次隊，什麼發手紙，洗手，發兩次藥，點人數，吃早餐和午餐等等，都得排隊，快累死了。一直折騰到中午 12 點才可以回去睡兩個小時，隨後得起來從兩點在餐廳坐到晚上九點。下午少折騰一點，也就三點多吃晚餐時排一次隊，晚上八點半吃藥時排一次隊，吃過藥後再排一次隊，點一下人數，差不多九點時就可以睡覺了。*」

　　此前也有媒體報導，2013 年 6 月 26 日陝西籍打工青年郝雷曾被作為「流浪精神病人」被關押在華一醫院精神病分院並猝死。從屍檢鑑定書上看：郝雷在醫院期間，服用了治療精神障礙的吩噻嗪類藥物（氯丙嗪），出現多器官淤血，「部分心肌纖維斷裂，竇房結臨近組織內灶性出血，肺淤血、水腫。」鑑定認為：「符合吩噻嗪 猝死綜合症的病理

學改變特點。」

鑑定認為：「四肢多發性皮膚挫傷，符合鈍性外力所致的特點，該損傷較輕，尚不足以導致死亡。未見其他機械性損傷以及機械性窒息的徵象。」結論是：「考慮因吩噻嗪猝死綜合症 而死亡。」公開資料顯示，吩噻嗪類藥適用於治療精神分裂症、躁狂症以及其他重症精神病。而在各類可引起猝死的藥物，最主要的是吩噻嗪類。

華一精神病院並不是唯一關押維權人士的精神病院，江西省上饒市精神病院關押過許大金、毛沛瑤和鄭國標等維權人士，他們也都是被基層政府以非法、越級上訪為由強制送進去的。一個地級市的精神病院竟然關押多位訪民，而且是在新的《精神衛生法》法律實施之後。

上饒精神病院位於信州區勝利路 155 號，處於市中心繁華地帶，該醫院主體建築是一幢四層樓的住院區域，一、二層是住院部，三、四層大概是辦公區，此外帶一個操場，操場與馬路隔著一道鐵門，鐵門旁日夜有保安看守。

公民記者黃賓，在被精神病受害者許大金的帶路下，前往該院實地探查還在關押中的毛沛瑤等人，發現找到這所醫院並不難，他們上午 8:30 去探視的時候，「病人」都穿著條紋狀的病號服在做廣播體操，護士們也站在操場的幾個角落監視著。

醫院的門衛說 9:30 之後才能由家屬進入探視，但探視「病人」先要由主治醫生許可。許大金隔著鐵門問其他病人，為什麼沒看到毛沛瑤和鄭國標，得知鄭國標前幾日已經出去了，毛沛瑤屬於嚴管的人，腳上戴腳鐐，早上也不能出來做操。

等到了准許的探視時間後，許大金帶著黃賓去找該精神病院主治醫生，因許大金多次被政府人員送進來關押過，主治醫生認得他，聽到想探視毛沛瑤後，他表示需要去找綜治科艾科長。

244 | 第四部分 人權屠宰場

「艾科長，我們想看毛沛瑤。」黃賓道。「你是他什麼人？」艾科長問。「我是他表弟。」黃賓回道。「看他要經過他們政府同意，你先去找他們政府的人，他們向我打電話了我才能允許你們去看。」「我們來精神病院看一個人為什麼要政府的人同意？這裡其他病人都可以直接來看，都不需要政府的人批准。」「毛沛瑤比較不一樣，他是政府那邊送過來的，也要求來看他的人必須經過政府同意。再說了，我怎麼相信你就是他的表弟，你有什麼證明嗎？我不能確認你的身分。你們去找毛沛瑤的當地玉山縣政府吧，找我沒有用。」

被拒絕入內後，黃賓並未離開，而是守候在住院區入口附近，上午11:00左右，他們趁著護士拿藥進住院區的時候悄悄地尾隨跟了進去。進了一層住院區域常年上鎖的大門後是護士辦公和會見區域。從護士辦公區域看過去有一個上鎖的大房間，幾十個穿病號服的人在一個房間裡顯得有些擁擠，這就是病人活動區域了。但是他們無法進去，那裡還站著一個穿迷彩服的保安。

黃賓和許大金在門外喊毛沛瑤的名字，聽到裡面有人說：「毛沛瑤，有人找你。」遺憾的是沒有見到他；護士們此時發現了他們，然後合力將他們推出了門外。此後他們還試過一次強行進入病人活動區域，試圖與毛沛瑤見面，也因此與醫院的工作人員發生了衝撞，但因對方人多勢眾，終究沒能如願。

毛沛瑤是上饒市玉山縣岩瑞鎮人，但不知道毛家人的聯繫方式，無法通過他的家人進而去到住院區探訪。探訪結束後，許大金被「偶遇」的副鎮長帶走，黃賓在火車站買票離開江西時，被火車站警察以配合檢查為由帶到警務室，隨身攜帶的背包被強行搜查，一個相機被搶去，當天在上饒拍攝的照片及視頻全部刪掉後才允許他進站乘車離開。

我採訪過的還有湖南芝山精神病院、重慶合川區精神病院等，都存在關押多位維權人士的情況。

經過這幾年的志願者走訪調查，自媒體的普及帶來的信息多渠道化，及媒體的報導，到目前為止，大陸地區的 23 省、5 自治區、4 直轄市內，只有西藏沒有發現有維權人士被關在精神病院的消息。

第二章　豬狗不如的酷刑

在精神病醫院遭到捆綁、毆打、戴腳鐐手銬、強迫吃藥、打針、鼻飼灌食、關禁閉、電擊、吃不飽、幹苦力、無隱私、禁止放風、禁止家人會見、禁止通訊等等，這些手段對被關押者心身造成非常大的傷害，完全不把病人當成「人」對待。尤其是鼻飼、電擊、吃藥、毆打，不僅對真的病人不人道，更是對「被精神病」的受害人實施變相酷刑，而且躲避了聯合國對監獄的監控。

這些年我從採訪當事人得知精神病院裡的變相酷刑，種類繁多，最基本的有下列情形。

鼻飼：就是對於剛進精神病院不吃藥、鬧絕食的人實施的一種強制治療。精神病院的「醫生」會把受害人手腳都綁在鐵床上，用一根 1 厘米粗的管子，從受害人鼻孔裡捅進去，一直到胃裡。管子經過喉嚨的時候，引發劇烈的噁心和乾嘔，胃裡面猛往上翻，吐又吐不出來，長達十幾分鐘。這過程胃中裡面翻江倒海，是一種特別痛苦的折磨，讓人感覺生不如死。還有「醫生」會故意把時間拖長，那就更是一種虐待。管子插到胃裡之後，往裡面灌食物藥品。每次到吃飯來一遍，多來上幾遍，任誰都要屈服。

電擊：亦稱電休克療法。把電夾子接到受害人頭部、耳部、手指、腳趾等部位，以一定量高壓電流通過患者這些部位，尤如萬把鋼針在腦中鑽刺，電擊導致全身劇烈抽搐。受害人清醒之後，會暫時性失去全部記憶，多來幾遍大腦整個都廢了。精神病醫學書中寫到：「*常見副作用是，短暫的意識混濁和記憶喪失。在治療的病程中，記憶損害幾乎成定論。*」

吃藥：在醫院大夫和護士的監督下，關押者被強制吃藥，明知那藥會吃壞自己的大腦、變成白痴，卻沒有任何反抗能力地把它們吃下去，而且是像吃飯一樣，每日按時吃藥，這就像眼睜睜看著自己緩慢被推向鋸木頭車床的鋼鋸，卻無可奈何。

長期囚禁：在封閉的樓房中，一關就是幾個月，甚至幾年；更惡劣的是長時間單獨關押在一個空間，每日看不到陽光，接觸不到外界社會，完全與世隔絕，使人會陷入絕望，出現幻覺，甚至自言自語。這是一種發自內心最深處、深入骨髓的絕望，讓人永遠沒有希望。這樣會把正常人逼出妄想症。

依照《聯合國禁止酷刑公約》對酷刑的定義，蓄意使某人在精神或肉體上遭受劇烈疼痛和痛苦的任何行為，而這種疼痛或痛苦是由公職人員或以官方身份行使職權的其他人所造成或在其唆使、同意或默許下造成的。所有的被精神病受害者都包括在內，我們在這裡所談對非自願治療受害者的酷刑，則是更加深度迫害的一種體現形式，有些酷刑方法可能已經脫離了人們想像的底線。

雷宗林

提起精神病院的酷刑，我第一個想到的人就是福州的雷宗林。根據雷宗林的資料記載，1998 年他開始申請建住房，建在自己的自留地準宅基地上。2002 年他的申請獲得許可。然而房屋修建後，卻遭鎮政府搗毀。至於為什麼遭到這種破壞，雷宗林說政府沒有給出任何理由及手續；針對雷宗林提出的異議，政府也沒有任何答覆。

2004 年後，雷宗林多次獲得有關部門的建房許可後重建家園，未曾想到鎮政府又再一次前來搗毀；萬般無奈之下，雷宗林便不斷向政府部門申請廉租房，沒想到也遭政府拒絕。2007 年，終於獲得了區、鎮、村三級政府部門的建房許可，然而嘴上答應批准建房，可建房許可批文卻遲遲不給，還叫他先建房，房子建好後，時任鎮土地所林峰索要 10

萬元紅包，由於雷宗林的房子被屢建屢毀，已經拿不出這筆錢了，結果房子又被鎮政府部門帶人搗毀！

「也就是在這一天，我才恍然大悟，原來自己房屋先後幾次被摧毀是因為沒有給相關官員送紅包，但是知道的太晚，現在已經沒有力量再建一次。」雷宗林說。

2012 年 6 月 9 日下午，村委會通知雷宗林去鎮政府協商解決強拆的問題，到鎮裡面還沒開始調解，就因為言語不和，鎮政府建設辦副主任吳財錚帶了一批人把雷宗林暴打一頓，然後把他拉到一個距離鎮政府大約五公里的一塊荒郊野地上，挖了個坑，將雷宗林扔下去就開始活埋，在土已經埋到腹部，只露出半截身子在外面時，已是兩個小時後，村委會的人終於趕來，把他挖了出來，送到某武警醫院搶救了三天，這才活了下來。此次劫難，使雷宗林至今想起來還感到毛骨悚然，害怕不已。

生活絕望總會使人做出一些衝動的事情，迫於生活無奈，對社會絕望，2013 年 8 月 13 日 7 時，雷宗林在北京市勞動人民文化宮南門附近（近天安門廣場），往自己的衣服上潑灑上酒精，並欲用打火機點燃自焚，被巡邏警察發現制止，並把他抓捕起訴。北京市東城區人民法院以犯尋釁滋事罪，判處雷宗林有期徒刑十個月。

鑑於他有可能作出衝動的行為，政府對他的看管也越來越嚴。2015 年 11 月 18 日，第一屆全國青年運動會開幕式在福州市海峽奧體中心主體育場舉行，他在青奧會外圍的福灣橋下賣國旗，被一批不明身份、身著黑色衣服的人打斷手指。

雷宗林認出為首者是宦溪鎮副鎮長林健後立即撥打 110 報警，但是連續打了半個小時的報警電話都沒見到警方。自己後來還被他們送到福州倉山區省立醫院南院治療，隨身攜帶的現金、手機、充電寶等物品均被林健帶隊的黑衣人強行拿走。最後，他被帶到福州市晉安區的晉安醫院關押 18 天，每天僅給他吃一碗清湯麵。

　　半年後，2016 年 6 月 21 日，雷宗林在北京高院出庭一個民事案庭審，然後消失得無聲無息。

　　雷宗林失蹤後，他的眾多維權朋友展開了地毯式搜索，從賓館、拘留所等一路追蹤，最終他們判斷是被關押在福州神康醫院（精神病院）。

　　參與營救的劉合仙，用他帶著福州口音的普通話告訴我：「我們搜過一些醫院和其他地方後，就去找鎮政府，他們竟然回答說：『不知道，人丟了怎麼能找我們？』鎮政府和區政府都說不知道，我們循線找到福州神康醫院。他們也不承認關押雷宗林。然而我們的朋友林賽英，不離不棄地一層樓一層樓的在門縫裡往病區看，正好看見護工推著一個背影像雷宗林的人上廁所，就喊了一聲他的名字，才確定果然是他。」

　　林賽英向我介紹了營救的整個過程：「7 月 16 日下午，下班時間，在醫院電梯口，院長等人下班出來。我們攔住院長問有沒有雷宗林這個人。院長說沒有，還說人太多需要查一下，讓他們第二天上午 10 點再來。結果，第二天院長沒再出現，我只好挨層樓去找，在門縫窺看。到四層樓時，非常巧合地看到了一晃而過要去上廁所的一個人的側面，我眼尖，認出是雷宗林，就大聲呼喊『阿雷！』，就這樣確定了雷宗林的關押地點。」

　　確認地點後，福州眾多維權人士立即通知了雷宗林的父母，並自發前往該院抗議，要求無條件釋放雷宗林。正如他們預料，醫院拒不配合。於是這些熱血的維權公民們便試圖衝進病區救人。然而衝進去的人就像小雞一樣被醫院的保安和醫生一個個拖出來。醫院負責人放話，說這個人是鎮政府送來的，你們不能把人接走。

　　眼看著抗議的人越聚越多，群眾聲勢越來越浩大，醫院方面趕緊打電話給宦溪鎮鎮政府，讓他們過來處理。畢竟醫院不是鎮壓民眾的專業單位。但是大家沒有料到，宦溪鎮鎮政府也許自知理虧，也許想把爛攤子丟給精神病院，竟不敢安排工作人員來醫院。

　　營救的人見醫院正在虐待他們的朋友，又不肯放人，於是舉牌在醫院大廳整齊畫一地喊起口號。有條不紊的抗爭口號一聲蓋過一聲，一波接著一波，要求釋放雷宗林。精神病院沒有了政府撐腰，就像被口水噴濕的紙老虎，整個軟趴下來，終於抵擋不住民眾的壓力，把折磨得不成人樣的雷宗林釋放出來。

　　我聽說雷宗林被放出來，立即從北京前往福州採訪雷宗林。

　　剛離開醫院不久，藥物對他身體的影響依然存在。很明顯，他的各種反應還是有點緩慢。忍著昏沈，他詳細介紹了這次被送進精神病院的過程，及精神病院裡的狀況。

　　「2016 年 6 月 21 日上午，上訴案在北京高院開完庭後，下午我在北京街頭擺地攤謀生，擺攤時，我被北京市王府井派出所抓捕，帶回派出所。接著來了一夥自稱福州地方政府的人員強行將我帶到福州駐京辦的『都鑫園招待所』，23 日早上，我被鎮政府塞進一輛商務車綁回福州。25 日，在沒有通知家人也沒有家屬簽字的情況下，我被這些鎮政府的人強行送入了福州神康精神病醫院。」接下來他所敘述的，讓我覺得跟地獄的景況毫無二致。

　　「在醫院關押的前三天　，我身體四肢及脖子被套住，用五馬分屍的形式固定在床上。物品　以絕食來抗議，被醫生強行撬開嘴巴灌食、灌藥。29 日起每天被強迫吃三次藥，每次 4 粒，1 天 12 粒藥，吃完藥還用手電筒照著我的嘴巴檢查，到出院為止，我也不知道醫院給吃的是什麼藥物，只能明確服藥後逐漸喪失了反抗能力和意識，記憶明顯下降。」

　　「最讓我受不了的是不能上廁所　，所有的大小便都是在床上解決，床下面放個桶，大小便完自然就流進去，醫院的護工是不定時打掃的，有時清倒不及時，導致房間臭氣熏天。而且大便結束時沒法搽洗，再加上福州地理位置靠海，夏天天氣悶熱，細菌擴散很快，我身上很快就長

出了爛瘡。」

雷宗林進去後頭髮也被推光，每週還要抽血檢查。

一個正常的人，只是去上訪，被強行實施灌藥、打針，雷宗林的精神已經崩潰，每天暈暈乎乎、昏昏沉沉的，都不記得自己是誰了，也不清楚時間，直到出院後停止用藥，意識才開始慢慢好轉。

從各方朋友、家人證實，雷宗林從來沒有精神病，他父輩也沒有精神病史，從被關進精神病院到出院，福州神康醫院始終沒有給他做過精神病鑑定，當然也沒有給他聘請精神病學的專家會診過，他是非常正常的人。僅三歲時因為高燒導致腿部留下些許殘疾，除此之外並無其他病症。

雷宗林在北京開庭的案件，最終裁定還沒有出來。因為需要養病，針對福州神康醫院的法律訴訟還沒有啟動，他說最終保留對該院的起訴權利。

第三章 勇闖精神病院

宋再民

出生於 1966 年，北京市平谷區人，參加過六四學運，這二十多年來從沒有放棄過民主事業，通過各種渠道跟方式，為上訪維權人士聲援。他支持許志永發起的新公民運動，所以參加了公盟義工。他先後建立了多個宣傳公民權益的民主 QQ 和微信群，吸引全國各地一大批年輕人加入，喚醒了很多年輕人，也因此多次被警方抓走。

2014 年 8 月初，眾多好友發現每天在網上呼籲公民權益的宋再民

電話不通、互聯網不上，一切的通訊軟件沒了消息，宋再民失蹤了！

朋友們多方打探，一個月後他們得到一個令人憤怒的消息，宋再民被關進了北京平谷區精神病院。9 月中旬最終確定他被平谷區漁陽派出所送到了北京市平谷區金海湖鎮社區衛生服務中心醫院（俗稱：釭窯精神病院）關押，該院坐落在北京市平谷區金海湖鎮滑子村南村口。

在公盟遭遇全國打壓，多位公盟骨幹成員被捕後，宋再民仍然號召公民按照慣例，在指定地點、指定時間聚餐，倡導公民理念。為了詳細了解宋再民的真實情況，我和另一位公民志願者決定前往位於平谷區的精神病院實地探訪他。我們做了詳細的應變計畫。

首先，確定醫院的具體位置，並查清楚該院的具體上下班時間，再查詢來回車輛早晚出發時間是否準時穩定，最終確定來回安全路線。其次，分工安排到了醫院後，誰實施採訪，誰負責拍攝，如何隱藏拍攝設備，如何問詢醫生，以及遇見宋再民要問什麼具體問題。第三、遇到圍追堵截時如何保存拍攝記憶卡，如何迅速轉移到撤退路線。第四、準備緊急預案，遇到特殊情況時，撤離路線被堵或者被抓後的法律援助文書。

經過三四天的準備，我們確定了目的地環境，就啟程前往該院實施探訪活動。

2014 年 10 月 8 日，北京的早晨，已經有一絲絲涼意，不算厲害的霧霾籠罩天空，遠遠看去灰濛濛的。我吃過前一晚準備好的早點，乘坐最早的一班地鐵，趕到集合地點和夥伴見面。早晨 7 點，我們集合後從北京城乘坐長途巴士前往平谷。

平谷區位於北京西郊，金海湖比北京機場還遠很多，從東四環的朝陽公園測算，到醫院的直線距離是 75 公里。行程時間較長，我們有足夠的時間，把可能遇到的情況再溝通了一遍，然後同伴才放心地靠在座位上小睡一會。我是醒了就睡不著的人，眼睛一直盯著窗外發呆。巴士

風塵僕僕，窗外的風景越來越不像北京城，越來越像河北省。

　　中午 11 點才到達平谷區汽車站，再打車行駛約 16 公里後，終於來到這座偏僻的精神病院。

　　我們先繞著醫院內外轉了一圈觀察目標及路線，醫院並不大，而且顯得比較陳舊。醫院周邊被鐵欄圍牆圈起來，主要建築物是 2 ～ 3 層的白色樓房。我們記住了進出和撤退路線，便打電話給載我們過來的出租車師傅，告訴他，我們一會兒呼叫他時，請他立即趕到指定地點等待。

　　此時已接近中午，我們在醫院門口唯一的小飯店坐了下來吃午飯。陽光燦爛，我能感受到陽光在我皮膚上輻射的熱量，但是天氣已經顯得涼了，太陽一點也不毒辣。12 點半，我們開始行動，進入醫院，志願者夥伴走在前，我跟在他身後兩米開外的地方，負責全程錄像。進入醫院住院部後，發覺飯前還熱熱鬧鬧的醫院頃刻間寂靜地聽不到一點聲音。我們到了精神病住院部挨著敲精神科的每一扇門，沒有任何響應，就連二樓的護士台都是空空的。我們挨門尋找，一直找遍上下三樓所有的房間也沒看到一個人影。

　　尋找完住院部整棟樓再來到門診部樓搜索時，碰到一位打掃衛生的大姐，經過向她詢問，我們拐了幾個彎來到了門診樓二樓樓梯口，終於看到一張 16 開的白紙上寫著「精神病房、有事敲門」八個大字，我們恍然大悟，此地才是真正的精神病住院部。我們敲響了緊閉的防盜鐵門，門開後身穿白衣服的大夫問找誰。

　　「找宋再民。」我們說。

　　開門的大夫遲疑了半晌，忽然像反應過來什麼似地：「明天再來，院裡規定只有禮拜四和禮拜日可以探視病人。」

　　正在我們交涉時，透過鐵門開口我看到宋再民光著膀子，偏胖的中

年發福身材，頂著 9 釐米左右的小圓頭髮型，穿著大褲衩，踩著一雙涼鞋，忽然出現在我們面前！太幸運了，或是上帝冥冥中的安排，原來他正好上廁所經過，聽到有人叫他的名字走了過來，激動的我們都有些不知所措，還沒等我們開口，他就喊：「我是被綁架來的。」

「在哪裡綁架的？」「在家，他們在家綁架了我。」

門口的醫生看到這個情況後用力的往回拉門，我們在門外用手吃力的扳著，我們的爭吵引來了三個醫生，他們好像一堵牆一樣擋在了我們和宋再民的中間，其中一個帶眼鏡、年齡偏長的中年男子再三表示，宋再民是派出所送來的，有事你們找派出所。

隨即從口袋裡掏出手機，貌似要打給派出所。

「你打，你打呀，你們醫院是派出所開的嗎？」當我提出質疑時，他們拒絕回答，可能也是覺得理虧，只是三人用力的往回拉門，我衝宋再民吶喊：「他們有給你做鑑定嗎？」

「這次沒有，以前有。但是那個鑑定是違背我及我家屬意願的，屬於違法行為的鑑定。」他回答。

短短 1 分鐘的見面話還沒說完，沉重的防盜門在三位醫生的努力下，終於「砰」的一聲關上了！

不知道醫生們有沒有通知警察，但是為了防止被阻擋下來，沒收我們拍攝的素材，我們一邊聯繫了出租車司機，一邊飛奔出精神病院，然後跳上車，不算誇張的說，真的是咻一聲消失了，留下一屁股汽車尾煙。到達平谷汽車站後，沒有乘坐公交，而是聯繫了一輛私家車，全速返回北京，完成了這次探訪精神病院的探訪行動。

「他是一個再正常不過的人，我很支持他敢去闖、敢去行動的個

性，這也許就是當局打壓他的緣由。」新公民運動最早被抓的十君子之一侯欣女士說。

此次探訪消息報出後，上百人聯署，都稱跟宋再民多次接觸，認為他是及其正常的人，呼籲當局立即釋放宋再民。經過外界持續關注，聲援呼籲，2014 年 11 月 4 日，宋再民被從精神病院釋放回家。

探訪精神病院很是危險的，因為沒有記者證，不能做採訪，又不是親屬，探訪理由也不充分。雖然探訪前會做一些安排和應急預演，但是現場真實的情況瞬息萬變，是沒有辦法完全估計到的。尤其得不到家屬支持時，其實在醫院看來，來訪者就變成非法闖入者。為了能安全採訪，我也會撒謊，有時候甚至是漏洞百出的謊言。

另一個案例是在江蘇省。

許金華

江蘇省南通市崇川區和平橋街道訪民許金華，在北京上訪時，被南通市維穩人員抓回，隨即被強送到南通市第四人民醫院（精神病院）關押。為了一探究竟，我乘車南下南通市，混入精神病院對許金華進行採訪。這次沒有志願者協助，又沒有家屬授權，許金華唯一的女兒也怕事上身，不願意提供幫助。最後經過其他途徑和許金華溝通，我決定以她外甥的名義前往探視。

從北京出發，乘坐晚上的火車，第二天早晨就到達南通火車站，然後按照查好的路線，乘坐公交車到達醫院附近。這是一座嶄新的建築物群，門面樓是一棟白色的 12 層高樓，旁邊還有幾棟 6 層樓的建築。越靠近醫院，我的心情就越緊張，心跳越快。我在周邊逛了一圈，觀察一下地形，尋思進入和逃出的路線。然後找了一家附近的購物商場，把隨身攜帶的背包、證件等物品存在商場的臨時儲物櫃，以防自己出不來時，隨身物品一併落入其他人手裡。

　　此時距離醫院預定探視的時間尚早，我就在醫院對面找了個安靜的地方，喝了一碗粥，然後去逛逛購物商場。當然不是閒得無聊才去逛商場，而是想到要去看望病人，怎麼才能更像一位探病的親友。必要的禮品是要準備的。經過以前的經驗，護士會檢查探視者所攜帶的禮品，為了方便通過檢查，又看上去像是親屬，牛奶或者水果就成了最容易通過並帶進去的東西。

　　準備好這一切，我左手提著禮物，右手拿著拍攝設備，走入精神病院內，並準確找到了該院位於四樓的老年精神病科。

　　咚咚咚咚咚，我敲響了緊閉的大鐵門。心臟劇烈跳動。過了會兒，門開了，一個頭探出來問：「你找誰？」我一看是個護士，便道：「我找我二姨，她叫李金華。」我按提前準備好的台詞說。「李金華？」護士思考片刻：「沒有這個人。」她說。「怎麼會？我姐姐前段時間還來看過她，我肯定她關在你們老年精神病科。」我覺得她在撒謊。「哦，哦，哦，」護士反應過來了：「你說的是許金華吧？」「嗯，對，就是她。」完蛋，我心想，發覺自己犯了一個致命錯誤。「你怎麼能把你二姨的姓氏說錯，你到底是她什麼人？」護士起了疑心。「她是我二姨，這不是一下說錯了嘛，你不相信的話可以去問她。」此時只能將謊言進行到底。

　　護士上下打量我一番，我手裡提著水果禮品，人又長得瘦小，估計她內心沒感覺到受到什麼威脅。她想了一下說：「進去吧，她在某某號病房。」

　　呼……虛驚一場。

　　我總算平安見到了許金華。她穿著一件黑色套頭絨衣，鐵灰色西服直筒長褲，黑色衣服上散佈大大的醒目的橘紅色花瓣。俯臥在病榻上。看到我，她有些驚訝。我怕她說錯什麼，立即道：「二姨！」她立即會意過來。這時我看到她的頭髮燙著大捲，腳上還穿著肉色的短絲襪，絲

襪在腳踝處反折露出腿小脛。看上去就像一般的婦人。她娓娓道來她的經歷。

2016 年初，許金華在北京結束上訪申訴，乘火車到達南通火車站。剛出火車站就被南通崇川公安局和平橋派出所朱東平等三名警察扣下，強行押往南通第四人民醫院，在許金華家人不知情、無授權的情況下，她被按在椅子上強行要求作精神病檢查，最後在她的抗議和醫生的默許下逃脫。

她自己也沒意識到，這次精神病檢查逃脫，是非常幸運的。真的「被精神病」會很快降臨到她的頭上。

半年後，2016 年 7 月 22 日下午，許金華轄區所在地和平橋街道派居委會綜治辦主任找到她，說上級領導吩咐帶她到區政法委書記那裡談事情，她興沖沖地簡單收拾了一下就跟著書記出了門，誰知一下樓就被等候的人強行連推帶拉地裝上一輛早就準備好的車，送到了南通市第四人民醫院。

許金華已經離婚多年，唯一的女兒正在上海出差，抓她的時候女兒根本就不知道。她也根本無人可求！她抱著僅存的一點幻想向醫院表明自己沒有精神病，希望醫院可以放了她。然而醫生回答：「*這是政府要關的，想出去就找和平橋街道辦溝通，讓他們寫證明，醫院才會放人。*」

女兒出差回來知道情況後，當即找到醫院去看她。因為正值中秋節前夕，所以向街道政法委書記提出希望母親回家過中秋節的願望。但卻遭到書記的無情拒絕。

她女兒自己的小孩才 23 個月大，平時還需要上班，根本分身乏術，只能每週去看她一次。女兒一直反對她打官司告狀上訪，認為民鬥不了官，弄不好會傷害家人和性命。

　　許金華被關進醫院重症病區後，便遭到一連串的虐待。

　　「起初是捆綁上身、按住四肢、再被五花大綁成大字形，然後矇上雙眼、扯頭髮、捏鼻子、撥嘴強行灌藥，前三天還兩次鼻飼（編註：五花大綁成大字形後，按住頭從鼻孔中插管至胃部灌藥灌牛奶灌食再灌水）。」她說。

　　8 月初，她被轉到老年精神病科 402 病房 08 床治療，床台號上赫然寫著「精神分裂症」，每天都必須接受醫院的藥物治療，否則就強制捆綁灌藥，每天的活動空間也只侷限在樓道和室內走幾步。

　　醫院關押她的依據是什麼？我問。她說，院方曾表示，針對她有兩份精神病鑑定，但是不告訴她具體鑑定機構、鑑定醫師、鑑定結果等情況。許金華要求他們出示鑑定，他們說只有監護人有這個權利。

　　押送許金華進入精神病院的警察說是許的女兒要求給她做的精神病鑑定，但許金華的女兒則說根本沒有這回事。女兒後來證實，她確實看到了司法鑑定，可是沒有給她，只是被迫簽了字。具體是哪家有資質的鑑定機構出的鑑定、哪幾位醫師參與、具體的診斷病情，她女兒也是一概不知。

　　我對這種情況，試圖抱著寬厚的心來理解。做子女的，已經有了自己的家庭和生活，必須走出這種原生父母家庭的壓力圈，讓自己現在的家庭正常的生活。這不是她們的錯。要有錯也是迫害她們的政府。政府不是人民的公僕嗎？

　　因為話題越來越敏感，我們離開病床，在人員稀少的走廊盡頭兩側，我和許金華各靠一面牆，站著面對面的暢聊。從因何上訪一直聊到被關在精神病院內。我發現她思維敏捷，說話條理清晰，比我採訪過的大多數受害者更加平和、理性。在面對我千里而來，她不像其他一些受害者，抓到機會了就滔滔不絕，或情緒激動大喊大叫，希望把他們所遭

受的一切都灌輸在我的腦海裡。她跟我聊天時，不急不躁，總是能平和、簡單、邏輯清晰地表達我需要和我想知道的每一個點。

返回北京撰寫稿件時，我打電話給她女兒了解一些情況，她表示不方便細說，由於壓力太大，告訴我相關情況最好問街道書記。

我隨即撥通了南通市崇川區和平街道辦任長良書記的電話，他聽到許金華的名字後，再三強調那是家屬送去的，自己並不清楚，也不知道具體情況，然後掛斷電話。完全一副敢作不敢當的逃避狀態。這些人的法律和道德意識，完全經不起推敲。

我之前查看過去許金華的資料，了解到她出生於 1956 年 12 月。原本家庭和睦，有一個可愛的女兒和體貼的丈夫，因為自己有輕微的腰椎盤突出，想去治療，後來就是這個輕微的治療毀了身體、家庭和未來。

1996 年底，中央電視二台、江蘇電視台、南通電視台都在宣傳「綠色神醫」孫仁平小針刀的醫術，而且此人還是時任江蘇省軍區原南通軍分區醫院副院長（後來升為院長），副師級軍銜。

看了各電視台的宣傳推廣，又前後做了三次諮詢，許金華覺得靠譜，就確定在軍分區醫院做腰椎盤突出治療。經過三次治療無效，第四次治療時，主治醫師孫仁平對她說：「病況比較麻煩，你就弄點藥吃吧，我以前跟你一樣也是中央型腰椎盤突出，就是吃這個藥好的，你不妨也試試，你開一張票拿藥要 150 元，這藥只有 120 元，你不要開票，只要直接將錢給我就行。」

許金華付錢拿了藥，回家後發現此藥沒有註冊商標、沒有許可證、沒有生產日期、沒有使用日期、沒有使用範圍、只有一隻小型塑料袋裡裝著點藥粉。此時許金華想起了另外一個患類風濕性關節炎的女病人也買了和她同樣的藥粉，而自己是輕度腰椎盤突出，怎麼能用同樣的藥呢？所以下午就去把藥退了。

也就是從這個退藥舉動開始，給她帶來了無窮的災難。1997 年 6 月 16 日，是許金華一輩子都不會忘記的日子。這天是她預約手術治療之日，在手術台上，她不僅被絞了腰脊髓，還剷除了左側大部分隱窩軟組織。造成了上下脊柱逐漸枯死，導致腰脊柱側彎、前凹後凸嚴重畸形，進而，脊柱損傷致使胸部損傷、頸部損傷、顱腦損傷，最後導致身體多處殘疾，而實施手術者正是孫仁平副院長。

許金華在材料中介紹：案發後，南通市衛生局文件（通衛醫鑑【1998】5 號許金華醫療事件技術鑑定報告書）將她被害後第四天即 6 月 20 日的 CT 複查診斷意見：硬插到被害之前進行了鑑定。江蘇省醫療事故技術鑑定委員會（蘇醫鑑【1999】8 號許金華醫療事件技術鑑定報告書）隱瞞了兩張片子的診斷意見。導致後來的民事訴訟嚴重不公，成為她上訪的導火索。

南通市崇川區人民法院對此案三次開庭，然而許金華認為三次庭審筆錄全部有被更改的嫌疑。並在崇川區法院法醫鑑定中，收了許提供的證據材料及四張原版 X 光片，卻不肯寫清單。

宣判當天，許金華待在法院不走要看庭審筆錄，中午 11 點 15 分左右，書記員將卷宗全部拿走，下午三點才回來給她看，看後她發現筆錄多處有被更改的痕跡。此時許金華恍然大悟，這是軍區醫院、衛生局、法院等機關官官相護的系統性腐敗。

她不甘心，不肯罷休，她仍然相信司法機關怎麼樣都能還她一個公道。2000 年 9 月 4 日，許金華向南通市中級人民法院上訴，但腐敗的範圍超過她的想像。法院立案通知書上寫的是合議庭開庭，而庭審現場上卻由一位身穿便服的人主持，這個人在法庭上叫上訴人宣讀上訴狀，卻又不肯說出自己姓名與稱呼，完全不知是什麼角色。最後他還負責宣判，依舊維持了原判。

他是法官嗎？

　　二審結束後，許金華開始奔波於省高院及最高院，案件依然沒有任何進展。可相反的是迫害卻日夜增加。

　　「從 2007 年中共十七大開始至今，我的住處每天 24 小時都在紅外線攝像監控之下。有時在超市或商場還有人拿著帶閃光燈的攝像機對著我拍照，拍完就跑，特別是國家有重大政治活動時，我就成了重點政治犯，政府每天派 12 個人分三班每班四人輪流對我監控，白天守在我家樓下的出入口，晚上就守在樓梯口。」在醫院時，許金華曾告訴我。

　　「2007 年地方政府建兒童福利院拆了我家的房子，政府要拆遷安置賠償與此醫療案件相抵，我不同意，被打致顱內出血。」

　　從這一年開始到 2015 年，許金華被多次關在黑監獄和地下牢房。

　　「這些年來，我只有被害的權利，被害後卻沒有申訴和醫治的權利，十幾張 CT、核磁共振 MRI 等複查片所反應的客觀病情都於診斷報告不相符，然而有關方面卻視而不見，不給我申冤的機會！」

　　其實早在幾年前，一些現象就預示著系統性腐敗的範圍和勢力完全不是許金華可以對付的。2012 年 5 月 28 日，因需要向最高法院補交證據，許金華去崇川區人民法院檔案室查閱本案資料（案號：【2000】崇民初字第 61 號）卷宗，但被告知「此卷宗丟失」，不翼而飛不知去向。

　　同時手術留下的後遺症持續發酵。2012 年 1 月 2 日開始，南通大學附屬醫院給許金華做的系列檢查，電腦斷層掃描片中顯示胸部損傷引起了血胸和氣胸；X 光檢查片中顯示頸部損傷，引起了一側動脈，椎動脈血栓形成，頸動靜脈瘺，假性動脈瘤；腦掃描檢查片中顯示顱腦損傷，致使神經系統實質性損害引起症狀和病症，頸內動脈海綿竇瘺，下丘腦垂體功能障礙等。顱腦損傷導致嚴重器質性精神障礙。

　　這場不幸的醫療事故，給許金華的家庭造成了很大的變化，由於她

持續告狀，丈夫受不了各方壓力，讓她在家庭和申訴中二選一，她隱忍著心痛選擇了申訴，從而放棄了溫馨的家庭。

許金華還自嘆：「*我離精神失常還有多久我不知道。*」

此案的另一當事人孫仁平院長，則是另外一番光景，他不但沒有受到任何處分，更無需承擔任何法律責任，恰恰相反的是在江蘇省軍區南通軍分區中步步高升，一直升到副師長級，轉業後在南通市開了一家私家醫院（南通康平疼痛醫院）。前幾年《南通電視週報》刊登孫仁平被選為傑出轉業軍人代表，去了北京受到時任國家主席胡錦濤和總理溫家寶的接見。而部隊也把他捧為軍轉幹部創業的標兵。

第四章 邪惡的平庸性

就算在鑑定方面，醫學界也要區分出心理疾病和感官疾病。精神病是一個很模糊的概念，是一個很難用具體方法衡量的概括性詞彙，而且跨度極大，不像感冒、癌症、胃穿孔等病症那麼明確顯著。

有精神病專家表示，精神病的分類，從邊緣性人格障礙到抑鬱症，就好比從 1 到 100 的狀態，跟正常人一樣，沒有嚴格意義上的病人。只有重度精神病分裂症才會被政府收治關押。

所以，如果有些人房子被拆，或者因為財產被佔情緒激動，和拆遷方較真一下，或者抗議的時候嗓門喊高了點，再或者依法起訴走法律程序、上訪了一次，就被當成偏執性精神病等精神病類型收治，那就別談「依法治國」了。我們距離依法治國實在太遙遠。眼前的生活還有「依法說話」的權利嗎？

在醫院大夫和護士的監督下，關押者被強制吃藥，明知那種藥物會吃壞自己的大腦、變成白痴，卻要無可奈何的眼睜睜把它們吃下去。每

一個受害者在經歷這個過程時心如死灰，就像走向刑場一樣。

聯合國人權理事會普遍定期審議期間，在回答其他國家提出的中國把正常人關押在精神病院的情況時，中國駐日內瓦代表表示接受這些國家提出的意見，並表示中國「正在努力改變這個情況。」

以台灣某特教學校集體性侵事件為基礎，撰寫《沉默》一書的台灣女作家陳昭如認為，這種群體性侵犯的發生，更像是「路西法效應」。（編註：指普通個人或集體在某種情境下，道德墮落。）

而中國的被精神病問題，何嘗不是如此。環境授予人的改變，遠遠高於其他方面。那些施害者，在朋友面前，是落落大方、心胸開闊的好哥們好姐妹；在父母眼裡，是事業有成的好孩子；在伴侶眼裡是拿得出手的好人；在外人眼裡，他們則更是一群豐衣足食、具有社會地位的人。

可就是這麼一群人，一旦進入工作狀態，就變了樣。他們任意的對受害人實施酷刑，而且心安理得。他們只想著職責、工作，卻不加思考。眼睛裡沒有憐憫，所以活脫脫的變成了一件實施酷刑的工具。

漢娜・鄂蘭（Hannah Arendt）是出生在德國的猶太人，後來入籍美國，她在分析納粹屠殺猶太人的主要執行者艾希曼（Otto Adolf Eichmann）時提出「邪惡的平庸性」這個詞。

艾希曼是二戰後臭名昭著的戰犯，他參與並負責執行德國第三帝國殲滅猶太人的「最終方案」，有計劃地組織運送猶太人到集中營進行集體屠殺。據估計，當年全歐至少有六十萬猶太人因他「高度的行政效率」而化為灰燼。

那時候，大家都以為，像艾希曼這樣殺人不眨眼、十惡不赦的人，肯定是個令人作嘔的傢伙。但漢娜・鄂蘭看著坐在被告席上的艾希曼，發現他個子不高，戴著眼鏡，外貌普通，既不凶也不惡，甚至連狡猾都

談不上。他發現，與其說艾希曼像魔鬼，倒不如說他更像個奉公守法的官吏，就連精神病醫理學家鑑定過後，也證實艾希曼「不僅正常，而且還非常討人喜歡。」

艾希曼只對他的官職升遷感興趣，他在法庭上的辯護也說明對猶太人沒有仇恨，只是在執行命令，至於上級的命令是否違反常理、人倫，他不在乎，也沒興趣，更不會思考。

鄂蘭解釋，像艾希曼這樣既非喪心病狂、也不是天生殘忍的人之所以作惡的原因，是「他從不認真思考自己在做什麼，只是選擇服從組織命令，以組織命令判斷代替自己的判斷。」他不是罪行重大的人，只是缺乏獨立思考能力的平庸之輩。

我有一個女性友人，在北京某精神病醫院做護士。因為精神病在大眾眼裡是一個貶義詞，所以有時候一群人會取笑她的工作，她會大聲並且認真的說：「精神病怎麼了？他們只是病了，他們和正常人一樣，誰還沒有個生病的時候呀！」

聽完這種解釋，我們會覺得她是個好護士，為自己的職業和病人維護名聲。

有一次正好單獨跟她聊天，我就問起他們醫院有沒有被政府部門和警方送到精神病院關押的正常人。她先是一驚，然後顧左右而言他，就是不回答主題。我一再追問下，她說：「有。」並且緊接著就解釋：「我們醫院診斷沒病後，就會通知政府和警察，讓他們放人。」

「那麼他們會放人嗎？」我接著提問。
「那我們管不了。」
「那麼當時為什麼要收治他們？程序合法嗎？」
「你要明白，中國是誰說了算！他們送來我們就得收，我們檢查沒病，就告訴他們。」她有點焦慮的回答。

「檢查需要多久？」
「一個星期吧。」
「為什麼檢查需要那麼久？」
「那些房子被強拆的人，送到我們這裡，他們情緒很不穩定，又吵又鬧，我們得讓他們穩定下來，就會強制給他們打一針鎮定劑，等他們鬧夠了，平穩了，我們才給他們做診斷。」

「他們房子被拆，難道不應該鬧嗎？拆你家房，你也著急。」我跟著解釋。

「是呀，我理解，拆誰家的房，誰家都著急。可是政府和警察送來會說，他們是精神病，我們不能不收治鑑定呀，出了事我們醫院也承擔不起。最關鍵你要明白，聽誰的，這個國家誰說了算。」她又一次提醒我這個問題。

「我可以對你做個採訪嗎？」
「當然不行！」她語氣很堅定並且很憤怒：「你這是在採訪我嗎？」
「不，咱們這只是閒聊。想採訪你，這不正跟你商量嘛。」
「絕對不行，就這樣，拜拜！」

如果我們單純的譴責、懲罰個別的政府職員、警察或者醫生，這樣可以根治「被精神病」現象嗎？

顯然是不可能的。從大的環境看，我們更應該了解被精神病是如何發生的，根源在哪裡。只有從根源上處理，才有可能制止被精神病的發生。這就好比打蒼蠅，我們簡單的打死幾隻蒼蠅只是解決了眼前嗡嗡嗡的麻煩，可是只要產生蒼蠅的那坨屎還在，就會有新的蒼蠅出現，所以我們要做的就是鏟掉那坨屎。

那麼精神病領域的那坨屎是什麼？我想首先應該就是維穩的制度，如果地方政府不再需要維穩了，80%的被精神病就會消失。其次就是司

法公正性，如果司法機關能公正公平執法，15% 的被精神病也會消失。剩下的 5% 也會因為制度清明、法制健全而慢慢消失。

第五章　權力病

　　權力指導醫生行醫，這個問題不解決，立再多的法也無用。官員得了權力病，精神病院成為人民的牢籠，醫生淪為獄警頭頭，精神病院變成官吏對百姓實施酷刑，躲避法律制裁的工具。

　　2015 年 6 月，南京市一輛 BMW 寶馬車以每小時時速近 200 公里，將一輛 Mazda 馬自達轎車攔腰撞斷，導致車內 2 人當場死亡，1 人受傷。兩個月後，寶馬車主被南京市腦科醫院鑑定為「急性短暫性精神障礙，有限制行為責任能力」。鑑定結論一出，全國網民一片嘩然，鑑於輿論壓力之大，中國政法大學接受委託做了第二次司法鑑定，然而鑑定結果維持了第一次的結論。

　　參與了此次鑑定的南京腦科醫院人員解釋，「急性短暫性精神障礙」有三大臨床特徵，分別是急性、短暫性、精神病性。

　　有評論認為，只要他願意，隨時隨地完全憑自己的感覺，隨心所欲地發作，如果是這樣，等於給了寶馬車主一面「免死金牌」。那以後看見誰不爽就發病，這誰還有安全可言？

　　網絡傳言說寶馬車主或許是「紅三代」，唯有如此，才可以說得通背後有如此大的權力量身打造脫罪的方法了。

　　無獨有偶，河南通許縣原反貪局局長，醉酒駕駛寶馬車連撞三車後逃逸，致使三人受傷，案發後他也躲進了精神病院治療。

　　中國《精神衛生法》於 2013 年 5 月 1 日起正式實施，這部法律確

定了精神障礙住院採「治療自願原則」，把正常人鑑定成「精神病」，並限制其人身自由的行為，將受到法律制裁。

可政府權力不受限制，這部法律又在權力控制下，那麼法律又如何執行？同樣是精神病，對於普通百姓來說只會是無盡的災難，而一旦到了權貴們的手上，就成了逃避罪責的完美工具。

當無人監督政府部門的行政權力時，不管維權人士選擇何種維權渠道，都將遭到嚴酷的迫害。本來 5,000 塊錢可以給一個維權人士解決上訪問題，地方政府寧願讓受害者去上訪，然後再以維穩的名義接回來加以控制，花更多的公帑，以此來爭取更多中央政府的維穩資源。而且很難說進京截訪的官員是否還有出差費可領或是有油水可圖。不管怎樣，這成了地方政府一套標準的維穩流程。

而關於公民權利的問題，則不在此考慮範圍之內。

事實證明，中國目前的被精神病問題，已赤裸裸地損害公民人格尊嚴，限制公民人身自由，危害公民人身安全，是嚴重侵犯公民權利的人權災難。太多的被精神病個案背後，都沒有看到制約權力的力量。

如果維穩的需要是「被精神病現象」屢禁不止的根源，那這種「非法的權力指導行醫」盛行，就是被精神病推波助瀾、日益增長的罪魁禍首。

政治是有其科學性的。要改變目前被精神病繼續發生的狀況，首先，要建設權力制衡的現代政治制度，要有讓權力實施者忌憚的社會契約，要建設獨立的司法審判制度，要有民意反饋的暢通渠道。如果沒有以上這些方面的完善，光靠「具有中國特色的社會主義制度」很難制止權力濫用和被精神病的發生，在這種弱肉強食的叢林法則生存情況下，每一個公民都無安全可言。

　　制度健全的國家，那些知名精神病們給我的啟示：正常人與精神病人往往就在一線之隔，卻又有天壤之別。當一個人流鼻涕、咳嗽、發燒，你的身體告訴你感冒了，要盡快找醫生診治，但是，當你的頭腦感冒了呢？我們是不是也應該呵護，而不是冰冷的手銬和毆打！

　　經濟學家、賽局理論大師奈許（John Nash），30 歲確診為精神分裂症，1994 年和另外兩位博弈論學家共同獲得諾貝爾經濟學獎，而他在 1970 年即因藥物有損智力就停止服藥。

　　荷蘭藝術家梵谷（Vincent Van Gogh）一生中做出過很多古怪的、常人不理解的行為，甚至割下自己的左耳；貝多芬（Ludwig van Beethoven）是典型的躁鬱雙向情感障礙患者；美國作家海明威（Ernest Miller Hemingway）曾因為抑鬱被家人送去療養院做電擊治療；還有把自己關進精神療養院曾獲諾貝爾文學獎的法國著名作家羅曼羅蘭（Romain Rolland）等等。

　　這些在世界上留下光輝歲月的人，或多或少都有所謂的精神疾病，如果按照中國地方政府的精神病鑑定標準的話，估計這些人一輩子都得掙扎在被治療的過程中。

　　好的社會環境下，真精神病都能為世界創造出傑出的貢獻，而壞的社會環境，正常的人也會被折磨成精神病人，何況那些只是為了維護自身權益，說話時比較激動的維權人士呢！

第六章　誰製造了「被精神病」

　　人們對大屠殺集中營這類事總是憤慨、恐懼，但對每天在世界角落發生的謀殺、被精神病、虐待卻充耳不聞。

　　是誰創造了「被精神病」？其實這個問題已經不是任何一個地方政

府所能單獨承擔的責任。這是制度缺陷、法律漏洞和維穩政策共同造就的惡業，賦予更多實施迫害的可行性，基於這種可行性又發展成一條完整的犯罪鏈。

從製造「被精神病」的主體來看，首先就是「維護社會穩定」的制度。社會維穩制度是造成被精神病現象最主要的根源，而一黨專政下，行政權、立法、司法權通通攬在一塊，好人在這種體制下也容易變成壞人，惡徒們變得更壞，上下其手、翻雲覆雨變得更容易了。再加上宗教信仰、傳統文化全已被破壞殆盡，道德奄奄一息，人們的貪念、歹念沒有了傳統的束縛，只靠不健全的法律和主義，那還不天下大亂？

製造被精神病受害者的主體單位有很多，可以說幾乎包括政府下轄的所有類別行政部門。這主要是因為各種行業都會產生維權人士，自然也就會涉及到主管該行業的某些行政部門。造成最多被精神病受害者的行政部門包括：基層地方政府、公安局、信訪局、街道辦、村鎮幹部以及各地駐京辦成員等等。只要手中哪怕只有一點點權力的部門都能成為加害者。

每年北京的敏感時期，都是這些人傾巢出動瘋狂抓捕維權人士的時節。他們在家人面前可能是好丈夫、好媽媽、好兒子、好爺爺，但此時他們完全變成人權迫害者。

從時間來看，每年三月中國政府在北京召開全國人大與政協會議期間，維權人士希望前往北京向兩會代表陳情，各地方政府為了維穩需要，大肆抓捕上訪者，進而將一些維權人士關入精神病院控制。

除了兩會之外，還有中國共產黨全代會以及一些國際會議在北京召開時，甚至有時候連勞動節、六月四日、國慶節，也可能成為控制維權人士的敏感日。

每當有重要外國元首訪問，維權人士也會成為被圍追堵截的目標，

這主要源於防止維權人士阻擋外國元首車輛「攔洋轎申冤」，從而造成對政府不利的「壞」影響。除此以外，執法機構會有不定期的網狀式搜查。所以，任何時候維權人士都有可能被那些政府人員攔截抓走實施迫害。

除開這些國家層面維穩的需要，另一個製造精神病的就是權力傲慢的某些地方行政機構。他們把精神病變成一種產業，甚至列入了監督考評醫院優劣的指標。

當傲慢權力遇到制度缺陷，所謂法治精神對他們來說就是一個笑話。在中國政府已經頒布《精神衛生法》的情況下，地方政府還敢繼續亂發執行文件，想給自己的管轄區攤派精神病名額，按名額抓人。完全缺乏法律意識，現代文明精神，如清朝前現代的官吏。

在 21 世紀的今天，誰能想到還有這麼荒唐的事情，可它確確實實地發生了。1950 年代土地改革，黨中央曾宣布按照比例原則劃分階級，並以此來構建階級敵人，實施階級鬥爭。黨規定每個社區要有 5% 至 10% 的人口為階級敵人。這種按人口比例劃分階級的做法成為後來大大小小政治運動的基本辦法，現在也成為紅色專政的傳統。

2013 年底，河南鄭州衛生局下發文件，明確規定要求下屬各轄區篩查發現重性精神疾病患者，任務數不低於轄區常住人口數的千分之二。這意味著要在每一千個居民當中至少找出兩個重症精神病。這個任務被納入衛生行政部門對社區醫院的考評中，無法完成就會面臨上級的督促檢查。

這種行為產生的後果很嚴重。先假定醫院找到的兩個人都是精神病，但是能保證沒有漏掉的嗎？難道說所有區域一樣都是正好有兩個精神病患者？如果有的轄區超出兩個，得不到名額救治，得給社會造成多大的危害？再說，如果該地區並沒有兩個精神病人，那麼是不是意味著完成不了名額就得抓正常人去充數？這又得讓多少人陷於「被精神病」的危機中？

如果在此基礎上擴大推廣的話，那些被無辜關押於精神病院的人，申訴的機會本來就少，現在有了政府行政部門的支持，底層政府在找到合法關押公民的理由後，又得有多少人權災難在所難免？如果真是這樣發展的話，就不單單侷限於普通上訪的公民會被關押，任何人都會成為潛在的受害目標。

無獨有偶，湖南省婁底市新化縣衛生部門在建立居民健康檔案過程中，向各鄉鎮衛生院下達精神病、糖尿病和高血壓病人的任務數，各鄉鎮衛生院又將任務數分派到各村。新化縣坐石鄉同心村的鄉村老醫生曹文光介紹，鄉衛生院給同心村下達的任務指標是精神病人四個，但全村實際上只有一個精神病人。按照新化縣衛生局的要求，如果沒完成任務數，考核時會扣分扣錢。

如此荒唐的指標分配政策，得不到有效的反饋和糾正，底層工作人員只能通過弄虛作假、謊報數據，來應付上級的罰款扣分。如果碰到「敬業」的工作人員，有了上邊的尚方寶劍，就類似於計生部門對已經七、八個月大的胎兒進行人工流產一樣，沒什麼不可能了。多造幾個被精神病人只是動動嘴皮的問題，被精神病迫害也就必然成為普遍情況。

在《精神衛生法》實施後，還有地方衛生部門敢發出這樣的政策文件，說明行政機構根本不在意這部法律的存在，也沒有對相關負責人起到威懾作為。

第三類製造被精神病的，就是精神病醫院。有一些人被親屬送入精神病院，此類一般都源於經濟、感情糾紛引起，所佔人數不多，但是近年有上升趨勢。也有一部分人被工作單位送入精神病院，主要源於舉報領導貪污、工作分配不公平去投訴而被送入精神病院，此類人數所佔比例也較少。還有一種主動進入精神病院的正常人，就是為了逃脫法律責任而自願「被精神病」，這種情況通常是犯罪嫌疑人在刑事犯罪後裝瘋賣傻，通過關係與利益輸送將自己關入精神病院，以逃避法律追究，所佔人數極少。

　　而真正應該注意的是另外一個群體——醫生。事實證明，精神病醫院已成為一個迫害人權的法外之地，精神病醫院醫生本應具有救死扶傷的職業道德，這在部分醫生身上已蕩然無存，而醫院也成為與勞教所、法制學習班、黑監獄同流合污鎮壓人權的基地。這些被精神病人在精神病院所遭受的酷刑令人觸目驚心，其野蠻、反法制、反人權、反文明的程度讓人匪夷所思，而醫生在整個過程中扮演的角色就是打手和酷吏。

　　受害者被綁架強制送入精神病院後，從治療的方式來看，在醫院遭到捆綁、毆打、戴腳鐐手銬、強迫吃藥、打針、電擊、灌食、禁閉、辱罵、不給放風、限制和家人通訊及會見等等，種種酷刑的實施對受害者造成極大的心身傷害和難以康復的後遺症。

　　這些被精神病者如果想要出院，當家屬來接人時，精神病醫院會搬出民法規定「誰送進來，誰接出去」的原則，必須由押送受害者入院的維穩機構或家屬出面同意才能出院；但醫院卻不會考慮他們自己限制人身自由，本身已經違反刑法的這個事實。

　　權力壓制下，只有極少數醫院和醫生能頂住壓力，堅持正義，而更多的醫院和醫生，已經沒有了做人的最基本底線，他們已經不是這些受害者的看護者，而是冷血的酷刑實施者。他們生怕在政府人員面前表現不夠好，所以極盡所能的迫害受害者，並且享受著壓迫帶來的快感。

　　誠如家庭幸福的郴州精神病醫院主治醫師馮曉蓉，丈夫在檢察院工作。她和他的丈夫都知道，如果訪民唐學成離開郴州精神病醫院，會給政府帶來嚴重的後果。因此，馮曉蓉叫了十多個醫師和護士把唐學成用繩子捆綁在床上，然後用高強度的電針深扎他身體上的穴位，電擊他，並威脅不准上訪，「否則天天給你扎電針，直到扎死為止，看你到哪裡去告狀。」

　　如此赤裸裸的反人類威脅，也不知道馮曉蓉吃了什麼熊心豹子膽？作為醫生，她代表了誰，或者代表了誰們的利益和權力？至少我們從她

說話的語氣和作風看得出，人權、法治、人道、醫道這些正常思維名詞，跟她沒有半點關係。

醫院的行為已經悄然的發生了轉變，現在的精神病醫院更像承擔了公安、檢察院與法院三重機關的職能，變得像一個臨時性、但是非常有實權的機構——公檢法聯合調查組，而醫生就是這種調查組的執行人員之一。他們從鑑定、確認病情、實施酷刑到入院「治療」，所有的程序全部有精神病院一手包辦。

於此被精神病氾濫的同時，真正的精神病患者則因醫療條件有限而無從醫治。據人民網 2016 年 11 月報導：中國精神衛生服務「資源嚴重短缺且分佈不均，全國共有精神衛生專業機構 1650 家，精神科床位 22.8 萬張，平均 1.71 張／萬人口，精神科醫師 2 萬多名，平均 1.49 名／10 萬人口，且主要分佈在省級和地市級城市，精神障礙社區康復體系尚未建立。」

根據規劃，到 2020 年，全國精神科執業（含助理）醫師數量增加到四萬名，即在五年內要補上缺口近兩萬名。而中國精神病人狀況極為嚴峻：中國將精神分裂症、偏執性精神病、分裂情感性障礙、雙相情感障礙、癲癇所致精神障礙和精神發育遲滯伴發精神障礙等六種疾病，列為嚴重精神障礙建冊管理。

2016 年 11 月 18 日《人民網》披露：「截至 2015 年底，全國在冊嚴重精神障礙患者已達 510 萬人。」2020 年 10 月，一份由民間研究機構「豹頭研究院」發表的《2019 年中國精神醫療行業概覽》指出：「根據中國衛生健康委員會 披露的數據，截至 2017 年底，中國 13.9 億人口中精神障礙疾病的患者有 2.4 億人，患病率高達 17.5%。」

《中國經濟網》2016 年 11 月 19 日報導，中國各類精神疾病患者超過 1 億人，重症患者超過 1,600 萬人，大部分都未受過治療。

「在中國精神疾病人數增加的同時，擴大醫療保險範圍的舉措並未跟上。根據一些統計數據，近年來，在北京享受免費門診治療的只有4.5萬人、享受免費住院治療的僅 7, 000 人。在北京，近 90% 的精神疾病患者未住院治療，一是費用太高、二是醫院沒有足夠的床位。由於精神疾病治療需求巨大，未註冊的、未接受過足夠訓練的心理醫生日益增加，但他們無法為病人提供適當的診斷和治療。因此，許多病人症狀日益嚴重。」

這種需要醫治者得不到治療，而不需要醫治者被強制治療的詭異狀況，顯示中國在精神衛生領域的亂象，也說明中國精神病院存在嚴重違法侵權的現實。

同時，從被精神病迫害的問題，就能看出中國當下人權法治的真實狀況。

第七章　法律終結不了「被精神病」

現在涉及精神病的法律已有多部，但仍然阻止不了被精神病的迫害。探討國家對於精神病患者以及被精神病權益保護的法律為何起不到作用，有助於理解為何被精神病現象屢禁不止。

中國現在涉及精神病問題的法律包括《精神衛生法》、《刑法》、《民法》和《刑事訴訟法》等，看上去法律很多，很有保障，但是各法律互相矛盾，缺少連接，這就難免在出現問題時選擇性執法，互相推辭，或者鑽法律漏洞。

如此多的法律處罰不了那些實施酷刑的官吏，可見法律對於這些政府人員是多麼的無足輕重。最諷刺的是他們還是法律的執行者。所以肆無忌憚地迫害人權也就毫無顧忌可言了。

1. 《精神衛生法》

2013 年 5 月 1 日，正式實施《精神衛生法》，填補了精神衛生領域的空白。法律出台原意為規範精神障礙患者治療、保障精神障礙患者權益和促進精神障礙者康復的法律，毋庸置疑對精神障礙患者是有權益保護作用的，如患者「自願就醫等原則」，不可否認其杜絕「被精神病」的意旨。但是法律規定模糊、缺乏司法解釋，其中一些規定還缺乏相應的細則來落實，造就該法有名無實漏洞百出的局面。

有律師統計，中國每百起精神維權案件中，勝訴僅得五例。這個統計雖不一定準確，但卻反映了中國在《精神衛生法》出台後，由無法可依到了有法可依；由「被精神病」完全沒有法律救濟途徑，到有維護權利的微小希望。

但值得注意的是，被親屬因感情和經濟利益送入精神病院的民事案件，起訴至法院糾正錯誤的可能性會比較大。如果被公權力以維穩需要而送入精神病院的，極少得到糾正與賠償，甚至這些「被精神病」者依然陷在「不具行為能力」上訴無門、維權無路的狀態，因為法院對此類案例根本不受理、不立案。

社會矛盾頻發，民怨持續加深，再加上公權力濫用不受制約，基層政府又面臨著極大的維穩壓力，精神病院成為維穩的工具，這是被精神病不能杜絕的最主要原因。

不被非法或任意地剝奪自由是《憲法》賦予的最基本人權，而《精神衛生法》設計的整體理念上是「醫療模式」，缺乏保護公民自由和權利的條款。個人自由被剝奪，而法律上完全沒有個人採取行動的保障，所以不可能對被精神病的公民提供基本人權的程序保障。這也是《精神衛生法》解決不了的制度問題之一。

《精神衛生法》的普及落實不力，醫務人員認知度的不足也是侵害人權的原因之一。據 2016 年 6 月 20 日《網易新聞》公佈的湖北黃石市

精神衛生中心工作人員對《精神衛生法》掌握情況的訪查結果顯示：該中心裡的護士們對《精神衛生法》的認知度非常低。89.1% 的人，知曉程度處於「較差」水平；7.93% 的人處於「非常差」的水平；只有 2.97% 的人知曉程度為「一般」。對《精神衛生法》各部分內容的知曉正確率也比較低，最高的正確率也只有 51.49%。

如此低落的認知率，當然不能指望醫務人員妥善落實《精神衛生法》。而導致精神衛生領域工作人員對該法的認知率偏低，則與政府不重視、不大力推廣緊密相關，所以幾年過來，該法仍沒有落到實處。

再者，對違反《精神衛生法》的處罰極輕。該法規定：「*行政部門和其它有關部門濫用職權、玩忽職守、徇私舞弊的，處罰是責令改正，通報批評，對直接負責的主管人員和其他直接責任人員依法給予警告、記過或者記大過的處分；造成嚴重後果的，給予降級、撤職或者開除的處分；對醫療機構及其工作人員的處罰有責令改正，警告、降低崗位等級或者撤職、開除，並可以責令有關醫務人員暫停一個月以上六個月以下執業活動。*」

只有行政而沒有刑事處罰，如此低廉的違法成本，如何能制止被精神病氾濫的問題？迫害人權的人理應受到《刑法》等級的處罰。

2. 《刑事訴訟法》

《中華人民共和國刑事訴訟法》第二百八十四條至二百八十九條規定：「*實施暴力行為，危害公共安全或者嚴重危害公民人身安全，經法定程序鑑定依法不負刑事責任的精神病人，有繼續危害社會可能的，可以予以強制醫療。*」強制醫療的決定機關為人民法院，由公安機關執行，檢察院負責監督，並且規定被執行人有委託律師的權力，其家屬也可以提起上訴或者有權申請解除強制醫療。

從理論上看，被害人被警方強制限制在公安機關專門為此建立的「安康醫院」中，如果要解除強制醫療，首先要經過專家團隊診斷評估，

被確診沒有威脅後，請原來決定強制醫療的法院批准解除即可。

　　但實際操作中，早就脫離了此程序，警方可以依據「可能有危害」的推測任意送人進入精神病院。由於法律上不明確的授權執法機構送人入院，為公安機關實施「被精神病」提供了依據。醫院也可以接收行政機關、工作單位、家屬等人送來的任何人。而法律規定中尤其具有確認權和監督權的法院和檢察院，則在具體實施中被邊緣化。最主要的委託律師及提起上訴權，則全部掌握在執行機關手裡，法律規定被執行人的委託權成為了擺設，醫院只要一句「精神病人無民事行為能力」，就可以讓律師的授權委託書變成廢紙。

　　華東政法大學法律學院副教授、副院長王永傑，在〈新法的衝突與協調——以《精神衛生法》（草案）與新《刑事訴訟法》為例〉一文中提出兩部法律存在的三點相互衝突的地方。

　　首先是關於精神病人強制醫療的性質。兩部法律的目的都是要確保真正有危險的精神病患者得到醫療，以防繼續危害社會，但《精神衛生法》規定的強制醫療屬於行政性質，《刑訴法》規定的強制醫療屬於司法性質。行政性質的強制醫療只要公安機關或其親屬、工作單位認為一個人有危害安全行為，即可將人送往醫療機構進行診斷和醫療。司法性質的強制醫療則必須由公安機關出具意見書後移送檢察院，由司法機關嚴格按照法定程序才能作出強制醫療決定。相較之下，後者才能保證人權。

　　其次，關於精神病人強制醫療的決定權——沒有一個合理的程序，每一個公民都有可能被視作「精神病人」而受到強制。

　　《精神衛生法》將強制醫療的決定權劃分給了醫療機構，而《刑訴法》則規定是否需要強制醫療由法院作出決定。事實上，決定對精神病人強制醫療的標準是「**不具有辨認能力和控制能力、有傷害自身或危害他人人身財產安全的行為、不對其強制醫療則有繼續危害社會的危險**」，而這些標準不完全屬於醫學專業知識，並非光憑醫生所能判斷，因

此「由醫生來決定是否強制醫療於理於法都不具有說服力。」

　　第三，在鑑定意見不一致時的處理方式存在衝突。《精神衛生法》規定對鑑定意見有異議要求重新鑑定的，司法鑑定機構應當指定另外三名以上具有該鑑定事項執業資格的鑑定人進行，「鑑定意見應當以參與鑑定的司法鑑定人過半數通過。」可見其採用了「少數服從多數」的表決方式。《刑訴法》則規定，對於精神病的醫學鑑定參照國家關於司法鑑定管理的規定：「司法鑑定實行鑑定人負責制。鑑定人應當獨立進行鑑定。」「由於鑑定意見具有科學屬性，它是發現案件真實的證據，因此應該尊重和服從科學，而不能採用『少數服從多數』的原則。」

3.《刑法》

　　中華人民共和國刑法第十八條規定：「精神病人在不能辨認或者控制自己行為的時候造成危害結果，經法定程序鑑定確認的，不負刑事責任，但是應當責令他的家屬或者監護人嚴加看管和醫療，在必要的時候由政府強制醫療。」

此條款簡單明瞭，但是基本說明了強制醫療的範圍和必要條件：
1、必須是精神病人，並且在不能自控的情況下造成危害社會的結果。
2、必須經過法定程序鑑定不負刑事責任。
3、必須在家屬或者監護人看管不力的情況下，才可以實施強制醫療。

　　此條款就是實施強制醫療的法律依據，卻沒有訴訟的程序，沒有說明強制醫療的期限。這就導致執行機關具有了極大的裁量空間，受害者根本無法申訴。這個條款最終被錯誤的應用到非精神病患者身上，他們因為某些非醫療的原因而被羈押到精神病院中，也就不奇怪了。

　　南方醫科大學教授李娜玲在《刑事強制醫療程序之解構分析》一文中指出：

「強制醫療程序作為一種涉及限制公民人身自由的特別訴訟程序，只有國家司法機關才有權適用，其他任何機關、團體、企事業單位和公民個人均無權適用。」

「該措施的適用條件只能是『在必要的時候』。所謂『在必要的時候』，是指在該精神病人的家屬或者監護人不對其嚴加看管或不給其醫療的時候、或者該精神病人沒有家屬或者監護人的情況。因為《刑法》第 18 條規定對這種精神病人首先『應當責令他的家屬或者監護人嚴加看管和醫療』。政府一般不採取強制醫療措施，而是由他的家屬或者監護人嚴加看管和醫療。只有在確實必要的時候，才由政府採取強制醫療措施。」【註1】

4. 《民事訴訟法》

《中華人民共和國民事訴訟法》第五十七條規定：「無訴訟行為能力人由他的監護人作為法定代理人代為訴訟。法定代理人之間互相推諉代理責任的，由人民法院指定其中一人代為訴訟。」

該條款指定代理權限，實踐中誰送受害者去精神病院，誰就可以自稱是監護人這是不對的、違法的行為，沒有正當程序，明明規定「由人民法院指定其中一人代為訴訟。」法院還沒指定，警察就認為自己是法定代理人。受害者想要申訴還得由原監護人作為訴訟代理人，那就是將受害人的訴訟代理人交給加害人者同時也是被告方：警察，這相當於赤裸裸地把生命交給了別人。相關法律應該更明確權限範圍和操作程序。

有一種「三無」精神病人，跟其他精神病人的區別是他們「無人送、無人接、無家可歸」。「三無」精神病人由精神病院、公安局、民政局、殘疾人聯合會協力進行救助，精神病院為其提供免費的食宿及醫療，醫院是他們的監護人，對他們應負全部責任。問題是治療好轉後無法出院，此處的監護人——醫院——只對他們的治療負責，而不能對他們出院後在外面的行為負責。送他們進來的公安局、民政局等更沒辦法承擔監護人的權力。這就導致很多人已經治療痊癒，卻繼續遭到關押。

　　這個法律條款和民法關於精神病的條款，成了政府部門剝奪維權人士申訴權利最常用的藉口。很多案例中，法院都以申訴者「無民事行為能力」為由拒絕。

5. 《民法》

　　《中華人民共和國民法通則》第十三條規定：「不能辨認自己行為的精神病人是無民事行為能力人，由他的法定代理人代理民事活動。不能完全辨認自己行為的精神病人是限制民事行為能力人，可以進行與他的精神健康狀況相適應的民事活動；其他民事活動由他的法定代理人代理，或者徵得他的法定代理人的同意。」同法第十四條規定，「無民事行為能力人、限制民事行為能力人的監護人是他的法定代理人。」

　　2017 年 3 月 15 日，《中華人民共和國民法總則（草案）》獲十二屆全國人大五次會議表決通過，自 2017 年 10 月 1 日起施行。其中第二十四條規定：「不能辨認或者不能完全辨認自己行為的成年人，其利害關係人或者有關組織，可以向人民法院申請認定該成年人為無民事行為能力人或者限制民事行為能力人。

　　被人民法院認定為無民事行為能力人或者限制民事行為能力人的，經本人、利害關係人或者有關組織申請，人民法院可以根據其智力、精神健康恢復的狀況，認定該成年人恢復為限制民事行為能力人或者完全民事行為能力人。

　　本條規定的有關組織包括：居民委員會、村民委員會、學校、醫療機構、婦女聯合會、殘疾人聯合會、依法設立的老年人組織、民政部門等。」【註2】

　　《民法總則》除了明定監護人的權限，並規定了監護人涉及濫用代理權時，受害者的申訴渠道。然而法律並未落實。

　　南京老人阿衛，60 多歲，曾在青龍山精神病院被住院七年，被同

樣住院的病人打傷，而因禍得福出院。離開青龍山不久，在家中休養的阿衛被前妻及成年女兒以「精神分裂症」復發為由報警送入南京腦科醫院，媒體報導時被關押已近三年。老人說女兒這麼做的原因就是為了房子，不想老人回去住。醫院稱也很同情老人，但無能為力，因為「誰送來，誰才有權接老人回去」。

因為他屬於非自願住院治療的精神疾病患者，不適用《精神衛生法》關於自願住院治療的精神障礙患者可以隨時要求出院，醫療機構應當同意的規定。其是否出院，目前仍然需要徵得其監護人同意。

6. 《人民警察法》

《人民警察法》第 14 條規定：「公安機關的人民警察對嚴重危害公共安全或其他人身安全的精神病人，可以採取保護性約束措施。需要送往指定的單位、場所加以監護的，應當報請縣級以上人民政府公安機關批准，並及時通知其監護人。」這也就是警察送受害者到精神病院的依據，那麼警察如何鑑別他人是否有精神病，嚴重危害公共安全或其他人身安全呢？

實際操作中警察以「危害公共安全或其他人身安全」此理由抓人的話，那警方的自由裁量權的範圍就太大了！有些維權人士的個人檔案，已經被地方政府註記了精神病信息，所以在北京上訪時若被警察攔住檢查，只要拿出儀器掃描身分證，就會有此提示，警察就可以此侵犯人權。

7. 《人民檢察院強制醫療執行檢察辦法（試行）》

2016 年 6 月 22 日，最高人民檢察院審議通過了《人民檢察院強制醫療執行檢察辦法（試行）》（下稱《檢察辦法》），並於同年 7 月初開始實施。其中包含下列條文：

「第九條：檢察院發現強制醫療機構收治未被法院決定強制醫療的人的，應當依法及時提出糾正意見。

　　第十二條：檢察機關依法對強制醫療機構的醫療、監管活動及解除強制醫療活動進行監督。發現有毆打、體罰、虐待或者變相體罰、虐待被強制醫療人，違反規定對被強制醫療人使用約束措施，對於不需要繼續強制醫療的被強制醫療人沒有及時向法院提出解除意見等違法情形的，應當依法及時提出糾正意見。

　　第二十二條：檢察院發現被強制醫療人不符合強制醫療條件，法院作出的強制醫療決定可能錯誤的，應當將有關材料轉交作出強制醫療決定法院的同級檢察院公訴部門進行審查，並將審查情況和處理意見書面反饋負責強制醫療執行監督的檢察院。　」

　　從這部《檢察辦法》來看，對剝奪公民自由權利，強制進行醫療，及醫療中侵害公民身體生命的行徑，都只是簡單地要求「提出糾正意見」，而不是依法追究並負起刑事責任。這種像「沒牙老虎」一般的《檢察辦法》，怎麼可能起到懲治製造「被精神病」迫害的效果？會不會像《精神衛生法》一樣發揮不了實際作用？

　　侵害人權是世界不容的重大犯罪，中國幾部法律皆如此輕描淡寫罰則，我懷疑是故意這樣設計的，因為當局的「法制」精神是以法來約束被統治者，而不是以「法治」精神設定「社會契約」上下全面一起遵守，因此對「統治者」的觸法的罪責都很輕。這完全是政治文明和司法文明落後的面貌。早在上世紀初，全球通行的民主觀念就確認國家公務員，所謂統治者，只是「公僕」，不是社會的主人，而是為公眾服務的人員。司法不獨立，也是中國政治風氣墮落的重要因素。

8. 《強制醫療所條例（送審稿）》

　　2016 年 6 月 12 日，國務院法制辦公室發布關於《強制醫療所條例（送審稿）》公開徵求意見的通知。該條例第十二條規定「強制醫療所憑人民法院的強制醫療決定書、強制醫療執行通知書收治被強制醫療人員。」第三十四條規定「強制醫療所定期對被強制醫療人員進行診斷評估。自強制醫療執行期滿一年之日起三十日內應當進行首次診斷評

估。」

　　相比較其它法律而言，此條例確定了收治的程序和執行機構，也明確了解除強制醫療的辦法，算是稍微有所進步。但是其中也缺少提出對製造「被精神病」的醫療機構、醫護人員及行政人員的刑事罰則。

　　可見，精神領域的「被精神病」問題雖然已經成為政府及執法部門無法迴避而不得不承認的問題。但是，出台的各種法律都如《精神衛生法》罰則一樣，對於製造「被精神病」的機構及人員懲治過輕，導致「被精神病」現象無法威嚇制止。

　　在法律混亂的情況下，很容易出現選擇性執法。比如，警察因各種理由需要抓人，就會借用《刑事訴訟法》的法條，說某人可能危害公共安全或危及他人生命，必須實施強制措施；如果家屬想把人從精神病院接出來，醫院則會說根據《刑法》的規定，這是強制醫療，醫院無權放人，而且《民事訴訟法》也規定實施監護人制度，以「誰送來，誰接走」為原則；若受害人依法定程序進行投訴，政府、信訪等部門會說，依據《民法》規定，你是精神病人，所以沒有民事行為能力；就算被起訴到法院的案件，法院的立案庭也多以無民事行為能力為由拒絕立案。

　　就算受害人有幸立案成功，依據《精神衛生法》的處罰，最多也只能對涉案行政人員給予警告、記過，對醫生處以罰款、吊照等相對輕微的懲罰。況且，懲罰是交由違法人員的上級部門執行，而這些「上級部門」有可能就是一開始下令被懲罰單位對正常人執行非法關押的部門，所以到最後可能連極其輕微的懲罰也不了了之。

註釋：

1. 李娜玲，〈刑事強制醫療程序之解構分析〉，《法學雜誌》2009 年第 3 期，頁 37。引用自《北大法寶網》，http://www.pkulaw.cn/fulltext_form.aspx?Gid=1510092605&Db=qikan（最後瀏覽：2022-9-21）。
2. 由於中國《民法典》各分編尚未制定完成，《民法通則》在《民法總則》施行後，其未與新法不一致的條文仍繼續有效。而在實踐當中，以上這兩條法律規定就是大量「被精神病」受害人被其施害者稱之為「無民事行為能力」的所謂法律依據。

第八章《精神衛生法》實施後的
「被精神病」小高峰

2012 年 10 月 26 日，中國十一屆全國人大常委會第 29 次會議表決通過了《中華人民共和國精神衛生法》，並於 2013 年 5 月 1 日起實施。該法第 30 條規定：「精神障礙的住院治療實行自願原則。」當時這一規定曾被認為將終結「被精神病」事件。

但是在採訪的過程中，我發覺該法的實施不但沒有制止「被精神病」迫害的發生，反而在法律實施後到 2015 年之間出現了一個瘋狂的「被精神病小高峰」，即迫害的集中度和多發性都在這段時間爆發了出來。

從 1985 年衛生部在四川和湖南起草《精神衛生法》算起，歷經 27 年才通過的立法，曾經讓許多維權人士燃起希望。然而事實可能讓維權人士大失所望，完全偏離了他們的樂觀預期。這主要是因為《精神衛生法》立法的總體思路為「切實保障精神障礙患者的合法權益，保證其人格尊嚴和人身安全不受侵犯」。它本來就不是一部考慮到「被精神病」現象而制定的法律。

誰有權判定精神病？是醫生還是法官？精神病患者的人身自由和治療程序如何平衡？在這些問題上，中國的法學界與醫學界分歧巨大。醫學界認為治療優先，如果精神病患者有病，那就應該剝奪其部分自由，交由醫院及時治療，至於「被精神病」，他們認為只是極個別的事件。法學界則認為，如果沒有完善的精神病鑑定程序和標準，難免會出現正常人被收治的情況，公民人身自由將難以保障。

就在醫學界討論草案時，一系列被政府維穩的維權人士，以及家庭糾紛導致的「被精神病」事件在中國各地曝光，或許醫學界也意識到「被精神病」問題的嚴重性，這才在最終的《精神衛生法》草案中添加了非自願治療的條款。

1996 年，世界精神病學會通過了至今仍然是精神科醫生道德準則的《馬德里宣言（Code for Psychiatrists. Declaration Of Madrid）》，宣言第四條寫到：「當病人由於患精神病不能作出適當判斷時，精神科醫生應當與家屬商量，如需要，還應尋求法律諮詢以維護病人的人格尊嚴和法律權利。不應施行任何違背病人意願的治療，除非不採取這種治療會威脅到病人或周圍人的生命。治療必須始終符合病人的最佳利益。」可以看出中國醫學界的立法也在向此宣言靠攏。由醫學界人士主導的《精神衛生法》，就是以精神病人的權益為主。

然而，這樣一部涉及公民人身自由和強制的法律，卻淡化了對迫害公民人身自由的懲罰性，而現實中所暴露出來的恰恰就是被醫學界淡化、法學界所擔心的限制人身自由的問題。《精神衛生法》規定對違反此法的處罰較輕，例如警告、記過、降級、撤職。這就給了那些地方官員可乘之機，比起維穩不力而受到上級政府責罰，對於官員來說違反此法的處罰可以忽略不計。

我發現有些地方官員此前還沒發覺這個關押維權人士的方法，經過《精神衛生法》的實施，他們發覺用這種低成本甚至零成本的方式關押維權人士，簡直就是完美的維穩法寶，反而促成他們的犯罪。這樣的環境下，「被精神病小高峰」出現也就不奇怪了！

張海彥是遼寧省丹東市下轄的鳳城市人，1971 年 4 月 3 日出生。張海彥曾經是一名造船廠的電工，收入相當可觀，因舉報地方黑社會人物，被對方長時間跟踪、侮辱，報警後，警方不作為才導致他開始上訪。《精神衛生法》實施之後，短短時間內，張海彥三次被關押在精神病院，多年一直在上訪都沒有受到這種迫害，為什麼是這個法實施之後？

2013 年 8 月 31 日，全國運動會在瀋陽奧體中心開幕，當天張海彥來到奧體中心，鳳城市鳳凰城公安分局的七、八個警察也趕到了瀋陽，他們在瀋陽奧體中心外抓住張海彥就是一頓暴打。隨即，張海彥被帶回鳳城市刑事拘留，罪名是「擾亂公共秩序」，並於當天關進看守所。

在拘留期間，他被警察送到丹東蛤蟆塘精神病院進行「精神病鑑定」。醫院先給做了腦電圖，結果「沒有明顯異常」，接著讓他在電腦上答題，答了二次，每次一百題，都正常回答，沒有精神病問題。可是，最終張海彥還是被鑑定為所謂的「偏執性精神病」。

2013 年 10 月 11 日刑拘期滿之日，張海彥被鳳凰城公安分局人員從看守所強制送進了鳳城第四醫院（精神病院），在裡面遭遇了布帶子將手腳都綁在床上，強迫吃藥，一日兩次，一次兩片。到 10 月 28 日才釋放。這是張海彥第一次被精神病。

在查看張海彥的精神病鑑定時，我發覺引用最多的就是民警的口述和鑑定人的觀察，並沒有看到該所具體調查張海彥家屬、朋友、單位同事等人士的信息。

張海彥真的有精神病嗎？他第一次出精神病院時，警察讓他寫的保證書也許能說明一些問題：「一、不准再在網上發布『反動言論』，二、不能再纏訪、非正常上訪，三、不准非法串聯。四、以後保證不上訪。」

2014 年 1 月 22 日，張海彥圍觀公民運動代表人物許志永庭審現場，在北京通州探望基督教聖愛團體長老張文和時，被梨園派出所帶走，以「非法集會罪」刑事拘留，被羈押在北京市第一看守所。在刑拘期限 38 天屆滿之時，警方沒有得到檢察院批准逮捕，他的罪名變更為「尋釁滋事」，因情節輕微，張海彥被釋放。當他走出看守所後，等待他的卻不是自由，而是冰冷的手銬——他被鳳城市公安局銬走，連夜送回老家，關入精神病院 12 天。這是他第二次被關在鳳城市精神病院。

知道張海彥來到北京，我約他見面聊一聊近況。

「他們為什麼抓你，在裡邊是怎麼提審的？」

「他們就問為什麼去梨園，我就回答一個弟兄病了，我來看他。而

他們主要問的是許志永庭審現場的事情，他們就問是誰組織的，怎麼那麼巧就在那裡舉牌？說我們有海外關係。」張海彥說。

「您是關了 38 天出來後，直接被地方政府接走的嗎？」

「是的，2014 年 1 月 24 日抓走，3 月 5 日放出，過年都是在牢裡邊過的。我一走出第一看守所大門，就被等候在外的鳳城市公安局帶上手銬，押上警車，直接送回老家，然後關進鳳城市精神病院，一直到 3 月 17 日才放出來。」

「把您關到精神病院是誰的行為？」

「是我們老家遼寧省鳳城市鳳凰區公安分局，這次關押沒有通知我們家人。這已經是第二次關了，上一次關押的時候，就給我做假鑑定，說我有精神病，其實我沒有。」

「有強迫吃藥等迫害行為嗎？」

「有強迫吃藥，如果不吃他們就要把手腳全部綁在床上餵藥，每天是早上 7 點和晚上 7 點左右兩次吃藥，每次一大一小兩片，小片叫鹿丹平，大片是一個黃片，吃完全身乏力，想睡覺，並且會導致頭腦反應異常遲鈍，上次關押我就感覺到了。我有時候不吃，就偷偷把藥藏在舌頭底下，他們不仔細查看的話，我就吐出來。」

「裡邊的吃飯住宿環境怎麼樣？」

「醫院在四樓，吃飯很不好，也不衛生，也沒有自由。我有病，他們也不給治療，一顆藥也不給吃。」

「您是在什麼情況下才出來的？」

「我患有肺結核病　（編註：法定傳染病理應隔離治療），在裡邊

時間長了根本受不了，在關押 12 天後，兩會結束，他們對我的維穩也該取消了，我妹妹找到公安局要求放我出來，他們還讓我家人拿著我自己的醫保卡來精神病院結帳，才把我放出來。他們太過分了，把我關進去，還要我自己拿錢才能出來。」

在跟張海彥交談的時候，他說自己現在腦子反應很遲鈍，主要是藥物的作用所導致的，尤其在談論這段遭遇的時候，會全身緊張、心跳加快、語無倫次，很怕回憶起這段痛苦的經歷。

2014 年 10 月 21 日下午，張海彥在鳳城市火車站買票，打算去遼寧盤錦市參加一位訪民案件的開庭，還沒上火車就被鳳城公安局的人查身分證後強制帶走，當日下午把他送入鳳城市精神病院，此時，北京正在召開中國共產黨第十八屆四中全會，轄區警察王德平電話通知張海彥的妹妹，等開完會就讓他出來。

有了前兩次的經驗，張海彥知道藥物對大腦的損害程度，所以吃藥時把藥物藏在舌頭下，大夫走後再吐出來。

2014 年 10 月 25 日下午，張海彥妹妹再次接到警察王德平電話，讓她去接接張海彥出院。這已經是張海彥第三次被關押在這裡。

在我採訪的案例中，家住江蘇省無錫市北塘區惠龍新村的汪荷娣也是這樣的情況，這個出生於 1944 年 6 月，說話都吃力的老太太，在《精神衛生法》實施後，在 2014 年 2016 年期間，前後五次被轄區居委會和派出所送入精神病院強制治療！

從關押的時間上看，都是在國家敏感日期內，如全國兩會前夕，省、市兩會前夕等重點維穩日期。被釋放時，都是她丈夫付清醫療費後才被允許出院。

除了這兩位多次受到傷害的維權人士，以下這些人都是我採訪到的

在《精神衛生法》實施後被關入精神病院的案例：

- 范妙珍：女，1943 年生，上海市崇明縣人，2013 年 10 月 17 日傍晚七
  點，被崇明縣創建村村長蔡石和長興鎮派出所民警史晨浩送
  到上海市崇明縣精神衛生中心，關押兩天後被釋放。
- 方道明：男，安徽省黃山市歙縣人，因工作問題而上訪。2013 年 11 月
  10 日上午，被北京萬壽路派出所劉濤警官送到北京昌平區華
  一中西結合醫院精神病四科。2013 年 12 月 1 日出來。這次
  方道明被關押了 21 天。
- 唐學成：男，1964 年 8 月出生，湖南郴州人，2013 年 8 月 8 日早上，
  被北京市豐台區洋橋派出所警官石志凱等三人押送至北京市
  昌平區華一醫院（精神病院），一直被關押到 9 月 5 日。
- 張治：女，1972 年 10 月生，湖南省湘西人，2013 年 10 月 25 日上午
  10 時許，被湘西自治州花垣縣團結鎮鎮長麻清龍等人送到湘
  西自治州榮復精神病院，2014 年 1 月初，離開精神病院。
- 辛湘紅：女，2013 年 7 月 26 日，湖南湘鄉人，被在北京上訪時被抓
  送到北京昌平區華一醫院，關押到 9 月 6 日；2015 年 9 月 3 日，
  辛湘紅被從北京押回，即被關進了湖南省婁底市康樂醫院（精
  神病院），2015 年 10 月 30 日被釋放。
- 李家富：男，1962 年生，浙江溫嶺人，2013 年 12 月 11 日下午 5 點，
  李家富被送到溫嶺市精神病院，2014 年 1 月 28 日，他被釋
  放回家過春節；2014 年 5 月 8 日，被澤國鎮政府和派出所的
  工作人員在北京抓住，將其帶回溫嶺後再次關進溫嶺大理康
  復醫院（精神病院），2017 年 1 月 25 日獲釋。
- 謝勳英：女，1963 年 4 月出生，貴州省福泉人，2014 年 3 月 10 日，
  她被鎮政府關入貴州省黔南州安康精神病專科醫院。2014 年
  4 月 1 日獲得自由。2015 年 5 月 25 日，被貴州政府從北京接
  回，月底把她關入了貴州福泉市精神病院，一直關押中。
- 彭蘭嵐：女，湖南省鳳凰縣城關鎮人，2013 年 12 月 20 日，被北京右
  安門派出所警察抓捕，送到北京昌平華一精神病院，2014 年
  1 月 21 日才獲得自由。

• 許大金：男，1972 年 3 月出生，江西省上饒人，2015 年 3 月 2 日，被
　　　　鎮政府和派出所送到上饒市精神病院關押，直到 4 月 8 日被
　　　　釋放。關押的目的很簡單，就是為了「兩會」維穩；2015 年
　　　　5 月 15 日，許大金在北京八角遊樂場地鐵站出站時遭到扣押，
　　　　截訪人員第二天把他拖上車帶走，6 月 16 日家屬才知道他被
　　　　關在江西弋陽精神病院。2015 年 11 月初，在關押近半年後
　　　　才被釋放。

• 張文和：男，1954 年生，北京通州人，2014 年 3 月 3 日被通州公安
　　　　局警察送到昌平區精神衛生保健院進行強制治療，2015 年 11
　　　　月 18 日由其子在警察的允許和監控下接出。

• 高靖春：女，1954 年生，瀋陽市皇姑區人，2015 年 10 月 27 日，被皇
　　　　姑區公安局遼河派出所所長田磊連夜用警車押回瀋陽。28 號
　　　　早上 5 點送到瀋陽市安寧醫院，也稱瀋陽市精神病康復指導
　　　　中心、瀋陽市退伍軍人精神病院。被關押 45 個小時後獲得釋
　　　　放。

• 李啟東：男，遼寧瀋陽人，2013 年 12 月 15 日，被民主派出所五、六
　　　　名警察在馬路上綁走，送入瀋陽市公安局安康醫院強制關押，
　　　　2015 年 3 月 26 日獲釋。

• 宋再民：男，1963 年生，北京人，2014 年 8 月份時，他突然與外界失
　　　　去聯繫，經過朋友多方打聽，他被平谷區漁陽派出所送到了
　　　　北京市平谷區金海湖鎮社區衛生服務中心醫院（俗稱：釭窯
　　　　精神病院）關押，2014 年 11 月獲釋。

• 王麗榮：女，北京人，2013 年 10 月 29 日上午被豐台區洋橋派出所警
　　　　員帶走，關押在北京市豐台區豐台精神病防治院，至 2015 年
　　　　仍然在關押中。

• 李春華夫婦：李春華，女，山東省龍口人，2013 年 9 月 9 日，被鎮政
　　　　府官員、派出所副所長王福良等人送到龍口市黃山館精神病
　　　　院關押，她在早先時候離開精神病院，她的愛人喬瑞坤，男，
　　　　2014 年 4 月 16 日才走出精神病院。

• 王忠營：男，1966 年生，河北省滄州人，2014 年 10 月 18 日，烏馬營
　　　　鎮政府把王忠營綁架到滄州市安定醫院關押，31 日轉到北京

迴龍觀精神病院醫治，12月4日才從精神病院放出。

- 洪玲玲：女，1955年生，上海人，2015年2月6日早晨，在天安門廣場看升國旗儀式並大聲呼喊「打倒共產黨」，被現場兩個警察控制，隨後即被送入北京昌平區華一精神病院關押，至3月3日出來。
- 李小燕：1964年6月生，黑龍江七台河人。2014年1月10日，李小燕被送入佳木斯三院（精神病院），2014年1月18日，被關押8天後由於家人的抗議，她被放了出來。
- 白玉芝：女，1959年7月生，內蒙古赤峰人，2014年11月7日，白玉芝在北京出租屋被半夜11點多叫起來去登記，然後被送到久敬莊，當日就被警察拉回赤峰市，直接送到安定醫院，12月10日被釋放回家。
- 岳麗娜：女，河南省濮陽人，2015年2月28日被鄉政府從北京帶回，副鄉長郭建國、民政所長徐在省、信訪辦副主任郭慶勳等人把她強行抬進了河南濮陽市第六人民醫院（精神病院）。2015年5月6日，在精神病院被關押68天後被釋放。
- 何芳武：男，1966年6月生，湖南永州人，2015年7月8日，被湖南截訪人員押回永州，投入湖南永州芝山精神病院。8月10日獲釋，共關押32天。
- 尤寶芬：女，1964年5月生，江蘇無錫人，2014年8月20日，被東北塘派出所民警關押到精神病醫院，過了元旦後由東北塘派出所民警將其接回家，這次被關押五個月之久。
- 石傳鳳：女，1957年2月生，安徽廣德縣人，2016年2月20日，被鎮信訪辦陳主任拉到派出所，下午被送到廣德縣第二人民醫院精神康復中心，這次被關押33天。
- 陳菊（又名：陳傳菊）：女，1972年11月出生，湖北省房縣人，2015年12月13日，陳菊在去法院的路上，被5個人強行拉上車，送到十堰精神病醫院關押，12月27日獲釋，共計被關押14天。
- 林小紅：女，1973年5月生，住四川省廣元人。2014年的6月16日，在北京上訪的林小紅被政府截訪人員抓捕送回四川省廣元縣，然後就被送到廣元第四人民醫院關押。隔年過完中國傳

統春節後小半個月她被釋放出來，這次被關押 7 個多月。

- •張　　軍：男，1965 年 6 月生，山東省濟寧市金鄉人，2013 年 4 月 28 日，由第一派出所指導員李廣西和 2 名警察押解張軍進入濟寧市精神病院，被關押 88 天，於 7 月 25 日被釋放；2014 年 1 月 8 日，李廣西帶領 2 名警察押解張軍到達濟寧市精神病防治院，被關押 219 天，至 2014 年 8 月 15 日被釋放。

- •雷宗林：男，1976 年 8 月生，福建省福州人，2016 年 6 月 25 日，雷宗林被鎮政府送入福州神康醫院（精神病院）。2016 年 7 月 16 日下午被釋放。

- •許金華：女，出生於 1956 年 12 月，江蘇省南通人，2016 年 7 月 22 日下午，被和平橋街道派居委會綜治辦主任強行送南通市第四人民醫院（精神病院），在精神病院被關了 134 天，12 月 3 日上午被釋放出院。

- •葉鐘：男，1978 年生，福建省福州人，2016 年 10 月 29 日下午，被鎮政府人員送到福州神經康復醫院關押。三天後獲釋。

- •鄧光英：女，重慶人，2016 年 10 月 23 號早上被合川區委公安、土場鎮黨委截訪人員從北京接回，隨即就被投入合川區三廟精神病醫院。至 2017 年 4 月，一直關押中。

在《精神衛生法》實施後的各個維穩日裡，維穩的力度持續高漲，被精神病也出現增長爆發。

2015 年 9 月 3 日，中國政府舉辦了極其龐大、隆重的「紀念抗日戰爭勝利 70 週年」閱兵典禮。本來在慶祝民族獨立、獲得自由的時刻，應該是一個全民狂歡的場面，然而當局出於不自信，竟發動了超大規模的維穩行動。從北京城的封閉超市、菜市場、肯德基、部分公共交通工具，抓捕異議人士、維權人士、人權捍衛者，到河北部分地區限制村民灶台做飯，再到全國地方政府派人進京抓捕自當地上京的各類維權抗議者等等。本來是一場全民歡慶的「盛況」，卻搞成了大面積迫害人權的「盛事」。

我關注的被精神病受難者在此次「閱兵」期間遭到強力維穩,多名維權人被送進精神病院,人權遭侵犯,人身自由被限制。

政府為了保證「反法西斯戰爭70週年」的閱兵順利進行,從2015年8月份就開始部署了,還沒來得及到京的被精神病受難者多被控制在當地。例如:

⊙ 湖北孝感市被精神病受害者王樹英,在閱兵期間被維穩人員控制在當地一個賓館房間7天,至2015年9月5日方獲自由。
⊙ 山東省煙台市牟平區被精神病訪民王志蘭,從8月8日開始,就被鎮政府派人看起來,不讓她出門,每天都是兩班制,每班都有兩個人看著。
⊙ 2015年7月7日中午12:30分左右,湖南永州訪民何芳武在中紀委預防腐敗局前攔截中紀委書記王岐山的車輛,被湖南接訪人員押回永州,第三次投入到了湖南永州芝山精神病院。在外媒2015年8月10日報導此事後的第二天,他所在鎮武裝部長、派出所一副所長將他接出來。不過,何芳武被警告,出來後不能隨便亂跑,出門要請示。至閱兵結束,何芳武都被政府限制離開當地。

而已經來京的被精神病受害者,遭抓捕後幾乎全都難逃被再次關押的厄運,顯示北京打壓維權人士的升級。

2015年9月2日,紀念反法西斯戰爭70週年大閱兵前一天晚上,湖南湘潭湘鄉市的計劃生育政策受害者辜湘紅在北京遠郊的暫住地被維穩人員發現,還沒有來得及進城的她被綁架劫持上一輛麵包車。她趕緊打電話給我,稱自己正在被送往可能是婁底市的一座精神病院。

2015年9月1日下午,山東省龍口市訪民李春華被從北京截回,2日下午她被送往看守所關押,公安稱對其刑事拘留,而具體罪名卻並未告知她。

　　截至此次閱兵日期，《精神衛生法》已經實施了兩年半，我沒有看到法制建設在精神衛生領域的實施成果，反而看到更多的是迫害、打壓、恐嚇、威脅等法西斯手段，而這種迫害藉著「慶祝反法西斯勝利 70 週年大閱兵」的東風就像決堤的洪水一樣氾濫。面對如此大規模的侵權行為，引用一句網絡名言：「知道的是在慶祝反法西斯抗戰勝利，不知道的以為法西斯來了！」

　　聯合國人權理事會第二十五次會議普遍定期審議中國政府報告時，政府接受並正在執行的第 186(118) 條意見顯示：「修改後的《刑事訴訟法》明確規定，對精神病人強制治療需要由法院決定，目前有關方面正在著手制定配套規定，將對強制醫療機構開展治療、康復、管理、診斷評估、被強制醫療人員的權利保障等作出規範。」（編註：見聯合國文件 A/HRC/25/5/Add.1）

　　然而，即將到普遍定期審議的中期評估時間，又發生多起政府因維穩需要而抓捕正常公民進入精神病院的事情。這豈不是在發布《精神衛生法》和修訂《刑事訴訟法》以及在人權理事會接受建議後給中國百姓響亮的一巴掌嗎？

　　當然，這並不是說《精神衛生法》實施後沒有任何作用，這種作用主要體現在對一些醫院和醫生的壓力上。該法 5 月 1 日實施後，極少數用功學習、善於更新進步觀念的精神病院和醫生開始意識到迫害正常公民是違法的行為，他們偶爾也對被精神病行為說不。

　　如 2013 年 6 月 21 日，湖北孝感市王樹英被當地警方送往孝感市精神病院後，院方有人指出警方的做法是違法的。迫於壓力，醫院還是收了王樹英，但是並沒有像以前一樣給她強迫服用精神病藥物，並在三天後放她回家。同樣來自湖北的柯尊傲於 2013 年 8 月 23 日被村委會送入十堰市茅箭精神病院，並申明柯尊傲此前有精神病前科，但是院方檢查認為沒有精神病，拒絕收治，最終柯尊傲未被收入院中。

　　但是，絕大多數的被精神病者沒有王樹英、柯尊傲那麼幸運，他們還是被投入了精神病院。

第九章　中國「被精神病」小史

　　1978 年時總人口不到三億的蘇聯，就有 450 萬名登記在冊的精神病人。而到 80 年代末蘇聯解體時，有 200 萬人被改判為精神正常。

　　南京大學俄語系教授余一中在《蘇聯時代的「被精神病」恐怖：懷疑光明前途的就是有病》一文中指出：

　　「因為蘇聯公民維權意識不斷增強，正直的公民和精神病醫生們的努力抗爭，1970 年以後有關蘇聯利用精神病院迫害異見人士的消息漸漸被透露到國外，引起了世界各國人民的關注。連『文革』中的中國報刊也曾譴責過蘇聯政府用精神病院鎮壓蘇聯人民的罪行。1977 年於檀香山召開的世界精神病學大會在審閱了專案組提交的關於蘇聯精神病治療領域受害者與施害者的材料並認定其真實可信後，通過了譴責蘇聯出於政治目的濫用精神病治療手段和藥物的決議。大會還停止了蘇聯神經病學家與精神病學家協會在世界精神病學組織中的活動。」

　　「20 世紀 80 年代後半期，蘇聯發生了天翻地覆的變化。民眾的自我意識覺醒了，社會變得開放了，許多禁忌被解除了。關於蘇聯利用精神病院迫害政治異見人士的信息被大量揭露出來。出於政治目的利用精神病治療手段的做法似有收斂，但事情遠沒有結束，因為許多當年穿白大褂的罪犯並沒有得到懲處，政治強權也依然存在。據俄媒體最近的報導，在地方上投訴精神病醫生的案子中有 16% 是涉及動用精神病醫療手段壓制異議人士的。這說明精神病恐怖的陰影還在遊蕩，只是遊蕩的範圍縮小了而已。」

　　20 世紀 70 年代中期，毛澤東去世，十年文革浩劫結束，中國最黑

暗的時代畫上了句號。各派勢力在爭奪新領導人權力之際，社會從高度
管控中獲得一點點自由的空隙，或者說某些派系為了爭取民間支持、得
到國際承認，刻意放鬆社會管制，讓高壓下的民眾享受了一點夾縫中太
陽照進來的餘光。

在這點餘光的照耀下，社會精英開始反思十年文革給中國帶來的災
難，以及開始探討中國未來的發展方向。那時，沒有網路和社交媒體，
也沒有更好的通訊和信息發布渠道。所以，社會精英以張貼大字報的形
式開始公開表達自己的觀點。

1978 年開始，中國各地出現張貼大字報發表另類觀點的氛圍（被
稱為中國西單民主牆時期），其中不乏一些批評共產黨的文章。

一時間，張貼大字報表達觀點的形式擴散到中國很多地區。自由知
識分子和社會精英創造了很多地下刊物，探索中國的自由與民主，形成
了中國當代追求民主自由的第一個浪潮。

1979 年初，史振泰撰寫了《與禍國殃民的四人幫相比蔣經國無疑
是愛國者》等文章張貼出來，來闡述自己對新觀念、新世界的看法。

隨著新領導人鄧小平在政治鬥爭中權力穩定，於此開始，社會氛圍
急轉直下，而沉寂在啟蒙寫作當中的全國各地民主人士並未意識到中國
政府即將開始的大規模打壓行動。同年 8 月，史振泰又貼出《貧窮不是
社會主義》的文章，當天即被上海黃埔區公安分局拘留。

10 月 10 日，史振泰於上海人民廣場「民主論壇」公開演講《以唯
物主義的態度實事求是的評價「雙十節」的歷史意義》；三天後就被抓
至宛平南路的上海市精神病總院關押。

中國第五屆人民代表大會第二次會議作出決議：取締西單民主牆運
動。隨即在全國開始大肆抓捕自由知識分子和社會精英，所有地下刊物

被一網打盡，這標誌著民主牆運動走向終點。

　　史振泰被抓後，警方派遣上海公安局警員秦書文到他家去騙家人簽字，遭到史振泰父母嚴詞拒絕：「誰將我們的兒子當作精神病，他自己才是精神病患者！」

　　沒有得到家屬的簽字，警方還是把他送到精神病總院關押，當時，醫生們不肯收治，也不肯做病歷，就這樣拖著。後來醫院迫於權力壓力，無奈下才收治了史振泰。他在被綁架進精神病院當天，為了防止他逃離門診觀察室，醫院給他注射了大劑量「氯丙嗪」，隨後的關押時間內也給他注射這種藥物，致使原來是體操吊環運動愛好者的他，喪失了活動能力！

　　氯丙嗪也叫冬眠靈，是第一個抗精神病藥，開創了藥物治療精神疾病的歷史。從 1950 年代初，氯丙嗪用於治療精神分裂症和躁狂症。該類藥物一般都伴有錐體外症候群的副作用，長期服用後戒斷會出現肌肉抽搐，類似巴金森症那樣。

　　除肌肉的活動能力減少，在被當局關押精神病院裡遭受迫害之後，史振泰也留下了反應遲鈍的後遺症。

　　上海人史振泰筆名「廣磚」，又名史中太，他說這個名字是因為爆發朝鮮戰爭，所以用「中太」來祈盼中國太平。他曾是一名港務局電工，年輕時意氣風發，跟志同道合的朋友積極倡導中國變革，實施民主化轉變，並和上海諸多老民主運動人士積極聯繫，參與相關活動，1979 年冬天被上海市警方送入宛平南路的上海市精神病總院關押兩月有餘。他是我採訪到的最早被關在精神病院的人。

　　「在上海的董家渡，有一位藝術家派頭十足的老人，胸前挎著一把手風琴，留一把山羊鬍鬚，一身保安服，一隻吹薩克斯的小布偶老虎，還有一隻名叫『寧寧』的流浪狗，走街串巷，將或激昂或憂傷或歡快的

風琴曲帶給老城廂的居民和遊客。」這是中新社 2014 年對他採訪時的一段描述。

　　他家所在的董家渡，位於上海老城廂與黃浦江南外灘之間，是上海開埠以來最早形成的城區之一，被譽為上海的發源地。因為這點，許多熱衷於老城廂文化的攝影愛好者和國外遊客紛至沓來。

　　然而，寸土寸金的上海城區發展觸及到了他居住的地方，上海政府決定開發此地，徵地公文已經下發，強拆的大戲就像全國很多地方上演的一樣，這裡也無法倖免。

　　2014 年 11 月 13 日凌晨五點，一群未標明身分的人衝進他家，把他暴打一頓後，綁架關押數小時。史振泰幾代人居住的家業遭到強拆。老祖宗留下的黃金、銀元、古董、名錶等等貴重財產被搶劫一空。

　　現在，董家渡已不復存在。胸前挎著手風琴也無巷可串。已入古稀之年的他，時不時拿著陪伴他一生的手風琴，來到被拆房屋的廢墟上，回憶親人和童年……

　　從 35 年前的那個黑暗年代極具理想抱負的青年，到今日不得安度退休生活的古稀老人，史振泰的一生就像中國社會變遷的縮影，個人命運皆因政府而沉浮！

起源：一切皆因維穩體制下的需要

　　依據現在有限的案例及文獻資料來看，20 世紀 70 年代末、80 年代初的被精神病現象是局部性的，沒有氾濫擴大，這主要跟當時的社會氛圍有很大關係。因為文化大革命剛剛結束，新領導人鄧小平掌權，為了維護共產黨的執政，對民間異議分子進行了大規模鎮壓。但是從整個大的社會環境看，各方面都在撥亂反正，平反冤假錯案，並且開始實行改

革開放和推行市場經濟制度，社會氛圍稍微好轉，人們從沉重的政治壓抑下，獲得了一點喘息的機會。

　　那時的官員意識裡也沒有把正常人關入精神病院維穩的概念，當然這也是因為當時社會控制仍然比較嚴密，沒有太大的維穩需求。當時的醫界也仍然以救人為己任，不會想著為了升官發財、巴結上司去主動的壓迫受害者。從史振泰被關押醫院時，醫生的抵制，我們也能看出當年的醫院還具有一定的反抗底氣。

　　鄧小平推動的市場經濟體制改革，確實給中國帶來了很大變化，包括以《物權法》等法律形式確定私人財產的合法性，「農村集體土地承包制」給予農民土地等改革措施。當市民有了財產，農民有了土地之後，權利意識就會隨著社會政治經濟大環境的改變而有所提高。

　　但是，此後的二十多年，政治上的控制卻越來越嚴密。1989 年 6 月 4 日的天安門學生運動，被鄧小平下令軍隊開槍鎮壓而結束；1998 年中國民主黨在全國各地組黨，終以骨幹成員悉數被捕判刑而告失敗；1999 年法輪功的全國維權運動也遭到鎮壓，全國各地監獄及勞教所開始了對法輪功學員的「轉化教育」。

　　這個時候，國際政治卻悄然發生轉變。以美國為首的資本主義國家，覺得要改變中國的獨裁體制，讓中國加入世界貿易組織（WTO）是一條正確的道路，因為他們推論隨著中國人民富裕起來，受教育程度提高，法制健全，權利意識也會隨之增長，以後的中國必然會逐步走向民主制度。所以，在美國的極力推動下，中國於 2001 年末在最惠國待遇下加入了 WTO。

　　當時，擁有十二億年輕勞動力的中國，就像一個身材魁梧的民工，有使不完的勁，吸引著國際資本大規模進入。非常巧合的是，「被精神病」人權迫害規模化現象出現的時間點，正是在中國加入 WTO 之後。

隨著以美國為首的國際社會對中國的政治、經濟打壓解封，大量的國際資本流入中國社會。

國際政治、經濟的變化，不可避免地造成了中國內部的震動。一方面政府不想要進行政治體制改革，堅持走守舊路線。另一方面又為了穩住國外資本的市場經濟投資，必須走開放路線。新與舊思維的碰撞，必然產生出許多內在的矛盾和問題，「被精神病」現象就是政府在維護政權穩定和開放市場經濟的社會強烈震盪下打開的缺口。

高潮：經濟發展掛帥下的人權災難

或許官方早就預料到，源於中國法制的不健全，全國實施經濟市場化後，必然會出現諸多司法訴訟、法律糾紛。於是就在加入 WTO 的前一年，中國國務院批准成立國家信訪局，它的主要職責就是負責處理、收取人民來信、各方檢舉信，和接待上訪人民群眾。

如果公安、檢察院、法院都能獨立行使法律賦予的權力，信訪局就是一個不應該存在的機構，事實也證明後來中國諸多維權人士，都是信訪局協助迫害的，而且越上訪越受傷，越訪越冤，跟信訪制度有很大關係。

「被精神病」受害者開始增多，首先是政治經濟政策發生了變化，政策改變導致社會變化過快，政府來不及因應，長期又沒有解決的辦法，就發明了各種維護穩定的手段。這種手段經過演化，發展成了一個系列，「被精神病」迫害現象只是諸多手段中的一種而已。

政治經濟政策上的變化，主要分這麼幾個步伐演變而來：

1. 互相攀比，政績為王：

市場化後，整個中國就像一個大工地，到處都在建設，高樓大廈一座座拔地而起，嶄新的城市公路，幾乎兩年一翻新，或者城市領導一換就翻新，地方政府想方設法提高GDP，全國出現了「新大躍進」現象，：隔壁城市修一條高速公路，這邊就修兩條；隔壁城市搞一個高新技術開發區，這邊就搞兩個；隔壁省份宣布煤炭產出持續增長，這邊就宣布煉鋼產量創歷史新高。必得在政績上壓制住競爭對手，官場升遷的機會才會提高，或者說至少不會落於人後。「官本位」的浮躁，帶動整個社會都浮躁不堪。

2. 權力不受制約，任意妄為：

「官本位」當道，目空一切，隨意擴張自己的權力範圍，平民百姓又拿它無能為力。在我採訪的「被精神病」受害者中，很多人口述被關入精神病院的理由就是，某個地方政府的縣委書記、公安局長、信訪局長或者是鎮長，給下級下達命令，「立即把他關起來」，然後這個維權人士就真的被關押起來。無法律程序，無法律手續，也沒有醫院鑑定報告，僅僅因為官員的一句話，一個精神病人就產生了。

權力的傲慢、枉法，在中國可以說體現在方方面面，各級官員缺乏人權意識，在任何有行政部門的地方，都能感受到，底層百姓是「行走在人前，辦事在人後」（指底層百姓去政府辦事，即使早早排隊，官員也優先招呼排在後面或不用排隊的權貴）。

3. 法律為權力服務：

法律一旦失去中立原則，即為惡法。中國法律規定，檢察院、法院只向全國各級人民代表大會負責。但是在實際操作中，檢察院和法院都聽從地方政府或者黨委（各地的中國共產黨委員會）安排，還要受地方政府和「政法委」（黨委下設的政法委員會）領導。如果維權人士起訴的被告方是政府或者政府支持的企業，那只能說能不能立案（指法院受理案件）都是問題，更別說勝訴了。

同理，如果底層人民狀告有錢有名望者，勝訴的希望也會大打折扣，因為環境本來就向有錢人傾斜，這就是有些地方惡霸能喊出「寧可給法院五萬，也不賠你五百」。拿出五萬元賄賂法院，不僅能勝訴，還能拓寬交際渠道，也說明這個人的人脈廣，有實力、有後台，會被人看得起，以後也會藉助這些花出去的錢得到更好的發展，所以這五萬塊錢建立起來的關係網絕對物超所值。如果賠五百塊錢給受害人，那對於這個惡霸強梁來說，以後就很難在這個地方保有威望，發展也會受限。

4. 叢林法則：

大魚吃小魚，小魚吃蝦米。整個中國社會就是這樣的食物鏈，高層政府壓榨底層政府，那麼底層政府怎麼辦？當然只能壓榨老百姓了，老百姓怎麼辦？老百姓還分社會知名人士、中產階級、能解決溫飽者、貧困線以下者，一級級的欺壓，越到底層越無法制，就越相信強人。這也就是為什麼某些地方的小混混湊在一起搖身一變成為底層政府的一些村長和書記，因為在底層，他們也算是人見人怕了。這種制度的構成，讓那些土地受到侵佔、家產被摧毀、房產被強拆的人如何維權！可想而知，不起訴、不上訪都難了！

5. 社會資源分配不均：

底層人民被迫掙扎求取生存。天下攘攘皆為利往，很多底層維權人士上訪的理由，無非就是追求權益和公平的過程。中國底層人民的養老、醫療、教育等社會保障一直都很薄弱，中央政府給予的生活保障本來就很低，再被底層官員扣留、貪污一部分，或者挪作他用。最後這些底層人民僅僅為了活著，也不得不想盡辦法背井離鄉去上訪。

有個新聞說，一位老人專門去搶劫銀行，然後要求法院重判，其目的就是為了去監獄裡養老。如果我們瞭解最底層的人民連吃飯都成為問題，那麼這樣的事情，也就不難理解了！

中國有九億農民，他們多數人沒有滿足生活的退休待遇，基本是活

到老工作到老。我見過我們村一位九十多歲的老人，在去世前夕，還整天在地裡幹活。他每月可以領取 55 元的政府養老補貼，平均下來一天不到兩塊錢。而在相同地區的村鎮麵館，一碗麵的價格至少是 7 元。

　　一個中產家庭如果有一位成員大病一場，那可能就會毀掉整個家庭。醫療費用有多貴？對比在印度賣的治癌藥物只要幾百塊，而在中國大陸竟開價兩萬多，就能看出其中差別。對於平均工資遠遠低於中產階級的農民來說，如果真的得了重病，那就是一個慢慢等死的過程！現在，中國雖然實施了一些農民醫療合作保險，但是藥價、住院費用也相對上漲了。

　　這些只是正常會遇到的問題，已經讓人民的生活難以為繼了。還有些底層官員把中央政府給予底層人民本來就少的補助扣掉一部分；或者一個人的年齡達到國家給予最低保障制度的條件，而底層政府不給往上報；又或者把該給底層人民的補助挪做他用，比如修橋修路。還有的人，醫療費用被底層官員卡住不給報銷，或者不給出具證明材料，甚至藉機敲詐勒索！凡此各種手段都會逼得一小部分人去更高層級的政府提申訴。九億人中的一小部分，也是一個龐大的數字。

6. 土地財政，強取豪奪：

　　市場化的過程中，沒有法律保障，那就是搶劫的遊戲。土地財政佔據了有些地方政府 60% 的財政收入，由此可見其對於政府的重要性。所以在徵地拆遷方面，政府可以說是鼎力相助。

　　一個地方政府要發展 GDP，在中國最有效的手段就是發展房地產。發展房地產首先就要拆遷城市居民樓房或者向農民徵地，如果按照市價徵收，或者讓開發商自己去談條件，那可能當這個城市管理者任期滿屆，開發商也談不攏一個開發項目。官本位制度加上急功近利能想出來的也就一個辦法：「藉一切公共利益的名義，為人民服務的幌子強制徵收或者拆遷」。

徵地拆遷首先就是賠償不公平，假設一百平方米的一套房子被拆除，政府給予的評估作價是 50 萬，等新房子建好再在這裡買同樣一百平方米的房子，就需要 120 萬。對於一個小家庭來說，本來原有的房子可供一家人遮風擋雨，而現在被強拆掉，如果新樓建起來給一套可住的房子也好，如果不給這套樓房，他們去哪裡再找 70 萬來填補這個差價？這也就是徵地拆遷最主要的矛盾點之一。

在跟政府部門的協商中，有一些膽小怕事或者好說的人，他們很快會在政府軟硬兼施的攻擊下簽署協議。而有一些人，堅持抗爭一段時間後，小孩上學受到威脅，家人工作受到警告，晚上黑社會還來敲敲門，搞得家庭雞犬不寧，實在堅持不下去也就乖乖簽署了政府擬定好的協議。留下最後一部分人，他們覺得政府補助不公平或者不願意祖宅被拆，他們會選擇和政府長久對抗，拒不妥協。在政府眼裡這就變成了不穩定因素，最終這部分人都被政府變成維穩的對象。因此，徵地拆遷上訪投訴的人，絕大部分都是這麼逼出來的！

7. 信訪處理的弊端：

讓被告處理被告的違法行為，等於流氓欺負了你，經過上訪，信訪部門再把你交給流氓來處理。如果法律申訴的道路被堵死，對於各種維權的受害者來說，唯一的出路就是寄希望於高層政府，而高層政府接受民間直接申訴的窗口，就是國家信訪局和各部委信訪局，例如公安部信訪處、發改委信訪處等。

所以，在中國加入 WTO 這十幾年，雲集北京告狀申訴的維權人士，越積越多，據有關材料研究，這些年上訪過的公民匯集起來有上千萬人。

信訪的流程就是收到維權人士遞交申訴材料，信訪局建立檔案，然後發回執給該維權人戶籍所在地的省政府，希望他們妥善處理，省政府信訪局或者各收到國家信訪局處理函的廳局部門，再經過層層轉交，處理函件或者處理通知最終落到造成該公民上訪的政府機關手裡。投訴流

氓的函件繞一圈又回到流氓手裡——這就是目前的信訪制度。

函件回到地方政府後，有些政府還會適當找維權人溝通，能解決的就地解決。不能解決的連哄帶騙，先穩住受害者再說。有些地方政府更黑，直接撕掉上面來的要求處理函件，然後把當事維權人關押起來，再向上級回覆已經妥善處理，上級政府聯繫不到該維權人，以為案件已經圓滿解決，案件就進入已處理檔案庫。等過一段時間，維權人被釋放出來，處理函件日期已過期，再到國家信訪局投訴時，被告之此信訪事項已經處理終結。

還有更過分的信訪局工作人員，勾結地方政府修改真實信訪數據，就是為美化某些地方政府政績，中國《檢察風雲》雜誌刊登了追踪國家信訪局腐敗案的報導。報導揭露，國家信訪局原副局長許傑僅在修改信訪數據、處理信訪事項方面就受賄 550 多萬元，其下屬、來訪接待司二處原處長孫盈科收受百餘地方信訪幹部錢物 520 多萬元，六處原處長路新華收受 114 名信訪幹部和兩名上訪人員錢物 130 多萬元，就連從河北省邯鄲市信訪局借調到國家信訪局來訪接待司的李斌也靠此斂財 30 萬元。

這種修改信訪數據的做法，等於把維權人士的材料賣給地方政府，然後在國家信訪局的資料庫裡標註已處理，這種行為加深了維權人士的迫害程度和申訴成本。這就是為什麼維權人士，越上訪人越多，越上訪，冤屈越深的緣故。

8. 政績跟信訪掛鉤：

逼迫地方政府對上訪人嚴酷打壓。由於上訪人越來越多，中央政府出台了新的指導政策，地方政府的政績跟信訪掛鉤，被稱為信訪排名。2005 年開始，即新《信訪條例》正式實施，《條例》第七條規定：「各級人民政府應當建立健全信訪工作責任制，　對信訪工作中的失職、瀆職行為……追究有關責任人員的責任，並在一定範圍內予以通報；各級人民政府應當將信訪工作績效納入公務員考核體系。」

這種排名被稱為中國中央政府對地方政府工作績效考核的一種手段。縣級及以下基層政府，各級黨政領導成為信訪責任人，其轄區內維權人士進北京上訪次數與幹部升遷直接掛鉤。基層幹部為了升遷或不影響政績，又經過更暴力的手段控制上訪，把迫害轉嫁到維權人士身上，由於暴力案件瘋長，甚至出現多起維權人士和截訪警察死亡事件，鑑於影響太壞，2014 年開始，官方不再公佈信訪數據，意味著信訪排名的取消。

9. 維穩壓力增加：

逼得地方政府黑惡手段用盡。第 7 點提到的基層政府把當事維權人先關押起來，上述提到把迫害轉嫁到維權人士身上，這種關押和轉嫁，又衍生出一系列的迫害方式和方法，這些方式方法源於影響惡劣，關閉一環又開闢或轉移到新的一環，環環相扣，生生不息的向前推移。

名詞背後

（1）駐京辦：

主要是指中國大陸各省級和直轄市地方政府駐北京辦事處，它們存在的主要價值原本是處理地方與中央之間的關係，法律上並沒有規定他們的職能。後來，由於維穩壓力的增大，駐京辦多了一個主要的責任，那就是控制各地方轄區在北京的上訪人群。可是以省駐京辦的人手，遠遠阻擋不了強大的上訪維權人士。為了解決這個不穩定因素，應維穩市場的需求，發展出了各市、區縣，甚至是鎮駐京辦。這些駐京辦常年有專人駐紮北京，他們的主要或者是唯一職責，就是阻止自己轄區的維權人士去上訪告狀。

中國作家王曉方形容，中國駐京辦是「三不管」，別人管不著，地方沒法管，北京管不了。為了讓駐京辦在北京可以有效的運行，部分駐京辦開設酒樓、辦公司，幾乎全部駐京辦開賓館。開賓館的好處是自己

人可住，抓住上訪維權人士後也有地方安排，同時規避掉居住北京的賓館而被老闆報警等不必要的情況出現。

（2）黑監獄：

　　駐京辦抓獲的上訪維權人士要處理掉，這就牽扯到另外一個法外之地「黑監獄」，黑監獄是指沒有取得任何國家立法機關授權而設立的地方，通常用其他名義存在，而實行限制維權人士人身自由之實。這種地方主要是由地方政府設立在自己管轄範圍之內，或者有政府後台的公司設立在北京等地。

⊙ 政府設立的：很多美其名曰「某某法制學習班」，或者直接不掛名稱，中國著名維權律師唐吉田、江天勇、王成和張俊傑四人曾因探訪黑龍江佳木斯建三江管理局青龍山洗腦班「黑監獄」被拘並遭遇酷刑。

⊙ 民間設立的：如北京安元鼎安全防範技術服務有限公司，它名義上是一家從事保安服務的企業，實質上主營業務就是為地方政府攔截、關押、送返維權上訪人士，而此公司在北京設立多處黑監獄，與諸多地方政府合作，簽訂商業合同《特保護送服務合同》。

　　據法廣報導指出，安元鼎公司從私設「黑監獄」，私設「特勤」，關押、控制上訪者維權人士，並將他們押送回戶籍地，移交當地政府。其中對上訪者的關押、押送、送返等每一個環節均是明碼標價，按照市場規則運作。安元鼎的所謂「特勤」，其制服與警察完全一樣，所執行的任務也同警察無異，可稱為私立警察。（編註：法廣報導原文 https://www.rfi.fr/tw/%E4%B8%AD%E5%9C%8B/20100928-%E5%AE%89%E5%85%83%E9%BC%8E%E4%BA%8B%E4%BB%B6%E7%9A%84%E5%85%A9%E7%A8%AE%E8%A7%A3%E8%AE%80）

　　在這些黑監獄裡，維權人士被要求要聽話並接受教育洗腦，要簽署不再上訪保證書。稍有不從，就會遭到暴力毆打、侮辱，甚至強暴、強姦、致死。

　　山東龍口維權人士李淑蓮被地方政府接回，關押在以法制學習班為名的黑監獄中，折磨死亡；安徽女孩李蕊蕊被安徽駐京辦抓走，關押在駐京辦所監控的賓館內，也是一種變相的黑監獄，晚上被看守人員強姦；江西女訪民被駐京辦抓獲，晚上被指定和江西南昌駐京辦僱傭的三名保安人員睡在一起，晚上遭到一名保安的強暴。

　　關於黑監獄迫害維權人士的事件罄竹難書，2010 年北京安元鼎黑保安公司被媒體曝光後，各地黑監獄和黑保安公司有所轉變，地方政府開始選擇看上去更加合法的方式，而且可以解決上訪問題，勞教成了地方政府又一個比較好的選擇。

（3）勞教：

　　是勞動教養的簡稱，中國政府從 1957 年就開始執行一種所謂勞動加教育的制度。主要是將違法尚不夠刑罰處罰的人員，送進勞動教養管理場所進行強制性勞動教育改造的一種行政懲罰行為。公安機關不須經檢察院起訴和法院審訊定罪，即可對疑犯投入勞教所實行最高期限為四年的限制人身自由、強迫勞動等措施。主要是警察執行，而無需司法程序審理。

　　勞教制度實施較早，中國有 300 多家勞教所，和中國收容遣送制度一樣，是中國著名的惡法。我在採訪到的被精神病受害者中，超過 70%都有被勞教過的經歷，而且勞教實施高強度勞動，據現有案例分析，每天勞動一般都在 15 個小時左右，極個別勞教所時間更長，這種情況下僅給予勞動者的補助極少，很多被勞教的受害者向上級反應受不了勞教所高強度勞動，或者反抗，而遭到毆打。

　　2013 年，遼寧省瀋陽市馬三家女子勞教所傳出駭人聽聞的酷刑，酷刑內容主要有，將女子剝光投入男子牢房、強迫做繁重的體力活、胸部和陰部遭到電擊。一位勞教女受害者，把筆記藏在陰道裡帶出來，公佈於世，引起國際國內社會極大震驚，2013 年 11 月中旬，中國官方宣布廢除勞教制度。

（4）精神病院：

上述提到迫害人權的方法，隨著國際社會的關注，很多方面有了轉變，但是維穩的體系和需求還在，如何處理上訪問題，還是擺在地方政府面前的一道難題，總得找合適的地方關押。所以關在賓館、堵在受害者家裡，送到敬老院，關押在精神病院等，一切的方式都顯現了出來。

對於政府來說，關押在賓館和敬老院或者堵在家裡，暫時性是可以的，比如每年全國有什麼重大會議，政府就僱人把維權人士關起來半個月，等到會議結束再釋放他們，但是這不具備長久實施關押的條件，主要是賓館和敬老院都需要花錢不說，還需要僱人把守照看，如果是長久關押，那就得輪流照看，關押在家裡就更不具有操作性了，總的讓維權人士出門買菜、上廁所吧！所以，如果關押一個人，還要限制他自由的話，精神病院確實是一個好地方：

一、有醫生和護士照看，不需要僱人把守。
二、讓醫院出具一個精神病證明，不僅限制了維權人士告狀，還可以剝奪他們的民事行為能力。
三、以治病為由，可以實施長久關押。
四、費用比賓館和敬老院低了很多。
五、想跑也跑不了，醫院不敢放人。
六、以後再告狀，可以隨時以患有精神病為由抓捕回來。

這也就是後來被精神病現象增多，甚至出現高峰的原因。

回落：臭名昭著及國際社會壓力下的回落

沒有法律限制，沒有道德約束，官員們囂張到了極點。

2003 年左右，被精神病氾濫開始時，把一個正常人送入精神病院，還需要警察等權力部門的協助，後來發展成只要是個行政部門，甚至是

國企都能把人送到精神病院。

一時間，縣政府、信訪局、公安局、民政局、鎮政府、村委會、居委會成了送正常人進入精神病院的高發部門，甚至銀行等企業也加入送人進入精神病院的行列。最後，閘門失去控制，很多有矛盾的父子、夫妻等親屬關係，也通過把對方送入精神病院來解決問題。

事情發展持續擴大，國內外媒體報導開始多了起來，也引起了國際社會的關注。

2008 年 11 月，在第四十一屆聯合國反酷刑委員會年會上，委員對精神病院強制關押迫害提出問題。聯合國酷刑問題專員諾瓦克先生（Manfred Nowak）在他的中國實地考察報告中指出在聯合國收到的從中國的投訴案中，其中有 8% 的酷刑折磨是在精神病醫院裡發生的。(編註：見聯合國文件 E/CN.4/2006/6/Add.6)

在 2009 年 1 月才向聯合國人權理事會第七屆會議補發的《酷刑和其他殘忍、不人道或有辱人格的待遇或處罰問題特別報告》中說：「*本特派專員訪問中國大陸 時注意到，在中共的行政拘留中，他們經常採用『強制藥物治療』手段。在很多的案例中，他們被關押和強制治療並沒有經過法律審核。*」(編註：見聯合國文件 A/HRC/10/44)

自從 2005 年後，中國政府迄今再沒有批准過聯合國酷刑委員會人員進入中國。

精神病問題成了聯合國討論中國問題時重要的組成部分，中國政府也意識到精神病亂象產生了很壞的國際影響。

當時，中國經濟正處於發展的黃金時期，大國外交成為中國的主旋律。中國政府非常認真製造和維護自己的國際形象，沒想到一則新聞大大掀開了遮羞布。

武漢晚報 2010 年 5 月 28 日報導，公安部全國安康醫院工作會議在漢結束，會議強調，在收治精神病人中要特別注意收治程序和收治對象的把關，沒有公安機關辦案部門的審核同意，對不是精神病患者的人員，一律不得接收。

多家媒體以《公安部：精神病院未經警方同意不得收治正常人》為標題轉發此新聞。

此消息一出，很多網友在社交媒體上評論——太恐懼了：「想想後背都涼颼颼的」、「這就是它們的依法治國？」

中國著名維權律師張凱在推特上做了如下解讀：這裡的邏輯是：

1、以後經過公安同意，精神病院可以收治正常人。
2、之前未經公安機關同意，精神病院收治了正常人。
3、之前經過公安機關同意，精神病院收治了正常人。
4、是不是收治精神病，不是醫院說了算，是公安機關……
　　這太嚇人了，都嚇成精神病了。

在人們還停留在看新聞消息瞭解被精神病亂象時，一個更標誌性的案件卻進入了聯合國人權理事會。

中國的人權捍衛和一些國際人權組織，將邢世庫案提交到了聯合國任意羈押工作組，中國政府不得不面對這難堪的局面。

邢世庫，黑龍江省哈爾濱市道外區人，哈爾濱印刷二廠職工，1962 年生，被關押時不到 50 歲。2007 年 2 月 16 日被哈爾濱道外區信訪辦工作人員送入哈爾濱市第一專科醫院關押；之後於被哈爾濱市道外區經貿局信訪辦主任周立明等人轉到哈爾濱道外區精神專科醫院。

邢世庫的妻子趙桂榮，為了救他出來，開始向外界呼籲。《民生觀

察網》得知，派記者前往採訪，才讓事情曝光，而到記者採訪時，邢世庫已經被關押了 6 年。

聯合國人權理事會任意羈押工作組 2014 年 4 月 23 日發出「關於邢世庫被羈押在精神病院的決議」。(編註：見聯合國文件 A/HRC/WGAD/2014/8)

任意羈押工作組決議：
1、認定對邢世庫剝奪自由是任意的，違反了世界人權宣言的。
2、中國政府採取必要的措施對邢世庫的處境進行糾正和補償，使其符合世界人權宣言所設定的標準和原則。
3、考慮所有相關情況，對此案進行充分的糾正和補償應為釋放邢世庫，並對於他在被任意羈押期間受到的傷害給予賠償。
4、應將邢世庫先生和趙桂榮女士對於酷刑的申訴轉給聯合國酷刑特別程序予以跟進。

這些事件的發生，終於讓中國政府開始行動起來，相繼出台了國務院強制醫療條例和檢察院強制醫療執行檢查辦法，通過這些法律來限制被精神病的發生。這些法律的實施也終於讓受害者有了一點維護權利的渠道，地方官員的囂張氣焰也開始有所收斂。不管怎麼說，從有限的案例和報導來看，2017 年開始，被精神病案例開始有所下降了。

消除被精神病是中國政府的責任

「被精神病」受害者遭遇被強制送入精神病院後，不僅人身自由被剝奪，而且在診治上心身倍受摧殘，最後出院無門，歸家無望，常常被迫答應送他們進去的人、行政機關、工作單位一些條件，才能換來自由。好不容易出得院來，因為被戴上了「精神病」帽子，不僅融入正常社會受到極大阻礙，還因為有了被精神病治療的先例，他們隨時面臨再次被精神病，如此一來，某人一旦「被精神病」，那以後就似乎順理成章而毫無顧忌地被執法機關反覆「被精神病」。「被精神病」就是一副除不

去的枷鎖，是解不開的魔咒。

　　獲得自由後，面對自己的權益遭受侵害，要去維護是特別艱難的，有社會、法律方面的歧視，也有行政部門的故意刁難、懈怠。如浙江杭州桐盧被精神病受害者鐘亞芳，自由後在依法提起訴訟的過程中，法院以「無民事行為能力」為由拒絕立案，「只有一個案例」法院沒辦法拒收訴狀，也以「已過訴訟時效」為由拒絕受理。這些被精神病受害者就是這樣從精神及肉體的傷害，發展到公民權、訴權被侵犯的範圍。

　　從某種程度而言，「被精神病」比勞教、判刑對人的身心傷害與人身控制更持久、更嚴重。可以想像到，這種迫害，給「被精神病」者身心帶來多麼長久而巨大的傷害，使他們失去了正常人理當享有的日常生活。

　　「被精神病」受害者維權無望，回歸正常生活更難，他們就像是一群被遺忘的人，痛苦的生活在社會的犄角處。經歷了司法救濟無效、信訪上訴無用、公共媒體不敢呼籲的處境，我們應該考慮如何讓他們回歸社會，過上正常的生活。

　　作為人類理性進步的結果，對精神病人的人權保障成為衡量一個國家、社會是否文明、進步的重要標誌。

　　而隨著網路在中國的普及，自媒體的廣泛應用，中國的公眾得以接觸大量官媒閉口不言的信息，對被揭露的被精神病個案都得到強烈關注，這是因為普通公民的權利意識正在被喚醒，限制民眾意識和實施被精神病與社會隔離，不僅僅威脅到了社會公共安全，也使得每一個個體都面臨隨時可能被精神病收治的風險。

　　那些正當維權人士成為正常維權的「遇難者」，政府職能部門對於自己的錯誤行為不反思，反而對公民維護基本權益繼續加深迫害，這種現象已經從局部發展成為整個社會的一種普遍現象。政府、行政機關、

司法機關送惹麻煩的人到精神病院，醫院本質信任這些機構，或者因為金錢與壓力的緣故而放棄檢查鑑定的專業，收治正常人，甚至有一些醫生跟著拍官員馬屁，會說「那某某領導送來的，絕對放心，要加大力度處理好」，並且為了「更好的」完成任務，轉換成了對被害者更加殘酷的迫害。

當然，最值得思考的是中國政府。面對國內外社會的高度關注，面對民眾強烈的不滿和抗爭，面對輿論的猛烈抨擊，相信中國政府也不會認為被精神病現象是件光彩的事。我們也相信，政府出台諸多精神病的法律、條例、辦法，也是想遏制這一醜惡現象。但中央政府應該想想，為什麼《精神衛生法》等法律的實施，這一現象仍然大量存在，看不到根除的跡象。

相關法律得不到有效執行，難道不恰恰說明中國仍不是政府所講的一個真正的法制國家嗎？難道不正說明權仍然比法大嗎？政府現在開動國家機器進行維穩，把維穩視作維護政權和利益的法寶與命根子，為了維穩可以採取一切法外手段，為了維穩可以完全不考慮法律和人權，絕大部分被精神病者成了維穩的犧牲品。既然維穩不是要建立一個法治國家，維穩的意義和價值就不存在了。

是什麼造成了被精神病這類無法無天的現象？那些維穩者，那些踐踏法律和人權者哪來的膽子敢如此肆意妄為？是誰給了他們如此大的權力？答案正是生活在這片土地上每個人的默許、保護、縱容和骨子裡的支持，給了他們如此膽量，正是當下非民主的政治體制賦予了他們不受制約的絕對權力。

不建立真正的公民社會，不在全社會樹立人權和法律至上的意識和保障機制，不更新傳統高壓的統治觀念，不建立現代真正的民主自由體制，被精神病這類現象還將繼續。

既然導致中國「被精神病」普遍而持久氾濫的主要原由如上，那麼

針對此癥結而要從根本上解除「被精神病」現象，就必須使中國盡快實現從違法侵權的專制極權向守法尊權的民主憲政轉型，以促使公權力真正踐行國際人權準則，兌現《憲法》承諾，落實《精神衛生法》及其相關法規。在全社會普及公民權利知識，啟蒙公民權利意識，壯大公共社會力量，從而在根本上築起防範公權對公民權利侵犯的圍欄，切切實實現將權力關入制度的籠子，以期最終根絕製造「被精神病」之後患。

　　政治家們應當多一些寬容，即使你非常正確，代表了民眾的絕大多數，反對你的畢竟只是一小撮人。

　　湖南籍董瑤瓊女士因為對社會政治不滿，而向領導人畫像潑墨，被湖南當局送入精神病院。原本一個性格如火，快人快語的女孩，出來後變得痴癡呆呆，讓人想想都害怕。

　　如果政府總是打壓那些反對者或者弱小者，容不得半點異議的聲音，任由精神病現象在基層政府任意妄為地發展，可以預見的未來，雖然法律在增多，各部門規章制度也在增加，但是被精神病現象不僅不會消失，還會與日俱增。這是因為「被精神病」是政治病灶，是政治毒瘤。出台再多的法律、規定、辦法，也管不了政治。

第五部分我的採訪生涯

第一章　我的少年時代

　　中國是一個地大物博的國家，山西省地處華北，多朝古都坐落在山西，是中國歷史文化最重要的發源地之一。從地理上看，山西又處在太行山山脈和黃土高原上，整個山西山多土多，這樣的地理環境造就出豐富的地下煤炭資源。所以，山西也是中國這些年經濟發展中煤炭、鋼鐵、電力等能源的最大供應來源之一。

　　這些年，中國經濟高速發展，山西在付出巨大的能源成本後，並沒有成為一個經濟發達省份，誠如大多數西北和西南省份一樣，因為科技、產業鏈、運輸、投資環境、政治環境等等原因，山西經濟總量近年一直排在中國 34 個省市的後十名之內，甚至有時候會跌到後五名，往往與中國最窮的貴州、甘肅等省份並行。

　　有些學者認為：經濟發達會帶動公民私產保護意識增強，私產意識增強會促進公民意識覺醒，公民意識覺醒會推動法治進步，法治進步會促使政治清明或者政治氛圍相對寬鬆，政治氛圍寬鬆又會促進經濟發達和私產權保護更加完善。

　　當年美國柯林頓政府支持和推動中國加入世界貿易組織（WTO），他們也是認為，經濟好轉會提高中國人民的權利意識和受教育程度，從而經過十幾年的發展後，中國會慢慢走向民主。

　　這是一種美好的願望，只是在實施中出現了難以預料的偏差。

　　中國政府在實施發展規劃時，把主要發展方向放到了以廣州、深圳等城市為主的珠三角，以及蘇州、無錫等城市為主的長江三角洲和上

海、天津等一些沿海主要城市，舉全國之力支持發展。而地處西北、東北等地的人民為了生存，大面積向東部及沿海地區遷移，導致中西部等地區出現嚴重的人口空心化、老齡化和留守兒童等社會問題。

我生長的山西呂梁市臨縣，就處在這麼一個環境下。地處黃土高原，山丘連綿不絕，沒有什麼經濟產業，少數的煤礦被國家或者有背景的私人企業壟斷，年輕勞動力常年在外打工，剩下年老體弱的老者孤獨的活在山村裡。很多村莊存在多年的村小學也因學生資源較少而停辦，有一段時間，好幾個村莊的家長聯合起來給孩子聘請老師，最後也因為學生實在是太少了，養不起老師而停罷！

我小學上學的教室現在已經變成了村民委員會辦公室和村民活動中心，一年至少有 360 天門是鎖著的！

上面說過一個推測，經濟向好就會帶動其他層面好轉，這個不一定準確。但是，經濟越不好，社會教育就越下滑，法治就越缺失，這已經是非常確認的事。尤其是在小地方，山高皇帝遠，一切靠權力、靠關係生存。往上關係越好越牢靠，在地方得到的資源就越多，發展的就越好。

這種攀附關係、欺壓弱小的行為和思想，深入我生活的每一個社會階層中。

我上初中時，在一節自習課時跟一個女生吵鬧，正巧被數學老師看到，吵鬧的教室也頓時安靜下來，老師逕直走到我們跟前，讓那個女生坐下，而把我叫到教室外面，劈頭蓋臉就是一頓批評教育，然後給我說了一句我到現在都記憶猶新的話。

他說：「人家姨丈是咱學校的老師，你家親戚有啥？」然後，我被罰站在教室外一節課。

事情不算完，接下來數學老師的老婆教的幾何課，我作業沒做完，

又被罰站一節課。我心裡賭氣，不好好上他們的課，他們夫妻也覺得我是故意跟他們示威。只要他們夫妻的課，我就會被他們罰站在教室外，兩節課就是兩小時，一站就是一個星期。他們想讓我服輸低頭，我從來沒有，寧願一直站下去。

可能連續一個多星期的站在教室外，太扎眼了，引起了其他老師的注意，他們把我叫到辦公室，數學老師的老婆那天就像發情的母獅子一樣，瘋狂的把我暴打了一頓。我那時比起同齡的孩子長得矮一截，我記得她最重的一腳幾乎是飛起來的感覺，把我踹出去足足有五米遠的距離，然後再命令我走回來接著踹，一直到她累了為止。

接下來的課程，初中兩年多，我再沒打開過數學和幾何課本。有一則新聞說，一位在深圳打工的河南小伙子回家探親，正好在大街上看到以前打他的數學老師，他打開手機讓朋友幫忙錄像，然後脫下鞋子，拿鞋底上去就搧那個老師的臉，邊搧邊問：「你還記得當時怎麼打我的嗎？」看得我真的深有體會，當時的我們沒有能力反抗，現在的我們報仇不晚。他們作為老師，給我們灌輸的就是暴力和恨，那麼他們也一定會嚐到恨的痛處，其實這又何嘗不是整個中國社會的縮影呢！

這只是我生活環境中普普通通的事情，如果遇到底層政府中的強權機構計劃生育辦公室或者派出所之類，那麼普通老百姓連一點反抗能力都沒有。

當時我還在上初中，一次回家，正好趕上鄰居家一個小伙子被派出所抓走，理由是打架鬥毆。被警察局關了一天一夜，他最終承認了打架，並被罰款 600 元。後來，這個小伙子說其實根本沒有打架，只是在趕廟會的時候和人吵了兩句，就被公安定性為打架鬥毆，他說如果不承認的話，要被關更長時間，一旦派出所移交縣公安局，最終付出的成本會更大。

當時很多派出所的收入，主要來源於抓賭、抓嫖、抓賣淫、抓打架

鬥毆的罰款為生，他們還有既定指標。有一年，我們僅僅不到 400 人的山村，忽然全村幾十名成年男村民接到派出所傳喚，要求去派出所做問詢筆錄，說他們聚眾賭博。很多人一輩子都沒碰過撲克也被名列其中，最後村民聯合起來去縣政府告狀，這個事情才不了了之。

當然，隨著這幾年整個中國經濟高漲，派出所的收入來源發生了很大變化，就現在來說，一些鄉鎮派出所，依靠自有資源，承包工程再轉手，一個小工程轉手下來的收入也相當可觀。並且對派出所這樣的行政機關來說，根本不需要主動出擊，「吃、拿、卡、要」是最初級的貪瀆手段。比如辦理無犯罪證明、身分證、戶籍證明、結婚戶口轉移、小孩登記戶口等等，都是很穩定收入來源。

我的上學時期，好像不是為了學到知識，更像要熬時間，熬著長大，離開這個環境，然後能趕快出去工作。

那時的我沒見過外面的世界，唯一接收外界消息的平台就是《新聞聯播》。在初中畢業前，我沒去過一次縣城，更談不上考大學。考慮未來規劃、實現理想等等不切實際的想法，腦子裡根本沒有這個意識。我有很多夥伴，初中還沒畢業，就出去給人家做學徒，或者在家務農，過兩年就結婚生子，這也是我們農村多數人的選擇。

初中畢業後，我迫切想走進社會，去闖蕩，去探索自己未知的那個世界。那年我 16 歲，已經畢業了一年，在家沒事幹。正好有人來招工，一個月薪資 300 元，我和幾個小伙伴就相約一起去打工。現在回憶起來，那可真是經歷了九死一生和黑磚窯一樣的生活，美好的打工夢想被殘酷的現實打碎了一地。

山西祁縣玻璃製品產業非常成規模，整個縣城註冊的玻璃生產商就有 200 多家，我和幾位小伙伴被中間人帶到一間直到現在我都不知道具體地址的玻璃工廠裡面。

　　我們幾個男孩子被分配到有十幾個大通舖的宿舍，女孩子被分配到另一個女生宿舍，房子都是破破爛爛的平房。被子、褥子等生活用品都是我們自己從老家帶來的，一人兩個蛇皮袋就是我們所擁有的一切。找好位置，鋪好睡覺的東西，就是我們臨時的家。第一天因為長途跋涉的緣故，我們很早就休息了，由於是第一次工作，我心裡對接下來的工作充滿了期望。

　　這個廠子宿舍和廠房在一個四周被高牆包圍起來的區域裡。宿舍外面有一個水龍頭，供所有員工洗臉漱口、洗衣服，員工的飲用水也來自這裡，但是沒有洗澡的地方，身上髒了只能拿毛巾自己擦一下。廠房離宿舍直線距離不到十米，裡面就像一個大倉庫，企業設備非常簡單，因為要接觸高溫，大大小小的模具、剪刀、操作設備等等，都是鐵製品。

　　工廠裡面有六個很大的爐子，大約需要 20 個人才能抱得住，這就是熔化爐，把打碎的玻璃和添加的化學成分倒進去，然後地下一層的工人們開始點火焚燒，需要燒最少四個小時的時間，才能把玻璃化成像油一樣黏糊糊的玻璃水。其他工人分成六個小組，各組負責一個爐子裡面的材料，在一天之內把它做成圓形魚缸、紅酒杯、煙灰缸等成品。然後把它們全部冷卻處理包裝出廠。

　　由於需要焚燒玻璃，整個廠房裡溫度奇高，就算是冬天廠房外雪花飛飄，廠房裡的工人穿著半袖依然汗流浹背。我們生活的區域，冬天在廠房裡面穿半袖，出廠門就得穿棉襖。

　　尤其是在製作成品的過程中，不僅非常熱，而且很危險。製作每一個成品的玻璃料，都需要一個工人拿一根約兩米長的鐵管，在玻璃融化爐裡攪動旋轉，然後帶出一部分燒好的玻璃水，這個時候的玻璃水比較稠，所以只要鐵管一直旋轉，把握均勻，它是不會流到地上的。

　　製作成品有不同的機器和處理方法，比如製作煙灰缸，工人拿鐵管旋轉攪出來的料來到一個鐵機器模型前面，一個技工會在旁邊看著，當

鐵管停止旋轉，玻璃水流下來時，技工眼明手快又準確地拿剪刀剪到剛剛好能製作煙灰缸的量，掉進模型裡，另一名工人接著關上模型蓋，擠壓原料構成需要的形狀。這種操作，全程沒有防護措施。所以，當玻璃水被帶過來時太靠近人，剪刀剪得不精確，都很容易把人燙傷。

再比如製作紅酒杯，地下挖一個一米深的坑，坑裡面放一尺深的水，再放一個比較矮的板凳，板凳坐的高度要超過水位，一個工人坐進去，負責徒手操作開啟和關閉模型。然後把模型放進去，模型周圍都是水，模型的高度稍微高過水位，當模型太熱會放在水裡冷卻一下，或者產品做成殘次品，就會直接扔到水裡冷卻再處理掉。

其他工人帶著玻璃料過來時，底下的工人需要彎腰開啟模型，當料子準確放進去後，需要立馬合上模型，然後上面送料的工人，會拿嘴對著長長的管子往裡面吹氣，經過吹氣會把玻璃料擠壓到模型的每個角落，同時也形成了中心位置的空洞部分，最後一刀切下去不需要的部分，剩下的就是成品玻璃杯了。

這個製作過程，比製作煙灰缸還要危險。首先，工人往模型裡放料時，就在下面開模型的工人臉部周圍運作，距離不到一尺，非常容易燙傷臉部，離得稍為近一點點，臉部就會感覺到高溫而產生疼痛。其次，坐在降溫水的上面，隨著模型降溫增多和廢品處理過多，水的溫度急速提高，坐進去會有快被蒸熟的感覺。第三，沒有任何防護措施，手部燙傷是家常便飯。

這兩個崗位我自己做過，有一次，因為得罪了小組長，足足在下面坑裡面開了半個月模型，而且他送料過來時還刻意在我面前耍一下那發紅的玻璃水火球，因為離得太近，我有好幾次都聞到自己頭髮被燒焦的味道。

也因為年輕氣盛倔強的性格，和其他地方的男孩子打了好幾架，因為裡面都是鐵器，所以大家打架也知道輕重，一旦過火很容易重傷，但

多數時候我和小伙伴是比較吃虧的。在外打工，來自同一個地方的人互相抱團是很平常不過的事情，我們人數比較少，而且年齡較小，沒有處理社會問題的能力，所以挨打也是理所當然。

後來，我們挨打的事情不知道怎麼傳到了帶我們來的中間人耳朵裡，他們來到企業，二話不說把打我們的那幾位挨個打了一頓。

從此，我們是沒有再挨打，其他工人也盡量不跟我們產生摩擦，但是我也從燒爐的本地工人那裡了解，原來我們的中間人兩兄弟是那個縣城非常有名的「社會人」。

我的飲食和休息更艱難。早晨六點鐘準時起床吃飯，企業給提供早、中、晚飯——固定的河撈麵和炒白菜，每人一大碗，調料只有鹽和醋，白菜只給一點點，排隊到最後吃飯的話，多數情況下連一點點白菜湯也沒有了。剛吃的時候，還感覺勉強能接受，或許因為人處在一個興奮中，也或許因為很多人的大鍋飯很稀奇，反正是能下口。遇到過節時會吃一次饅頭，都能感覺到那是最美好的食物。

半個月之後，我和小伙伴們受不了每天吃單調的麵條，看到很多人在吃蘋果，打聽之下才知道我們廠房牆外面，全是附近村民的蘋果樹，此時正值蘋果成熟時，很多其他地方的工人都三更半夜爬牆去摘蘋果吃。我和小伙伴們也不甘寂寞，開始悄悄的爬牆頭去摘，剛開始只是摘幾顆吃，後來熟悉路線後，一摘就是一蛇皮袋子，足夠吃一個禮拜。

大約有一個半月的時間，我每天就吃兩個冷蘋果，然後回到熱氣騰騰的廠房裡去上班，一冷一熱的生活，因為年輕氣盛，真的覺得特別爽，比那碗小拇指粗的河撈麵不知道強了多少倍。

我平時是沒有下班時間的，一個小組需要幹完一個爐子的料才能休息。如果做大一點的花瓶或者魚缸等物品，因為用料多消耗快，可以稍微早點下班。可多數情況下這個廠都是生產很小的物品。我做的最大物

品是煙灰缸，最小的是瓶蓋。有時候做瓶子蓋等小物品，經常忙到晚上
兩點，料都使用不完，老闆也實在不想影響焚燒工人們添料，為了第二
天繼續上班，才會允許我們回去睡覺。很多時候感覺剛剛入睡，起床的
催促聲又響了。

後來我才知道，這個企業特別小，而且不是很正規，所以沒有什麼
訂單，只能是大一點的玻璃廠簽約訂單後，這裡協助生產一些小物件。

我採訪過的很多被精神病者，都有被關押在勞教所的經歷。他們很
多人都反映每天超強度勞動，只有四個小時的休息時間，我是深有體會
的。就算有幸提前完工，他們也要協助其他小組繼續工作！

因為環境太差，我和另幾位朋友已經累得病倒了。我們幾個小伙伴
也集中起來跟中間人反應情況，工作了兩個月時，我們換到了另一個企
業。

新企業好多了，一爐玻璃料最晚不過晚上八點就結束，剛上班大家
也是興致勃勃，甚至有小伙伴過來跟我說，他們那個爐子下午兩點就完
工了。而且企業靠近縣城，所以很多小伙伴下班後都會去縣城逛一逛。

於此同時，我的身體卻越來越差，從第一個企業過來的時候已經出
現了嚴重的問題，每天吃蘋果，不吃主食，還要超強度的工作，已經開
始胃疼，甚至吐胃酸。

而且，企業裡沒有熱水供應，所以唯一可以喝到熱水的時候，就是
早晨煮麵條的時候，喝一碗麵湯工作一上午，中午再喝一碗麵湯下午繼
續工作，身體能量根本跟不上。剛開始還能喝一碗，後來量越來越小，
只能喝小半碗，胃就像萎縮了一樣在變小。

到了新企業，胃病越來越厲害，喝的多了吐得非常厲害，喝的少了
幾分鐘就餓，如果不喝東西就會吐胃酸，而且是把很多黃色溶液吐出來

的那種。所以我需要反覆的喝麵湯,最關鍵的是根本沒有那麼多麵湯,只能喝涼水充飢。

半個月之後,我病倒了,企業找了兩位年輕的夫婦給我診斷,他們給我輸了一天的液體,開了一些藥,但是他們夫妻也表示,不能給我更多,因為我現在無力支付他已經為我使用完的 80 多元藥費。

新企業這邊,我一過來就生病了,一直沒上班,以前的企業那邊也不知道工資結算具體是什麼情況。我也跟兩位醫生說了我的情況,表示只要一開工資,我就可以立馬支付給他們,可他們表示無奈,因為病一好就跑了的人實在是太多了。

最後我們聊天知道彼此都是天主教徒,他們才願意給我留下一些藥物,加上已經使用的 80 多元,總共是 160 多元,並吩咐我趕快去治病。

我給父親打了電話。我是個很倔強的人,如果不是迫不得已,父親知道我不會給他打電話,而且電話接通後,我連發聲都很困難,他聽不到我在說什麼,也知道我病的很厲害,所以第二天就和另一位小伙伴的父親出發來接我們。

這時候,跟我一起來的小伙伴們罷工了,第二個企業的車間負責人還算和氣,到我們宿舍區問我們罷工的原因,小伙伴們表示,已經工作了三個多月,一分錢都沒拿到。

那位負責人也是一驚,說其他地方他不知道,但是在這個企業,我們人還沒到,兩個月的工資都已經被帶我們來的人結算走了。

一切都清楚了!都是那兩位社會兄弟幹的,這位負責人也沒有為難我們,讓我們可以先休息,他會聯繫我們的中間人。

第二天中午,另一位小伙伴的父親就到了。我們所在的企業中間人

兩兄弟比他早到一步，然後對我噓寒問暖，還說等休息了帶我們去玩，總之花言巧語一大堆，最後希望一會有人問我在這裡工作怎麼樣時，就說挺好的。

下午的時候，我被他們帶進了生產車間，企業負責人也在，那一位小伙伴的父親也在，還有一位身著制服約 50 歲左右的人。哪位穿制服的人確認我身分信息後，問我在這裡過得怎麼樣，有沒有受到什麼虐待。我還真是傻的可以，居然還說：「都算挺好吧。」然後這位穿制服的中年人就拿出大哥大手機打電話。

要知道當年私用電話可是非常非常少的。我給我爸打電話，都是先在公用電話打到村裡唯一的一部電話上，然後告訴他們具體時間，我會再打電話過來，父親要守在電話旁邊等我的電話，這樣才能聯繫得上。所以大哥大就是身分的象徵。

制服男打完電話，跟我說了一句，有事可以再找他，就和企業負責人離開了。沒多久，我父親總算出現了，當天下午，他就開始給我收拾行李，要帶我離開，並告訴其他小伙伴，願意走的一併帶走，中間人兩兄弟極力反對，甚至威脅說我可以走，其他人不能走，我父親則拒不退讓，說一起出來的必須一起帶走。

父親知道，我們如果留下來就是一個活生生的奴隸，沒有工資，沒有福利，只有幹不完的活，和餓不死的身子。

我們村有個身體健康的中年男人，在煤礦打工，家屬也很少聯繫他。過了一段時間，鄉鎮班車售票員找人給我們村傳話，說他們車上有一個白痴一樣的人，看來是不行了，有人把他送上班車，支付了 15 塊錢的路費，說是我們村的人，讓人來接一下。等接回來一看，果然是他！沒多久就去世了。不知道他是因為煤礦塌方還是被人毆打成那樣，也不知道誰送他回來，更不知道他在哪裡工作，甚至，不知道有沒有賠償金，還是被送他回來的人私吞了，總之一無所知。

　　如果這次有小伙伴留下來，我想結局不會比他好到哪裡去。回程，我們終於坐上了回家的大巴，雖然三個多月的付出一分錢沒有拿到，畢竟我們很年輕，是第一次出來工作，所以也很高興，嘻嘻哈哈閒聊著。

　　此時也終於見到父親繃著的臉稍微好看了一點點，談起今天能平安出來的情況，父親頓時就發怒了，怪我在那位制服中年男子問我們情況如何的時候還說「好」，罵我們一群人沒腦子，這樣的企業早就應該離開了，怎麼還能做了三個多月！

　　聽了父親和另外一位夥伴的父親敘說，我才知道他們也經歷過一番鬥智鬥勇。他們來到縣城後，怕那兩個黑社會兄弟找麻煩，把他們控制住，所以兵分兩路，小伙伴的父親先去廠房看我們的真實情況，父親則開始聯繫可能幫到我們的關係。

　　好巧不巧，我有一位遠房姑姑正好在隔壁縣城做大官，具體什麼級別我也沒搞明白，父親給她打電話後，她就聯繫了那位穿制服的中年朋友，中年制服男居然是這個縣城的檢察長，也正是因為他來了，企業不敢再用我們，那兩兄弟也只能眼睜睜的看著我們離開。

　　回程的路上，我已經出現體力不支，渾身無力的狀態，父親只能改變行程，把我送到路過的汾陽市，天主教汾陽教區就坐落在這裡，曾經駐守在我們村的神父，現在已經調回汾陽，所以父親聯繫了他。

　　得到神父的安排，下午住進了汾陽主教教堂的宿舍，小伙伴們的第一反應是，哇，這裡有暖氣了。

　　如果不是離開那個地方，我們根本沒有時間去計算，去的時候是初秋，回程已經在冬季了！

　　神父又幫我聯繫了教堂旁邊跟教會有關係的醫院，醫生做了全面檢查後說，身體嚴重缺血、缺水，如果是腦子或者心臟缺血，那就有生命

危險了！其他症狀需要調養好一點再觀察。

第二天，早上 8 點我就開始輸液（吊點滴），由於嚴重缺血，血管已經粘合在一起，也因為缺水，皮膚失去彈性，皺巴巴的裹著骨頭。

醫生開始給我插針，可是一群醫生把我的兩隻手到手臂都試光，身上扎了二十多下，也沒有找到血管所在，他們平時依賴的尋找血管方法對我一點作用都沒有。最後主任醫師根據經驗從我的小胳膊中心位置找準地方插進去，然後開始放一點點液體進入，關閉液體，過兩分鐘，再放開，以此輪替，讓液體慢慢滲透已經捏合在一起的血管。但是也有的血管捏合得太厲害，點滴走得太快，一下子滲不透，液體被逼著走向手臂，猛的一看手臂腫的比大腿還粗！這樣反覆滲透一個小時後，基本可以順利輸液（吊點滴）了。

快下班時，醫生來問想不想去上廁所，我回答不想。從早上 8 點開始，到晚上 11 點結束，我輸入了 24 瓶液體，沒上一次廁所。

第二天，8 點鐘開始接著輸液（吊點滴），又是 18 瓶液體進入我的身體，下午時分，終於有了要上廁所的感覺，醫生們也很高興，他們說能上廁所，就說明上下暢通，目前來看主要是缺血、缺水造成的，要多注意調理。

現在回過頭來想想，還真是害怕，前後 42 瓶液體，一瓶按半斤計算的話，那也得有 21 斤，我自己都不知道身體裡怎麼吸收進去那麼多水分的。要不是醫生提醒，問我想不想上廁所，我也沒發覺自己到底多久沒上廁所了！

其他小伙伴在另一位朋友的父親帶領下已經安全返回，只剩下父親陪著我，情況稍微好轉後，父親就帶著我往家趕，他說要住院也得去我們縣城，在外地住院，什麼情況也不熟悉，需要求助時也沒有多少資源可以利用。後來我才知道，父親著急出院，往家裡趕的一個重要原因，

也是身上帶的錢經過這幾天的消耗已經不多了，回去自己熟悉的地方，不管是醫生還是資金都可以想辦法解決的。

回到縣城後，我住進了縣人民醫院，又是連續三天輸液，大小便正常，氣色也好了不少，醫生也表示需要慢慢修養才能恢復，還叮囑我不能吃辛辣和生冷的食物，給我開了一堆中、西藥，讓我回家配合著飲食吃。

從縣城回到小鎮，住在了我姥姥家，需要第二天才能回到我的村裡，晚飯後家人都睡熟了，我姥姥家有很多蘋果樹，我也知道家裡的蘋果放在什麼地方，悄悄的吃了兩個，第二天早上身體又扛不住了，著急的父親又把我送回縣城人民醫院，主治大夫檢查後斷定我吃了生冷食品，我也承認偷吃了蘋果，氣得父親當時眼淚就在眼眶裡打轉。幸好，這次不是很嚴重，輸了一下午液體，主治大夫又嚴肅的提醒注意飲食，才放我們離開醫院。

剛回到家中時我身體不足 65 斤，母親為了給我養胃，每天熬稀飯給我吃，半個月後我的體重增加了 20 斤，身體總算恢復了一點點。

後來爆出山西黑磚窯的惡劣事件後，其實我挺麻木。經歷過了，還有什麼不能接受和面對的？因為這就是真實的中國底層生活。

這次工作歷練，命是留下來了，可是也遺留下終身胃病：嘔吐、吐胃酸到今天還一直伴隨著我。唯一有點對不起的就是那對青年醫生了。他們在我最需要的時候幫助了我，到最後我走的急急忙忙，真的沒有給他那 160 多塊錢醫藥費。

第二年開春，政府正在大力追查計劃生育遺漏者，正巧我們村有一位天主教徒超生了孩子，因為計劃生育罰款非常多，他根本承受不起，必須要把孩子送出去給別人撫養，所以他發動了所有人給孩子尋找新的接收家庭，希望孩子能有個好的歸宿。

　　經過天主教會內的聯繫，還真有一對夫妻膝下無子，正在尋求收養一個孩子，然後雙方取得聯繫，他們就來我們村抱小孩了。他們來後和孩子的親生父母一交流，孩子的親生父母說前段時間我們村好些年輕人在你們縣城那裡打工，他們也說你們村的名字也挺熟悉的，好像我們給這裡的人看過病。

　　我一看，這兩位來抱小孩的可不就是那對青年醫生夫婦嘛！我以為我們不會再見面了，可是上帝讓他們以這樣的形式出現在我的生活範圍內。真的可以用悲喜交加來形容，喜的是救命恩人就在不遠處，真的好想過去說聲謝謝；悲的是父親不在家，我身上沒那麼多錢還人家。最終，這 160 元錢還是沒有還上！我也沒對他們說出那句謝謝！現實生活的殘酷性赤裸裸地給我上了一課。這也是沒辦法的事情，我們面對的環境就是這樣！

　　第二年，我又去新疆待了一年，做裝修工人，因為跟著我叔叔去的，還有其他老鄉照顧，所以工作量和嚴酷性倒是沒有再像上一次一樣出現。但是，新疆的夏天是高溫環境，在不太適應的環境下，我嘴上總是起口腔潰瘍，後來發展成整個口裡都是口腔疾病，嚴重的時候，從舌頭周邊到嘴唇上下滿滿都是潰爛的地方。

　　烏魯木齊的夏天有多熱呢？我們給門窗刷油漆時戴的手套，吃午飯時仍在地上，等中午時分，就被曬得開始冒煙，然後慢慢就著火了。所以，當地的夏天上班時間是上午十一點休息，下午四點以後上班。

　　近 20 年過去了，口腔潰瘍和胃病一直伴隨著我，生活規律只要有一點變化，口腔潰瘍就會到來，比天氣預報還準確，吃飯晚一點點，餓得吐胃酸的情況就會發生。

　　在這兩次打工後，我選擇了學習理髮作為未來的發展方向。

　　我付出了超過想像的努力，先去學校學習了三個月的理論基礎，平

時休息就給學校周邊的大爺大媽剪頭髮。在給一位大爺剃頭時，因角度拿捏不好，頭上、後脖頸處、鼻子以下刮了他 13 刀，血流得擦了又滲出來，大爺說：「小伙子，沒事，你繼續，流血就當下火了。」等最終結束，大爺頭上到處都是創可貼（OK 繃）。

三個月後去理髮店做助理實習，晚上下班後騎自行車去偏遠的工地給農民工兄弟理髮，有了基礎後，我選擇下班後去學習素描畫畫，提高自己的審美能力。

這一年，我沒在十一點之前睡過覺，但是回報也是驚人的，一年的時間，我就做到了髮型師的位置，各種裁剪、燙染、吹風造型嫻熟於心，一年之後就開始在理髮店擔任店長職務。同樣跟我一起學校出來的朋友，三年之後還有人在做髮型師助理。

做了髮型師後，我的收入不錯，也很穩定，髮型師接觸的人很多，涉及的面也很廣，有市政府官員，也有農民工朋友，隨著對社會的深層次接觸，我也開始思考這個社會是什麼樣的，正是在網路興起的年代，我有幸接觸到了南京師範大學郭泉教授發布的《民主先聲》系列文章，經過他提供的翻牆軟件，開始了我的翻牆生涯，也讓我更全方位的知道我們生活的環境，我們年輕一代有責任去改變它。

2010 年初，我放棄了穩定且非常不錯的收入，拒絕了老闆給我30% 股份的條件，去了北京，從圍觀福建三網友開始，到接下來的圍觀唐吉田、劉巍律師吊照，圍觀艾滋病患者田喜開庭等等，沒有再停止過。三年街頭抗爭，七年公民記者，一晃就是十年。

這十年，有過迷茫，也有過失望！有時候甚至不知道自己在堅持或者追求什麼！已經忘記了，我還有家人，還應該去追求愛情，更應該去體驗和享受生活。

我記得《權利運動》的負責人江華被抓後，很多朋友說，他已經把

物質和生活標準降到了最低，只夠維持活著，我很相信這種情況，因為我也活在這樣的世界裡，還有其他更多朋友也和我們一樣，在堅持著。

我對很多圈內人失望透頂，同時，很多人也給了我極大的希望，時間沒有停留，歷史依然如滾滾車輪在前進，也許誠如四川著名民主人士劉賢斌先生所說「我們這一代人只是鋪路石」，完成歷史賦予的使命，也算是我十年公民運動的總結吧！

第二章 取得信任

整個中國都被籠罩在一個失去誠信的文化裡，處處瀰漫著謊言和欺騙，周邊的朋友尚且有所防範，何況是要取得陌生人信任。大多數上訪維權人士，都有被欺騙的經歷，我在採訪時，空口無憑要取得他們的信任非常艱難。

首先，獲得被採訪對象信任的前提是有記者證。中國是實施記者證審查制度的國家，需要先申請，再經過主管部門批准，才能獲得記者採訪證件。

中國的百度百科介紹：「新聞記者證是我國新聞機構的新聞採編人員從事新聞採訪活動使用的有效工作身分證件，由新聞出版總署統一印製並核發，由新聞出版總署統一編號，並加蓋新聞出版總署印章、新聞記者證核發專用章、新聞記者證年度審核專用章和本新聞機構鋼印方為有效。其他任何單位或者個人不得製作、仿製新聞記者證，不得製作、發放專供採訪使用的其它正式證件。」

這種條件限制，對於民間記者來說，徹底卡死了採訪權限。我採訪的很多被精神病受害者也曾要求我出示記者證，畢竟證件還是說服別人相信你最有力的證明。

　　為了打消他們的懷疑，我會找一個附近的公園，跟他們聊聊天，話話家常，然後拿身分證給他們看，再跟他們合影，以此來證明自己的真誠，以至於我的很多採訪都是在公園內完成的。

　　後來聊得多了，我才知道很多受害者曾經找過有記者證的記者，還給他們寫稿錢，多的有給過四五千人民幣。但是給完錢，人就不知去向，聯繫不上，稿件也不見刊登在記者所宣稱的某某報紙或者網站平台上。

　　所以可以理解他們最擔心的就是被假記者欺騙，或者是政府官員冒充記者。以前有不少人冒充電視台或者報社記者，收取他們不菲的採訪費用，然後石沉大海，或者冒充律師詐騙他們一筆代理費，沒騙錢的也讓他們花費了不少酒店和吃飯的招待費用。這種消耗對於長期在北京申訴告狀，自己都捨不得花錢的人來說，請那些假冒記者、律師吃頓飯的錢，每一頓的消費都夠他們幾個月的生活費用了。

　　為了能獲取受訪者的信任，我給自己訂的規矩是：

　　一、不吃他們掏錢的飯。一般我約定他們時，都刻意避過吃飯時間，包括不喝他們給買的水，有時候我還會買點水給他們。
　　二、我申明在任何情況下都不收取他們任何一分錢，遇到特別艱難的，我還會給他們一百塊。
　　三、因為我沒有記者證，所以我把已經採訪過發表出來的網頁圖片，截圖給他們看，以此證明我確實是記者，也確實能幫助他們。

　　但是事情不是這麼簡單、一廂情願就可以解決的。

　　有一種專門給受害者寫稿賺錢的人，因此他們也會問我是不是收費寫稿人。當他們了解我沒有記者證、還可以免費幫訪民寫稿，再幫助他們發表時，那種不相信、疑惑不解在他們臉上也表現出來，更何況是訪民。

　　所以出現「收錢，他們不相信；不收錢，他們更不相信」的狀況，這是過去常被欺騙造成的後遺症。不過，有記者證也會騙錢的這些信息，為我取得他們的信任又積累了一個說辭，那就是有記者證的也未必靠得住，還得白花錢。

　　第二個要克服的問題就是錢，在受害者心裡，天上不掉餡餅，也沒有免費的午餐，因為媒體都是花錢刊登（編註：中共統治早期，媒體都為黨、為國家服務，本質上是宣傳單位，沒有新聞自主，言論自由的概念。媒體記者都有準公務人員的性質，出去採訪都是出差性質，許多「被宣傳單位」都要按行規給點潤筆費、車馬費。至今，中國媒體仍受這種傳統影響。）既然我給他們寫稿再發布，他們理應給我報酬。但是我是公益服務性質，是人權倡導性質，肯定任何情況下都不能收錢，也不以收錢為追求。

　　收錢既然行不通，那麼剩下唯一的選擇就是不收錢，有些思想簡單的受害者會很開心，覺得遇到了大好人，可是大部分受害者的第一反應是——沒有記者證，又不收錢，這人到底有什麼企圖？

　　中國政府的教育真的很成功！如果我說不收錢，受害者會懷疑我是地方政府派來欺騙收取他們申訴材料的，或者會說天下沒有免費的午餐，你到底想要什麼。如果我說我是國外媒體，大部分受害者潛意識就會想當然認為我是「敵對勢力」。如果我說我做人權工作，他們會認為我吹的離譜或者害怕，直接走掉！

　　第三個要面對的挑戰是吃飯。在中國，吃飯是一門深奧的社會學問，上級犒勞下級要吃飯，座位排序、菜品都有講究；下級巴結上級要吃飯，酒店選址都要與身分相符。對於官場而言，一頓飯可以榮華富貴，也可以萬劫不復。「萬事談起先吃飯」，這種氛圍從上到下已成習俗。

　　我在採訪時，也免不了遇到吃飯的時間點，被受害者邀請去吃飯。對於吃飯，此前有人接受受害者們的邀請吃飯，然後事情沒辦成，被他

們評價為騙吃騙喝。為了愛惜自己的羽毛，我是一律拒絕接受邀請跟他們吃飯的，甚至採訪中我都不喝他們買的水。但是拒絕簡單，處理疑慮就有點費事了。

在前往福建福州市採訪受害者雷宗林時，我在醫院見到他時正在吃飯，他倒沒招呼我一起吃飯，我坐在床邊等待他吃飯完畢再行採訪。福州的幾位朋友聽說有人來採訪雷宗林，他們結伴來探視，順便還拿了西瓜等水果，切開西瓜順手就給我一塊，我習慣性的拒絕，並說了聲「謝謝」。或許顯得過於不近人情，或許沒有和他們融合在一起，或許還沒有排除掉他們的顧慮，在我跟前的一位大姐把西瓜往盤裡一甩，拿眼睛惡狠狠地瞪著我說：「你不吃，我們就不配合你採訪。」

我只能自己找台階下，說自己第一次見面，不好意思吃大家的東西。然後拿起西瓜吃得一乾二淨。

第二天一起吃飯，我藉口上廁所，悄悄的跑到樓底下去結帳，被雷宗林的父親發覺，他跑下去雙手緊緊抱住我，我掏出的錢都沒法放到櫃檯上去，最後由雷宗林的姐姐買單。

雷宗林的家人和朋友，加上我總共八個人的飯費只有 100 元多一點點，這頓飯吃得我很長時間都不能平靜下來！年邁的老人身上還穿著打補丁的衣服，這在貧窮的北方都不多見了，而雷宗林他們是生活在比較富裕的福建，我知道他們的生活超級困難。

有少部分被精神病受害者，他們是中產，甚至是個體老闆，他們不缺錢，甚至我也見過上訪維權的千萬富翁，雖然資產被霸佔，但是瘦死的駱駝比馬大，他們真不缺這點生活費。對於他們的邀請，我都是藉口還約了其他採訪，只能下次再聚。只要取得他們的信任後，推託吃飯就不再是問題。一般這個層面的人，都是可以理解的。

最難應對的是沒錢的貧窮被精神病受害者。有些受害者是靠在北京

撿垃圾賣到收購站生活的，一個礦泉水瓶一毛錢，他們一天的收入也就十元人民幣，運氣好時能到 20 元人民幣左右。他們心靈異常脆弱，稍有不慎就會給他們造成認知障礙，比如拒絕的理由讓他們感覺到受到欺騙，他們就會認為我是看不起他們，或者不是出於真心去幫助他們！如果陪他們去吃飯，他們為了照顧我這個記者，為了體現他們的真誠，他們不會找在他們眼裡太差的飯店，也就是上面所說的為了身分相符，他們會找一家一碗麵條需要 15 元左右的飯店。或許，在外人看來，這有點太廉價，但是這碗麵條的價格可能是他們四到七天的生活費用。

為了避免吃飯這個問題，大部分採訪我都會安排在下午兩點到四點之間。首先，這個時間是從採訪經驗得出的。因為早上時間太短，而且很多維權人士還要去各個國家信訪接待窗口遞交申訴材料。就算是約上採訪，也因為北京太大，雙方趕到約定地點，等採訪結束時，正好是午飯時間。所以，相對而言下午時間更寬鬆。第二，中午吃飯時間都是 12 點左右，我們採訪的地點提前約好，放在受害者比較熟悉的地方，或者人多的公共場所，這樣會增加他們心裡的安全感。當我們雙方自己吃過午飯，按照約定時間到達約定地點時，正好是這個預設時間內，而在四點之前結束，又避免了受邀吃晚飯的麻煩。第三，去的時候，手裡再提一瓶水，對他們說剛吃完飯順便買瓶水，這就合情合理的繞開了吃飯和喝水兩個問題。

當然，有一些極個別的採訪是沒有辦法預設採訪時間的，比如有些受害者急急忙忙從各省來到北京，遞交完材料就要回家。這樣的採訪時間就非常緊張，我總是在收到消息後，直奔他們乘車的車站附近做採訪。也怕受害者被截訪人員抓走，所以總是短時間之內敲定採訪地點，立即出發。

當然，凡事沒有絕對，有時候看到一些確實太艱難的，我也會拿出微不足道的收入，給他們捐助一百元表達心意。有時遇到極其談得來的人，我也會欣然跟他們多坐一會，雖然我主動買單，但是盛情難卻，還是會吃下那碗麵，而我們也就只有一面之緣。

　　山西呂梁石樓縣和合鄉豆坪村村民任建財，是在我的記憶裡唯一接受支付了我一碗麵錢的上訪人。或許因為他讓我放鬆警惕，或許他和我一樣，都是山西人。

　　他因在 1997 年舉報地方政府毀壞國家林業部扶持的黃河防護林 202 畝樹林，遭到官員打擊報復，任建財的右腿被鐵鎚砸成粉碎性骨折。地方政府給予的賠償只夠治療腿傷，而沒有生活補助。他覺得賠償不公平，開始上訪後夫妻雙雙被勞教。任在勞教時間快結束的時候，被轉到精神病院關押。

　　從 2003 年 1 月開始，任建財帶著一家十口到北京開始上訪，剛來北京的時候，任建財 8 個孩子中，最大的 14 歲，最小的還在吃奶。因為上訪漂泊不穩定，他的大女兒小學 2 年級輟學，二女兒小學也沒有讀完，三女兒剛剛進入校門沒幾天就輟學隨著父母到處漂泊。我採訪他時已經是 2013 年的 11 月份，將近十年的時間，兩個女兒已經長大嫁人，兩個兒子陪著他們在北京收破爛、賣街餅為生，還有三個孩子在外打工，年齡最小的孩子被地方政府留在本地上學。

　　最小的孩子被政府送去上學這件事，任建財認為，與其說是政府照顧上學，不如說是作為人質更符合實際情況。

　　跟他聊天，最大的感悟就是真實。他不像很多受害者，千叮嚀萬囑咐，一定要幫幫他們。任建財沒有這樣，他說能幫忙那非常感謝，幫不上也沒關係，本來你也不欠我什麼，只是出於一番好意，才費心安靜的坐在這裡聽我的故事。吃碗麵更不算什麼，誰還不接待個朋友。

　　這是我們唯一的一次見面，在這之後，他沒邀請我見面，也沒打電話給我。

第三章 我也抑鬱了

剛開始採訪被精神病受害者時，面對他們訴說的遭遇，所體現出來的那種無以言表的憤怒，我真的想憑著一腔熱血，替他們主持公道，想把那些實施酷刑的人渣送進十八層地獄。雖然說寫作能力有限，但是我都竭盡全力，並且全身心投入，不放過每一個細節，盡量詳細的記錄他們的酷刑遭遇，撰寫成文替他們呼籲吶喊。也曾經為自己撰寫了那麼多受害者的信息，讓他們的悲慘遭遇有了被人看到和傳播的機會，而感到開心。

隨著採訪案例慢慢累積，我自己對制度漏洞的痛恨越來越強烈，對他們的遭遇也越來越深有體會。可是，與之形成反差的是，受害者們放在我身上的希望越來越渺小，我自己的積極性也在持續下滑中。有時候，他們用那種乞求的眼神看我，我都不敢抬頭去看他們，生怕四目相對時，他們在我的眼睛裡讀出了軟弱和無奈、無力和無用。

我的出現給予了他們無限的希望，他們彷彿抓住了一株救命稻草，總是滔滔不絕的給我講關於他們的一切，從如何被政府欺負、如何法院判決不公、如何遭人毆打等等，到後來如何走入信訪途徑。甚至一些非常隱私的個人遭遇也毫無顧忌的講給我聽。他們對我賦予了很高的期望，可是我深深的知道，自己只是一個無用的採訪人罷了！

而且，我的情緒也越來越不穩定。在交流採訪時，不管男女，講到委屈或被酷刑時常會放聲嚎啕大哭，又礙於我在跟前，極力收斂，可是情緒猶如山崩一樣按捺不住，再又嚎啕大哭。他們很希望獲得傾訴的窗口，因為平時根本沒人願意聽他們傾訴委屈。這個時候的我，就成了一個容器，一百個人就是一百個類型，不管他們倒出的是什麼，照單全收，我都得把它們裝進來。我們都知道電腦和手機用多了，需要清理一下垃圾資料，人又何嘗不是。每一個人都把他們遇到的負能量傾倒在我的腦海裡，採訪兩年後，我的激情被一點一點的磨掉，負能量則幾何增長，而我又無處消化，閉上眼睛就會出現各式各樣酷刑的影子。

焦慮、煩躁、易暴等等情緒開始在我身上出現。

我已經不記得多少次在凌晨兩、三點被電話驚醒！開口就是：「高記者，我想找你說說話！」

安徽省廣德縣邱村鎮談里村村婦石傳鳳，我採訪她時已經 57 歲，小學文化，離異後獨自帶孩子長大，做了 28 年的裁縫，後因土地被侵佔開始進京上訪，從 2007 年開始到 2012 年，六次被在關精神病院強制接受治療。

我在北京見了她，老太太特別健談，談到自己的土地被侵佔和把她關在精神病院，一身怒氣。可談到她唯一的兒子，臉色瞬間轉變。她誇獎兒子有出息，大學畢業後，在一家汽車 4S 店做經理，如果不是有這個正常的兒子，自己早就被政府害死了。

跟石傳鳳溝通的時間並不算長，她遭遇的迫害也能清清楚楚的講明白，但是後來我們溝通的次數卻特別多。我一般採訪後，會電話溝通一次，確認一下採訪中遺漏的問題，最多打電話不會超過兩次。石傳鳳比較特殊，在稿子已經發布後，我還是常常接到她的電話，早晨或者晚上都有。

有一次，電話鈴聲哇哇哇的響，把正在熟睡中的我驚醒，拿過來手機一看，顯示是她的電話打來的，再順便看看錶，凌晨 2：40 分！

「出什麼事了？」我趕緊問她。「嗯，沒事，就是我想起個事情，要向你反應一下。」

懸著的心總算放下，可是電話那邊就開始講了，「高記者……」剛開始我還認真的聽，後來講的沒完沒了，已經過了 20 分鐘，她還不打算掛手機，我提醒她，現在是半夜，有事白天再給我說。她應了一聲：「高記者，謝謝您了！」終於掛了電話。

　　第二天再接她的電話，又是一堆對於我來說無用的廢話，無非就是村長又對她說了什麼，她申訴的案件怎麼樣了！但是遇到這種情況又不能掛斷，只能把手機放在旁邊，讓她自說自話。久而久之我實在受不了，有時候在教堂或者面見朋友時，我就不方便接她的電話。但是我太小看她的恆心了，她一會持續打，一口氣能打出二十幾個未接來電。

　　她一看白天我不接電話，就改成了晚上打，凌晨打，後半夜打，我怕錯過別人的電話，還必須看一眼是誰打的。只要我掛掉，她就會持續打，如果我不接聽，她換個電話號再打，有時候看到一個陌生號，我一接聽又是她！後來我索性不再掛斷，而是接聽，放在跟前，她說她的，我睡我的，朦朦朧朧中也能聽到她在掛電話時還不忘說聲：「高記者，謝謝您了！」

　　我已經不記得被她吵醒多少次了，關鍵的問題是這種半夜打電話的還不止她一個人！我的手機從來是 24 小時不關機，主要就是防止突發的事情或者難以預料的危險，可以隨時向外界通報信息。所以真拿他們沒辦法！

　　石傳鳳近十多年的人生，因土地維權上訪、遞交申訴表、被拘留、被打、被關精神病院、繼續上訪這樣一條完美、重覆的路徑覆蓋了她所有的生活軌跡。這條政府策劃的維權路線，圈進去太多的人，十年時間解決不了一個簡單的土地糾紛，卻還要對國家領導感恩戴德。石傳鳳就是這樣的人，在我結束採訪時，她還不忘感謝習近平主席，說因為他反腐才看到了「希望」。

　　石傳鳳有沒有精神病，我不敢妄下論斷。但是有三點石傳鳳說的非常正確：

　　第一、從法律上講，只有她兒子才有監護權能把她送入精神病院，其他人實施這種行為則完全可以斷定為限制人身自由及對他人實施酷刑迫害。

　　第二、精神病人也是中國公民，憲法賦予的權利依然存在，她即使是精神病，她的林地和自己開墾的土地及其它私有財產也受到法律保護。

　　三、精神病院是看病的地方，不應該成為關押正常公民的監獄，應該杜絕阻止此類事情持續性、規模化的發展。

　　這種情況的發展，已經讓我產生了很嚴重的抑鬱，在採訪時，盡可能和被採訪者保持適當距離。採訪距離的保持，也慢慢擴展到了內心的距離，有一段時間我都害怕告訴他們的自己的手機號，給他們打電話都採用公用電話。

　　主要在於我還需要有自己的私人空間，有獨立的社會生活。其次，我也不想太走進他們被迫害的內心世界裡去。此前的諸多案例我已經吸收了太多難以消化的負能量，從心裡產生了不小的排斥，或許這就是人的自衛本能反應吧！因為一旦陷進去，那種折磨就在眼前，太難受，自己內心也很掙扎。甚至有時候自己都想逃避。如果靠得太近，可能連採訪都難完成！所以，後來的採訪，多半是擺事實，而不像此前置身處地的去撰寫一個受害者的故事。

　　其中曾有一段時間，我很頭痛，明明自己能感受到許多的迫害行為，卻沒辦法描寫出來，堵塞在心裡，引發情緒的焦慮，搞得自己晚上睡不著。只好先是在房裡走來走去，還不能釋放壓力時就出去繞著小區走兩個小時，走累了，甚至走到小腿開始疼，才回家讓自己更好的進入睡眠狀態。

　　我並不是一個虔誠的基督徒，也不太在意那些教會規則，可在我煩躁的那一段時間，禮拜天必去教堂，而且去的特別早，就是為了跟年輕人多待一會，吸收一點快樂、陽光的能力，甚至期盼禮拜天快快到來。一年 52 個禮拜日，我幾乎能去 51 個，剩下的那一個可能是過年回家行程上錯過了！

　　教堂的歡樂氣氛給了我很大的放鬆空間，可是這樣還不夠，一個禮

拜去一次，仍顯得時間太漫長，我需要更多的放鬆方式。

有一次路過一個離租住地不遠的小公園，發覺有很多人在打牌，以老年人居多，也有個別零星的年輕人。每天上下午都有人在玩，人員組成比較複雜，有社會小混混、普通工薪，也有開奧迪車來的有錢人，但綜合來看都是沒正經事，不用正常上班的閒散人。對於愛打牌的我來說，這個發現讓我異常開心，當我寫作進入無從下筆狀態，或者心中煩躁時，就可以去看一會打牌，把注意力轉換出去。

慢慢的，我也開始玩牌，有時候亂出牌，被老年人罵精神有問題，我都哈哈一笑而過。或許是這種「精神病」比起那種要實施酷刑的來說，罵一句的處罰太輕吧，所以我才能笑得出來。玩牌讓我找到了新的情緒轉化點，雖然煩躁沒有發散出去，但至少可以壓制住了。

到了冬天，北京一般是零下十幾度的氣溫，幸虧北京這幾年都不怎麼下雪，牌友們在公園拉一塊塑料布，擋住西北風，就能在凍得瑟瑟發抖、腳來回挪移中玩牌。玩牌和進教堂參加禮拜成了我唯一壓制負面情緒的活動，也是我這幾年唯一的社會交際場所。

2016 年中旬開始，為了擺脫這種狀態，我開始尋求出去學習和放鬆的機會。2016 年 11 月 17 日，劉飛躍先生被警方帶走，剛開始我沒當回事，因為劉飛躍被帶走是常事，所以我覺得這次也不會有多大的問題，最多是關押幾天的事情。

誰知道後來事情的發展遠超出我的想像：他被正式逮捕，而且提起了公訴。我在劉飛躍被逮捕後，決定繼續工作，不去躲避，直面可能到來的大範圍抓捕。

現實比預想的稍晚些，2017 年 2 月底的一天早晨，我還在北京的租房內睡覺時，被咚咚咚等敲門聲驚醒。

「誰呀？」我穿著秋衣秋褲搖搖晃晃的向門口走去。「嗯，我們是居委會的，查一下住宿環境。」

那時，北京已經開始排查房屋內亂改造，多住人的問題。我也沒多想，打開了房門。

進來兩位中年女士，那位中年偏胖的女士問：「你叫什麼名字，就你在家呀？」得到肯定答覆後，她又去廚房看了看，然後說：「挺好的，沒什麼事，那我們走了啊。」說著邊笑邊走了出去。

我回到床邊，準備趴下再睡會，敲門聲又響了。

我以為剛才那兩位女士忘記檢查什麼，又回來了。我走向門口，邊開門邊問「誰呀？」耳朵裡傳來一個讓我一驚的回覆：「清源路派出所的。」

此時，門已經打開，來不及再合上，我的腦子在飛速的思考，如何應對接下來的局面，因為我家裡的電腦、電話、硬碟等物品都沒有來得及收拾一下。

「嗯，我是清源路派出所的，這是湖北的警方人員，他們到北京，有事情需要你協助。」

我探出頭，朝著北京警察手指的方向，向左邊樓梯口一看，天吶！狹小的走廊拐角處，樓梯台階上，一字排開向下都是警察，像極了美國電影裡 FBI 要衝入某個房間時，守候房門兩側的探員。他們排在第一位的警察揣著攝像機，全程攝像，後面有的身著警服，有的著便裝，約有八、九位之多。

我說需要穿衣服準備一下，本想藉此拖延時間向外界報個信，但警察根本不給我這個機會，嘩啦啦都進了房間，而且叫我當著他們的面穿

衣服，沒有一絲空間。收拾好東西出門時，我掏出手機，打算發個消息出去，被一個湖北警察制止，他說現在不方便用手機，可以先替我保管，等結束再給我。

　　我正在爭取時，北京那警察大喊一聲：「讓我來！」，說著就過來抱住我，用力往外拉我，嘴裡還嚷嚷：「你配合人家　就是了，還廢甚麼話！」。只聽見「嘶——」的一聲，我身上的羽絨服被他扯破了！他這才鬆開手，湖北警察說：「我們不會動你的東西，只是現在不方便讓你打電話，等詢問結束，就不再限制了。」

　　跟隨他們下樓，看到湖北牌照的警車早就等在樓下。坐上他們的車，然後被送到清源路派出所，湖北警察開始詢問了所有跟《民生觀察》網站和劉飛躍有關的事情。他們問我對劉飛躍先生的印象如何，我開玩笑的回答：「小氣。」——不知道這會不會成為以後審判劉飛躍時的證言？詢問一直持續到下午4點才結束。

　　我不知道如何評價所謂的印象，但是從2013年6月開始合作，到2016年底劉飛躍被抓時，我們始終沒見過面，卻一直通力協作。

　　後來湖北「劉飛躍專案組」還調查、傳喚其他志願者，也差不多就在這時，經友人介紹，有朋友願意支助我出國學習的費用，這才有機會離開那個壓抑的社會，呼吸自由的空氣。同時，劉飛躍先生被起訴，於2019年1月5日被判處有期徒刑五年。這也最終讓我決定在海外學習的期間，整理寫出這部我歷時三年的精神病調查，給自己過去的低調志願者工作做個階段性的總結，也讓外界一窺中國被精神病迫害的亂象。

第四章　日常的監控與竊聽

　　對於一位公民活動人士來說，被當局監控是再平常不過的事情了。我來北京的這些年，收入很不穩定，居住的地方也是換了又換，從二環

一直換到了五環，監控也從二環跟到了五環。

剛到北京的那些時候，我住在了北京東北三環角。

當時，那個地方還沒有開發，平房和居民樓混雜，周邊蓋起了很多的「公寓」，小餐館、網吧、KTV等休閒娛樂場所非常多。下班回家時，小販的小喇叭此起彼伏的吆喝著，各種小吃擺滿了街道兩側，這應該就是典型的城中村吧！

「公寓」的建築沒有什麼太多規則，都是最大可能的把空間圈在樓房裡，所以兩棟樓前面的距離最多能過去一輛腳蹬三輪車，後面和側面的距離只夠一個人通行，如果對面過來一人的話，那需要雙方側著肩膀才能通過。

這樣的「公寓」樓房一般不超過六層，因為有法律規定，超過六層的樓房是需要安裝電梯的。這些樓房幾乎都是北京市民拿自己的土地建設起來的，或者是某些企業的職工宿舍之類，他們針對的目標住戶都是外地來北京打工的「北漂」一族。

北漂者的需求很簡單，能住就行。

進入樓房後，靠邊有一條走廊，走廊的中間有些丁字路口，從丁字路的走廊進去後，兩邊整整齊齊都是門對門的住戶，每一邊有十家住戶左右。房間都是 12～15 平米的小房間，就是這麼點小空間還要配廚房和洗漱間。房價是根據房間大小、房間的配置和是否有窗戶來計算的。有窗戶的那一面牆外面就是另一棟樓的牆，間隔非常小，所以住下面那幾層的話，一整天是照不進太陽的，最上面兩層會有一到兩個小時太陽能照進來。有窗戶好歹能通風，房間不會有什麼異味。很多沒窗戶的房間，一開門房間的臭氣就會撲面而來。有些房間沒有廚房，他們就在走廊做飯，煤氣罐、菜葉子、鍋碗瓢盆等物品到處都是。

　　這些房子的隔音非常差，走廊上一有人走動，所有房間都能聽得見，再加上居住人員非常雜，晚上兩點多還有人回家，早上四點也有人出去。

　　我的房東是 50 來歲的河南老倆口，他們是從別人手上將房子整租過來，然後再分租出去，賺取管理費和差價。我去的時候，他們很熱情，聊的也投機，第二天我就把家搬過來了。

　　我住在進入走廊的第二間，而監控攝像頭就安裝在進入走廊的正上方。監控鏡頭朝下，可以對整條走廊一覽無遺。

　　過了幾天，房東上來維修監控攝像頭，我才知道這個攝像頭早就壞了，一直只是個擺設。而這次房東買了新的攝像頭替換，然後把攝像頭角度對準了我的門口。我提醒他角度調的太低，對著我的門，裡面其他住戶的門就看不見了，有誰家丟了東西，也沒法確認。他不好意思的一笑，說沒事，從這裡進去的每個人，都可以看得見。我說：「*那你對準第一間房啊，距離這麼近，對準我的話，第一家就什麼都看不見了。*」他沒再說話，調試了幾次後，角度更準確的對準了我的房間。

　　我也啞然一笑，沒再理會這件事。2010 年，正是公民運動此起彼伏的時候，那時的我一直活躍在街頭，也已經開始給一家人權網站投稿，採訪所使用的電話號碼是實名登記註冊的，所以監控我也在情理之中。

　　後來我發覺家裡的東西有被翻動的痕跡，為了驗證是不是自己多疑，以後再出門時我會刻意做一些記號，以驗證自己的判斷是否正確。

　　有一次出門辦事，我已經下樓，想起洗完澡忘了關燈，我刻意回去關了燈，並檢查了一次其他物品，然後才離開。好巧不巧，晚上回家一看，裡面的燈亮著，書桌上的記號也有被翻動的痕跡。我逮住機會，下去堅決要求調看監控設備，可從頭看到尾也沒有看見有人進出過。

這樣的情況時有發生，我也已經習以為常了。

過了兩個月，著名獨立紀錄片導演何楊來看我和他住在這裡的助手。他看了一遍後驚呆了，「你們這那是『公寓』啊，這根本就是貧民窟嘛，合同到期趕緊換地方。」沒多久，跟我起了衝突的一個小混混老來找麻煩，我也決定搬走。房東爽快答應下來，沒想到第二天就反悔了，找了一大堆理由，反正意思就是讓我再住幾天。我告訴他我已經租好房子，不能再拖，必須搬。

房東倆口子輪番上陣、苦口婆心的勸說，希望我為他們考慮一下，讓我再住幾天，不多收房租，還偷走了何楊助理的租房合同來阻止我們。

幾天後兩會結束，房東立馬換了一副嘴臉，要求我們立即搬走，當天下午就必須把房子騰出來，一刻也不能停留。

我猜想，應該因為兩會正在召開，如果我忽然搬走，脫離這個轄區派出所的監控範圍，若再發布消息說受小混混騷擾而被迫搬家，派出所沒辦法向上匯報，所以讓房東出面，極力阻止我搬家。等兩會結束後，維穩也相繼結束，他們也根本不想讓我住在他們轄區，又鼓動房東讓我們立即離開。

我和何楊的助理合租了一套樓房，居住環境終於好了一點點。當日，何楊受某境外媒體委託，帶他助理前去採訪天安門母親丁子霖，我在往新家搬東西，還沒安頓好，順便出去買點日常用品，就接到了何楊助理的電話，希望我盡快回家一趟。到樓下見到他時，身邊帶著幾個人，說要去我家看看，這就是我新家的第一波客人——國家安全局的人。

原來何楊他們剛去丁子霖女士樓下，既被守候在此的國家安全局人員控制，所以查到我們新家來了，搜查了我們家的所有電子設備，又做了有關詢問。

為什麼這次不是國內安全保衛大隊（簡稱：國保）和公安局抓人，而出動國家安全局（簡稱：國安）呢！在這裡科普一下：國保針對的是「人民內部矛盾」，國安針對的是「敵我矛盾」。丁子霖的天安門母親組織，被定性為受外國敵對勢力支持的組織，屬於敵我矛盾範疇，所以屬於國安負責。

我們在這裡居住時，依然躲不開監控的手段。當家裡沒人時，他們依然會進家裡搜索查看。

我臥室的辦公桌上放著日曆，有時候電話採訪或者預約時間，會在採訪那天的日曆上做標記，或者預約採訪的人，都會寫在日曆上提醒自己。

已經過去的日曆一般不會再使用翻看，但我因寫作需要長得確定一些過去的採訪時間，查看日曆時，才發現有一個月的日曆被人撕走，而這是三個月前的記錄。詢問了何楊的助理，他說他根本就沒進過我的房間。我不知道入室調查是從什麼時候開始的，但是這肯定不會是唯一的一次。

這個小區本來是沒有監控的，後來也在大門出入口安裝了監控設備，這不一定是針對我們的，所以我也泰然處之。最詭異的是，住了一年多，明知道我們對面的房子有住戶，可我從來沒有遇見過，不管是上下班時間，還是周六日時間。

看得最嚴的是搬到大興區以後，房東像防賊一樣防著我。

剛到大興，我住的是村裡的平房。農村的平房規劃都比較平整，房東在偌大的院子裡又蓋了兩排房子，形成了獨立的三個院落，每個院子裡有三間平房排成一排。我住在中間那個院子的第二間房子。

這些房子已經蓋好許多年了，房東從來沒安裝過監控系統，而且整

個村莊的房子也極少有安裝監控的。而在我搬進去的第二天，房東就找人開始安裝監控，監控器是從高處往下看的，正好對著我的門口。我就問：「這麼一條長廊，監控探頭拉得這麼低，對著我的門，我是很安全，可監控看不見其他人，他們會很危險吧？」工人師傅呵呵一笑說：「房東讓這麼安裝的。」

　　監控還真的很管用。農村租的房子裡面什麼生活設備都沒有，我第二天去舊貨市場買了兩個衣櫃，要抬進房間，被其他住戶停在院子裡的小三輪車擋住了路。我進去想把它推開讓路，剛剛推到外面角落，房東就跑出來，拿手指頭指著我問：「小高你在幹嘛？」我解釋只是為了讓路，好把櫃子抬進去，她看到櫃子什麼話都沒說，就轉身回家去了。

　　我知道房東已經徹底變成了監控我的人。慢慢的和鄰居也熟悉了，有一天外出沒回家，第二天鄰居大媽問我，昨天晚上你家裡來的人是你朋友嗎？我問他都是什麼樣的人，她驚訝的問：「你不知道嗎？」然後她告訴我，有五六個人昨晚在我家，坐了一個多小時，因為窗簾沒拉住才被她看到。

　　另外一個重要的侵害人權事件就是──劉飛躍被抓後，湖北警察帶走我出租屋內的資料。

　　經過以上經驗，我租房時變得更謹慎了。為了降低被偵查監控的力度，我租二房東的房子，沒有簽署需要傳輸上網的合同，還刻意找了沒有監控的老舊小區。二房東詢問我工作時，我也以做股票基金為藉口回覆。

　　就算經過我這樣小心謹慎，警察還是神通廣大，在抓捕我時，不僅能找到我，還能推算出我居住的房間內，其他合租住戶是否在家等信息，從而在抓我時，不引起任何人注意。

　　比起監控居住地點，手機竊聽和騷擾對他們來說就太簡單了。

　　我做人權新聞採訪,都是拿自己實名登記的電話打過去採訪,在日常使用電話時,出現以下幾種情況時,我就知道是竊聽與破壞正在進行:

1、有時候在採訪中電話會莫名中斷,再打過去時就會出現噪音。
2、和家人、採訪對象、重要朋友通話時,會發出「沙沙沙、沙沙沙」的電流聲音。
3、手機經常收不到其他人發給我的私人訊息。有時候遇到發訊息的人會問我為什麼不回覆,我才知道根本沒收到。
4、手機經常打不進來電話。我習慣24小時不關機,但朋友們打過來會聽到語音提示說我的電話已關機,或者會自動掛斷。為了驗證情況,我請一位朋友坐在我跟前,當著我的面打給我,果然打不通。
5、打通電話對方接聽後,會出現我說話對方聽不見,或者對方說話我聽不見的情況。

　　這些情況經常性出現在我的生活裡,甚至影響了很多我日常生活的事情。尤其是到了敏感日,竊聽與騷擾更是嚴重。

　　《竊聽風暴》這部電影給觀眾留下了非常深刻的印象,可那畢竟是1980年代的竊聽技術。在網路技術日益發達的今天,尤其是受到嚴控的北京,我及其他人權活動家的生活更是毫無隱私可言,一切交際和生活一目瞭然盡收監控者眼底。

第五章　對家人、親戚的威脅騷擾

一

　　湖北劉飛躍專案組進京對我傳喚之後,我開始收拾整理東西面對可能的抓捕,對電視劇裡演的那種最後的留言和依依不捨有了切身體會。那時,內心顯得異常平靜,如此高壓下,我倒反而有點像是一直在等待那個結果!

　　這些年做公民抗爭走過來的那些兄弟姐妹，掰著手指頭算一算，好像真沒有誰跟我一樣還沒被拘留過。有時候大家難得相聚討論時，你三年、他五年的，最差也混個一個月，一個禮拜的都不好意思提起來，唯獨我拿不出炫耀的資本，顯得格格不入，任憑他們在我眼前顯擺。

　　我聯繫了弟弟，也不知道抱著什麼心態，或許只是想跟他說說話，或許也是想讓他在我出事後安慰一下父母，同時也告訴他我幾位最要好朋友的電話，為以後與外界溝通，聯繫律師等提供方便。

　　溝通中他竟然說，早在前一段時間，已經有警察對他進行了傳喚，詢問的主要問題就是我使用他的銀行卡，包括是否知道其中金額來源等問題。

　　「你為什麼不早告訴我？」我有點驚訝的問他。

　　「習慣了，也覺得沒什麼，他們就是調查一下，沒什麼別的事情。」

　　他無奈又輕鬆的回答，讓我很著急。已經經歷過多次被警察傳喚的經驗，他還是根本意識不到其中的危險，權利意識一點都沒有提高！真有點泰山崩於前而不知不覺的感覺。不過，我很欣慰他平安地度過這一關。

　　他甚至沒有搞明白，到底是哪家公安局對他傳喚，傳喚的理由是什麼，傳喚證也沒有給他出示過。

　　「我倒沒什麼，警察到我們公司找我時，把我們老闆嚇得夠嗆，端茶倒水很怕惹上什麼事情，」弟弟竟然還得意洋洋的跟我炫耀他的處變不驚。

　　當然，他的處變不驚也是經過多年修煉出來的。

　　幾年前，他還在讀高中，因為我參與公民運動的事情，我們縣公安局國保隊長帶隊去學校找他，嚇得老師校長都慌了。這幫作為學校學生的監護人，在警察詢問時，都躲的遠遠的，生怕惹事上身。最後弟弟做了他此生第一份警察問詢筆錄。此時，他還未滿 18 歲。

　　到現在，他被警察帶走聊天的次數，已經超過我被帶走的次數。有時候我打從心裡感慨，感謝上蒼給了我這麼好的弟弟。這些年我在外漂泊，陪伴父母的時間非常少，家裡有什麼事情，都是弟弟在打理。

二

　　我們家鄉是個落後的小地方，人們主要靠耳濡目染收獲消息，然後經過閒聊的方式再傳播給其他人，有什麼事情都可以很快傳播給十里八鄉的，這種傳播方式在家鄉比《新聞聯播》管用多了。我老被警察尋找，慢慢的我被有些不明真相的鄉親們形容為被公安局通緝，已經坐過牢。

　　甚至，弟弟在相親時，女方都提出：「*聽說你哥哥被警察通緝，以後要坐牢，那這以後怎麼辦呀，養育老人可都得靠咱倆了！*」

　　鄉親們的傳播總是有著添油加醋，一個比較小的事情，經過他們的傳播，會放大無限倍。有一天早晨，我正在朋友家睡覺，大清早朋友的電話響了，是老家打來的，聽到他父親說讓我小心，現在有很多警察在我家裡。

　　此時，另一個朋友也接到老家父親打來的電話，叫他趕緊遠離我，村裡來了七、八輛警車來抓我。而這位朋友掛斷電話後，又告訴周圍其他朋友，說來了十幾輛警車抓我。

　　這種恐怖消息的傳播和給人造成的影響，顯而易見。早餐後，我跟這幫朋友們要去一個地方。相同的方向，相同的目的地，都是步行，他們害怕跟我待在一起，我們分別走在馬路的兩邊。

　　最後，我透過向父親確認，其實來找我的只有兩輛警車。這個事情傳播的速度就像長了翅膀，我要去另一個城市的朋友家做客，這位朋友過了好幾天才回覆我可以過去，在見面喝酒時他才說，這幾天查了公安部的通緝令，確定沒有我的名字，才放心讓我過來。

三

　　如果說我弟弟是在朦朦朧朧不懂害怕時就屢次接觸警察，那對於從文革時期成長起來的父親可能更加能體會那種恐懼有多麼強烈。

　　我每年回家的次數不超過兩次，幾乎就是過年一次，或者有事情時，年中再回去一次。2007 年底，中國開始了大面積維穩，為第二年的北京奧運會安全掃清障礙。那年我 21 歲，正當我過年回家，我爸氣沖沖的從外面回家，拿手指著我，橫眉怒氣的問：「你在外面幹什麼了？」

　　「我什麼也沒幹呀。」

　　「你什麼都沒幹，人家派出所找你幹嘛？今天電話打到村委會了，讓你暫時別走，他們要隨時找你。」

　　「找就找唄，找一下也不會死人的。」我一副嬉皮笑臉的樣子，顯得滿不在乎，以此來降低父親的怒氣和他明顯體現出來的壓力。

　　「你趕緊收拾東西走吧，出去躲幾個月，家裡的事情，我來給你想辦法，等處理好了，你再回來？」我爸用異常堅定的眼神盯著我。他知道我從小就不聽話，堅定的眼神裡還是摻雜著希望我同意他觀點的神態。

　　看到父親堅定認真的樣子，連從來不關心我事情的媽媽也堅決勸我快走，還吩咐我出去別再惹事了。

　　那時我年輕氣盛，也想看看警察到底有什麼招數，對政治、社會的

壓力和險惡沒有半點恐懼，我堅決選擇留下了。甚至我選擇比原先計劃的時間在家多待了一個禮拜，就是在等警察來找我，最後我是在沒有等到的失望中離開家鄉去工作的。

也就是在我走了三天之後，警察登門了。縣公安局配合轄區派出所一起來到我家，這是我們這個小山村沒有出現過的景象，村民們的議論和八卦開始漫天飛舞。

最讓人氣憤的是，警察大聲責備我父親，說他刻意放走了我，為什麼不等他們到來。我能想像到一輩子沒和警察打過交道的父親，面對這一屋子找上門來的警察時難以控制的恐懼，縮捲起瘦弱的身體顫抖的樣子。

後來警察把我父親帶到派出所，他不知道接下來還會面對什麼，也不知道他的兒子到底闖了多大的禍。

「派出所的高主任給我抽了一根煙，我們倆聊了幾句。他說你的事情，上面說了算。」這是我後來見到父親時，他老提起去派出所的片段，也唯獨說到這個片段時，父親才會表現得自信一點。

這是那一整天，先從家裡被警方詢問，最後帶到派出所做筆錄，父親唯一放鬆的時間。在那種高壓下，人的大腦很容易一片空白。父親喜歡抽煙，或許就是這一根煙讓他返回到現實世界，記住了這印象深刻的片段。

人在局中時，思維受到了限制，當他獲得自由後呢？

這讓我想起揭露大陸鴻茅藥酒的那位醫生，他沒想到自己揭露醜惡的一篇稿子，會惹來內蒙古警察跨省抓捕，在全民關注的重重壓力下，內蒙警方先是取得保釋放了他；更沒想到內蒙警方竟然第二次前往廣州傳喚他，逼得他精神崩潰，拿頭撞牆。

　　父親被警察詢問時身在局中，身不由己，頭腦在一片空白下時間過得也快。他被釋放回到家中，當天半夜裡開始輾轉反側睡不著，凌晨兩三點，他沒地方可去，平時話嘮的他也不知道該找誰說說話，該怎麼營救他的兒子！

　　他索性穿上衣服，跑到遠處的農地裡，一輩子農民的他應該是覺得農地裡才會有一點安全感吧！北方冬天的氣溫夜間有零下近 30 度，冷得受不了，他就點著那些地裡的玉米桿子取暖。

　　後來，我過年回家，遇到同村的一個老太太，她說早晨五點起來上廁所，看到對面山上有人點著野火，蹲著烤火，她還以為遇到鬼了，等她老伴 7 點多去地裡幹活，才發覺是我的父親。

　　這件事情父親沒跟我講過，我趁回家過年時問過他，他總是迴避恐懼的一面，輕描淡寫的說自己要去幹農活，因為起得太早，又太冷，就索性坐下來烤烤火。

　　以後，每個敏感節假日，父親總會接到警察或者村委會的電話，而他們的唯一問題就是詢問我的下落。這真的荒唐可笑，我的手機號十年未換，而且為了防止錯過重要的採訪，從不關機，老家警察在第一次跟我談話時互留了手機號碼，他們怎麼會聯繫不上我！

　　這麼做無非就是把恐懼加在我父親身上，以此來給我施加壓力。在我的事情上，父親是被他們騷擾最多次的人。但是對於侷限在自己生活世界裡的父親，這種騷擾依然有效。

　　如果警察給我打電話，我可能懶得接聽或者直接掛掉，就算接起來，警察的勸導對我也沒有任何價值。所以，警察打電話給父親或村委會，再由村委會打電話給父親。尤其是經過村委會施加下來的恐懼更加明顯，那些村委會成員接到警察電話嚇得要死，會馬上打電話給我父親，多數情況下父親會回覆他們聯繫不上我，但是父親還是會在沒人的

時候偷偷給我打個電話，吩咐我：「*最近注意啊，警察又找你了。*」我
為了安慰父親，會回覆：「*沒事，我最近什麼也沒有做。*」

　　只要我跟父親通話，電話裡「瑟瑟瑟瑟」的聲音就會出現，我假設
為竊聽吧。所以，警察經過居委會把想跟我說的話傳給父親，父親再跟
我通話，警察經過竊聽知道他們的話已經傳到，他們就覺得維穩任務完
成得不錯。

四

　　我們政府有株連的傳統，可惜我們家族中也沒有什麼當官或者有份
量的人士，也沒有人在政府和國家企業任職的親戚，不像那些有家人在
政府部門或企業工作的人權捍衛者，一受到政府威脅就會危及全家，所
以他們在威脅我時，顯得有點無牌可出。但是這並不是說政府就沒有什
麼威脅我的方法。

　　在北京街頭舉牌慶祝劉曉波獲得諾貝爾和平獎的當天下午，參與的
所有人全部被抓入派出所。除了許志永、王荔蕻、屠夫被拘留外，我們
其餘的參與者都被政府分散處理，我被山西警方接回老家，關押在縣公
安局。

　　這是我參與公民運動以來第一次和老家警察面對面，他們也顯得
足夠重視，派出以縣國保隊長為代表的審問小組，進行了非常詳細的
問詢。這次詢問很多材料都要進入我的資料裡，所以他們的詢問非常詳
細，從哪裡出生，幾歲上幼兒園開始問起，一直到現在所從事的工作為
止。而他們在這次抓我之前，已經調查了我所有的家人和親戚，收集到
了他們的家庭情況和工作聯繫方式。

　　審問已經接近晚上十點，小縣城的人這個時間點都已經睡下了，縣
國保隊長打電話給我的二舅和一位我本家的堂叔，督促他們馬上來縣公
安局一趟。這位本家堂叔當時正好是我們村的村主任，而那位二舅也正
好是他們村的會計。這是我近親裡僅有的兩位當「官」的人，警察找他

們無非就是施加壓力，然後讓他們把壓力轉嫁到我身上，再經過長輩訓話，動之以情、曉之以理，勸導我退出公民運動。

那位國保隊長當著我的面打電話給他們時，我已經想到了他們的目的，無非就是讓我屈服和悔改。我自己也盤算著如何應對這次危機，因為我明白，這第一次交鋒非常重要，一旦我抵抗不住，那麼以後再遇到傳喚和詢問時，很可能心裡防禦在頃刻之間土崩瓦解，這也正是他們希望的結果。所以，第一次對抗，原則上我首先必須硬挺，來樹立自己在警察心目中的形象，其次要盡可能的不激怒他們，保留迴旋餘地。

事情的發展完全不出我所料，那兩位親戚從一百里開外打車來後，尤其是本家堂叔那位，極力勸說，甚至比警察還警察，一口一個「警察為我好、他也為我好」，顯得唯獨我不是個東西。從這些廢話中，我也理解他完全沒把我當回事，毫不關心我的真實處境，只是極力表演、討好、完成警察給他的任務。

畢竟，對於一個小村主任來說，能巴結一下縣公安局的機會不多。而二舅就是看我長大的人，我從小是跟姥姥長大，所以字裡行間、隻言片語都希望我能平安地出去。我能體會到，警察自然也能看得出來，他們開始把勸說的重心向我二舅轉移。我看出來這種趨勢，如果繼續發展下去，可能會讓二舅很難下台，警察也會給他更多壓力。

正所謂越在乎，就要體現出越不在乎。為了阻斷這個趨勢蔓延，我說了一句至今記憶猶新的話，我指著我二舅說：「*我爸媽還活著呢，你算個什麼？*」

聽到這句絕情的話，氣得他一扭頭開門就要離開，被警察制止了。緊接著警察和那位叔叔又是一輪說教和嘲笑，什麼「大逆不道」、「怎能這麼說你二舅」、「你還是個人嗎！」……他們嘲笑完，再沒有逼迫我二舅勸我認罪和悔改，我知道這一輪抗爭過去了！

　　此時已經是夜裡十二點多，警察也累了，他們允許我和兩位親人離開找旅館睡覺，但是第二天早晨必須再回到公安局。第二天我們來到公安局，他們勸說我寫一個認錯書加保證書，我們就可以離開。那位叔叔立即勸說我：「這有什麼呀，不就是一個保證書嘛，你看人家領導們都放過你了。」

　　他可能覺得警察如此處罰已經很恩賜於我了，而且這也是最好的結果，所以來了一番極力勸說。過了一會，在一旁的二舅也加入勸說：「我們也不能老陪你在這裡耗下去，這也不是辦法，寫個保證書回家吧。」

　　我的內心有了一點動搖，連累別人有一點愧疚。但是我依然沒有妥協，警察要求我寫明，再也不參加街頭舉牌、再也不參加街頭活動，我明確表示做不到。因為在慶祝劉曉波獲得諾貝爾和平獎的標語中，我舉的是「劉」字，最後經過跟他們抗爭，我寫了「再也不舉寫有劉字牌」的保證書。

　　我和親人終於可以回家了。但事情還沒完，作為村主任的叔叔，他每兩天都要打電話向派出所匯報我的行動，一直到我再次離開家鄉。

　　除了老家的親戚受到連累，已經離開我們老家生活，離我幾百公里以外，在一個大學教書的大舅，警察還不忘打電話給他，了解我的情況，順便讓他開導教育我！

　　只要能用來威脅我的人，政府從來沒放棄過一個。我的三叔後來也競選成為村主任，他上任後的首要工作不是理清村務、不是解決村民的生活質量，而是面對我這個親侄兒的維穩工作。

　　過年之後，我已經來到北京生活。我以前幾乎跟三叔沒有過電話往來，忽然間他打電話給我，一次不接打兩次，兩次不接打三次，沒完沒了。前兩天派出所的劉所長曾經給我打電話，我沒接聽，所以我已經預料到三叔是因為什麼事情要給我打電話了，但又不能老是不接他的電

話。按下接聽鍵，我還沒開口，他在那邊就迫不及待的說：

「你給劉所長回個電話，他想跟你說說話。」

「我沒時間，他們有事讓他們打過來吧。」

然後聽到電話那邊有幾個人在商量，然後他問：「那幾點給你打過來合適？」

「晚上九點後。」我回答。

三叔剛剛當選，在接下來的時間內，估計我們還會有很多次的溝通。

政府和警察利用家人對付我的這種方法，也越來越過分，越來越醜齪。我奶奶在縣城醫院住院期間，我爸和三叔他們陪護著。此時不在國家維穩日期，我也沒有拋頭露面做什麼，也沒有什麼特別的事情，不知道山西哪個領導更年期到了，突發奇想，派人到醫院找我的爸爸和三叔，隨即他們兩都被帶到縣公安局，對他們進行了詢問、搜查手機等行為。當天下午，我奶奶強烈要求回家，第二天早晨就離開了這個世界。

第六章　採訪中的危險性

採訪的危險性主要凸顯於採訪過程中所遭遇的一切事物，也包括了整個採訪過程帶給我的恐懼感，這一切判斷來自於對已知的經驗和未知的恐懼。

北京南站是我主要採訪的地點，因為這裡聚集了大量的上訪人員。同時，北京南站也是最為混亂的地方，因為這裡聚集了大量的警察、各地方政府的截訪人員和政府的線人。可能一個不經意的舉動洩漏了意

圖，就會面臨一頓毒打，越是那些線人跟小混混，越難對付。

人權律師唐吉田曾經說，拿個律師證還可以跟他們在法庭上針鋒相對，這種抗爭是看得見的，問題是被一個小混混打了，那連還擊的目標都找不到。跟小混混們講法嗎？他們不懂也不在乎，報警抓他們嗎？對於這些人來說，打人兩拳被警察關一兩天是家常便飯。

北京南站就是這麼個地方，打人、抓人時有發生，執勤的那些北京警察管不過來，也不想管。

靠近北京南站的周邊，有一條小河叫涼水河，河的兩岸是小公園，很多上訪人員聚集在岸邊，有很多人在這裡搭起帳篷作為長期據點居住。公園和居民樓之間是一條四米多寬的馬路，叫做玉林南路。

玉林南路上總是有人在地上變賣擺攤，擺了很多個人小物品，或者法律文書什麼的，也有一些很廉價的鞋帽服飾等物品。街的前半段擺的滿滿噹噹。擺攤者主要是上訪者使用完的個人物品二次賣出，也有部分是上訪多年，需要生活費用的上訪人，他們在批發市場淘到很便宜、廉價、實用的物品，再賣出去，以降低成本或以此來賺取生活費用。

這小小的一條街道，有各式各樣的上訪者穿行於此：有法律人來找案子；有媒體人來找可以報導的資料；有專門代寫上訪素材的寫手；有政府的截訪人員和打手；還有一些政府的線人等等。街道凌亂不堪，熱鬧非凡，是龍蛇混雜的場景。

如果沒有熟悉這裡的上訪人帶路，這裡的人幾乎是不會接受採訪的，因為他們受騙太多了，不是被政府騙走了上訪資料，就是被假記者騙走了錢，總之要取得信任是很重要的一環。尤其沒人帶路進去很容易挨打，不僅上訪人不相信，那些政府的線人也絕不允許。

為了能採訪到更多受害者，我也在這裡發展了幾位上訪人為線人，

希望他們幫助提供更多受害人的消息。有一次，他們通知我有被精神病受害者正好在哪裡，我立即前往。按照平時採訪經驗，見面後我要帶他們去人員較少的地方才開始採訪。剛走到這條街道和大馬路交叉的路口，身邊的人群突然混亂起來，順眼望去，就看到一個胖子對著一位脖子上掛著照相機的年輕小伙子拳頭猛砸，小伙子的眼鏡都被打歪了，胖子沒有停手的意思、繼續毆打，但是被四五個上訪人強硬拉住，才給了小伙子逃離的機會。

這胖子我認識，他在街道最前面放了一輛破爛的麵包車，平時擺一些廉價物品叫賣，每次來我都看見他，第一次來時就有人提醒我，遠離這個胖子，因為他其實是政府的人。

經過周邊上訪民眾的介紹，才知道被打的小伙子是一個公益機構的工作人員，來這裡也是為了採集素材。還沒有進去街道，就因為照相而被這個胖子挑釁打了一頓。現場有人開始報警，胖子卻大大咧咧的離開，無人敢阻攔。第二天，他繼續出現在這條街道上賣東西。

類似於玉林南路這樣的聚集地，在附近還有幾處，生活的形態和這裡相差無幾。時不時的就會傳出有媒體人或者公益機構人員被打的消息。

這就是採訪的環境，混跡在這裡，尋找到那些受害者。採訪中遇到的機會和威脅一樣存在。

＊＊＊＊＊＊

採訪貴州訪民張龍英時，是北京氣溫最舒服的時候，穿一件襯衫就夠了，清爽而涼快。我跟她約在了北京南站周邊的一個地下通道裡，約在這裡的主要目的之一就是避免人多，第二個理由是經過我觀察，這個通道行人通過的數量比其他通道少很多。雖然在採訪時，通道上面經過的汽車輪胎噪音會讓我們的交流不太順暢，但是我想安全比什麼都重要。

　　第二次採訪是某日下午三點，我們準時見面了。經過前面一次交流，這次不用多做鋪墊，她靠在地下通道的牆上，直接進入採訪主題。採訪拍攝約十分鐘時，我的兩位志願者拉了一下我的衣角，提醒了一句：「高老師！」，然後眼神示意我看一看通道的側面台階上。我順著他的暗示看過去，才發覺不知道什麼時候上面站了一位警察。

　　張龍英和警察互相叫板了幾句話，制服警察瞪了我們一眼後轉身離開。地下通道的位置比較低，我們看不到外面的情況，但是以往經驗告訴我，事情應該沒那麼簡單。出於安全考慮，我立即停止採訪，化鳥獸散撤離，等脫離險境再說。

　　通道的兩側都有上下台階，我和兩位志願者扶著張龍英，從剛才警察站立的台階走了上去，到了地面後才看到七、八位制服警察在快速向我們這邊走來，後面還跟著十幾個便衣。

　　我不確定這些便衣的人是北京警方的人還是被採訪者張龍英家鄉政府的人。他們看到我出來後停止步伐，站在我們五米開外，扭頭看向貌似於他們領導的人，但是那人沒下抓捕命令，只是站在哪裡盯著我們。

　　一身冷汗不知不覺就冒了出來，我心裡一慌，不知道他們的來意，也不知道如何應對。身邊的志願者也明顯害怕了。我轉頭告訴身邊的志願者和張龍英，讓他們轉身從不同的方向撤離。然後我也繞開那一堆警察，離開現場。我到遠一點的地方，看著志願者遠去而沒有受到抓捕才放心的離開。

　　看到那麼多警察圍堵我們是很心慌的，沒有提前準備這樣的預案，所以有點手足無措。

　　回去之後我做了總結，覺得果斷撤離，沒有跟警察起正面衝突，可能是他們沒有抓人的原因。他們的目標是阻止我採訪，如果我們拒絕配合，那一定會被帶走。我們出來後，他們也不想把事情鬧得更大，也或

許因為那時候公民運動興起，整體社會氛圍較好有關。

有一次，我和另一位志願者去採訪一個受害者，她身邊還跟著三個人，從穿衣打扮以及他們的相互認識程度看，我認為他們是一起上訪的訪友。這樣的情況很多，在上訪的時候遇到聊得來的人，互相幫助、互相支持，一個人出事後，其他人也可以幫助給家裡人打電話。所以，我沒有詢問他們具體的情況，把他們一起帶著走向我平時採訪的公園小樹林。

從見面的地方一路聊到小樹林，大熱天的走了半個多小時，這四位朋友一直跟著我們。最後到了樹林裡，他們開始各自展示自己的上訪材料和受害歷程給我們看，我提示要採訪完這位受害者才看他們的資料，請他們耐心在旁邊等著，然後繼續我的採訪。

臨近採訪結束，這位受害者提出，關押她的精神病院還關押著其他受害者，我正要仔細詢問，跟我們過來的那三人其中的一人，忽然踢了她一腳，然後告訴她，只說自己的事情就好，不要提別人的事情。

我剛開始以為，這個看上去穿衣打扮說話風格跟他們其他幾位差不多的人，也是為了現在我的採訪，好讓她不要跑題，多說自己的事情，可是接下來這個人動手動腳還言語恐嚇的開始阻止這位採訪對象談其他更多受害者。

這時，我才感覺事情有點不對勁，回頭問他是哪裡的上訪人，資料拿出來我看看，他扭過頭不搭理我，只是盯著那個被採訪的阿姨不說話。

我又問採訪對象和另外兩位上訪人，跟這個人是什麼關係，他們的回答嚇了我一跳，他們說接到我的電話後，商量著要一起來，這個人聽到他們交談後也要來，他們覺得都是上訪人，挺難得，就把他帶上來！

看到被穿幫，這人沒有離開，而是背過身去打電話。掛掉電話後，就厚著臉皮在我們跟前氣定神閒的坐著。從這一系列的操作來看，這已

經很明顯是這位被採訪者家鄉政府的人了。

之所以這麼說是因為，他沒有打斷其他兩位受害者給我講迫害經過，說明這兩位的事情跟他無關，那肯定不是這兩位地方政府的人。另外一點就是沒有打電話叫北京警察來抓捕我們，說明他也不是北京警方的人。那剩下唯一的可能就是我現在採訪的這位上訪人家鄉政府的人！

採訪中的風險形形色色，各不相同。約定地點採訪，和主動出擊的去精神病院採訪，承擔的風險和危險係數不同。探訪精神病院的風險主要來自於對精神病院的恐懼和未知。

因為我們普通人根本不知道真實的精神病院裡面是什麼樣的，在很多人的想像裡，又蹦又跳、瘋言瘋語等行為是精神病人的基本標籤，就像在電視或者電影裡看到的那樣。由於受這個預期氛圍的影響，恐懼感就會更強烈。

北京上訪人王麗榮被警察送到了北京市豐台區豐台精神病防治院，我前去採訪時她已經被關了近一年。我和另一位志願者約定，和王麗榮相熟的兩位上訪人一起前往。

這個醫院比較隱蔽，光尋找醫院就折騰了我們一番時間。雖然在北京四環之內，地理位置不算偏僻，但七轉八折的也折騰了好一會兒。最後出現在眼前的是一棟破破爛爛的樓，整棟樓蓋成一個方形，只留著一個出入口。

我們選擇探訪的這一天，正好是家屬探訪日，所以也沒有受到什麼刁難，尤其是我們提著香蕉、橘子等水果，有老有小的，值班護士很方便就放行進去了。

醫院裡面和外面一樣破爛，我們來到家屬會見室，我看了一眼，覺得更像是平時吃飯的食堂，吃飯的桌椅板凳都擺在那裡。王麗榮很快就

出現了，她也很隨意的就和兩位老朋友交流起來。

會見的人多了起來，走進來的人也五花八門。有一個小孩，好像先天性呆痴，大口大口的流著口水，他的父親一直在旁邊幫他擦，一根香蕉啃了半個小時都沒啃完。另一位女士，自言自語，時而哈哈大笑，時而發怒，一巴掌打翻了坐在她對面人手裡的牛奶，來人拿起掃把掃乾淨，家屬又開了一袋牛奶給她喝。

王麗榮她們坐得靠前，而我站在整個房間中央的位置，這個地方距離她們不到兩米，是最佳的拍攝位置，我手裡拿著微型攝像機正悄悄地拍攝著一切。來的人越來越多，慢慢的我周圍坐滿了病人和來看他們的親屬。隨著人員的增多，我也越來越緊張，就怕身後有個病人一水杯砸在我的頭上，總之是各種聯想，身邊吵吵鬧鬧的各種瘋言瘋語又會讓這種聯想更加顯得真實。

越想越緊張，越緊張越亂想，掃了一眼站在門口的護士，又會想她是否發覺了我的高度緊張、是否發覺了我手裡拿著的微型攝像機，再聽一聽身後的各種瘋言瘋語，頓時毛骨悚然。

另外一種危險性是可預見性的，那就是引起地方政府的注意以後，可能面對的抓捕風險。公民記者肖勇和鄭創添在湖南一精神病院採訪受害者辜湘紅，醫院工作人員通知了信訪辦，他們抓緊時間離開醫院，剛衝出去坐上一輛出租車，醫院門口就出現了十幾個當地信訪辦的人員來圍堵他們，他們反應敏捷，乘坐出租車瘋一樣地逃離現場。

每一篇採訪稿，要等發布以後才算安全，要不然隨時要擔心採訪好的材料被搶奪，而這樣的情況也真實存在著。

公民記者黃賓在志願者許大金的幫助下，前往上饒精神病院探訪關押在此的上訪人毛沛瑤，結束探訪走出精神病院以後，許大金被「恰巧」路過此地的鎮長帶走。

　　已經失去了嚮導，黃賓也擔心留在此地太長時間安全不能保證，所以打車到火車站，買了最快去其他城市的車票。他進入候車室，在距發車還有 20 分鐘時，一個警察走了過來要求檢查他的身分證，然後讓他到旁邊的警務室配合協助調查。當他到警務室以後，發覺檢查他的是兩位沒有穿警服的便衣人員，他們強制搜查了黃賓攜帶的背包，採訪用的相機被搶走，他們把當天採訪的所有照片和視頻刪除完畢，才歸還黃賓允許他離開。

　　危險和恐懼一直伴隨著我們公民記者的採訪，應該說從頭到尾我們就是在這樣的環境下工作。

國家圖書館出版品預行編目（CIP）資料

我的祖國有精神病 / 高健 著 . -- 初版 . -- [臺北市]
匠心文化創意行銷有限公司 , 2023.02
面；　公分
ISBN 978-626-96557-7-9(平裝)
1.CST: 中國大陸研究 2.CST: 言論集

574.1　　　　　　　　112001919

渠成文化　中國文庫 002

我的祖國有精神病

修編：譚 端

企畫：謝政均

設計：顏柯夫

出版：財團法人民間司法改革基金會

電話：02-2523-1178

網址：https://www.jrf.org.tw/ 財團法人民間司法改革基金會

圖書策畫：匠心文創

發行人：陳錦德

出版總監：柯延婷

編輯校對：蔡青容

總 代 理 旭昇圖書有限公司
出版日期 2023 年 05 月　初版一刷
總 代 理 旭昇圖書有限公司
地址新北市中和區中山路二段 352 號 2 樓
電　　話 02-2245-1480（代表號）
定　　價 新臺幣 350 元
ISBN　978-626-96557-7-9